國家社科基金重大項目（10&ZD104）

上海師範大學古籍整理研究所編
項目首席專家、主編　戴建國
主編　朱易安　傅璇琮　周常林

全宋筆記

第九編　七

国家出版基金项目
NATIONAL PUBLICATION FOUNDATION

大象出版社

顧　　問　王水照　朱瑞熙　徐　規　李裕民

項目首席專家、主編　戴建國

主　　編　朱易安　傅璇琮　周常林

編纂委員會（以姓氏筆畫爲序）

王劉純　朱易安　李亞娜　周常林　俞　鋼　查清華

徐時儀　陳　新　張劍光　傅璇琮　虞雲國　戴建國

⊙洪　邁撰

夷堅志（五）

李昌憲　整理

目録

夷堅志補　五
夷堅志再補　二五八
夷堅志三補　二六九
夷堅志四補　二八六
附録　三五七

夷堅志補目録

卷第一十二事　一一
續鄷都使　吴氏父子二夢　妙心行者　龔明之孝感　詹惠明　謝
小吏　蕪湖孝女　都昌吴孝婦　褚大震死　陳曾惡子　陳婆家狗
程烈女
卷第二七事　二一
喬郭兩賢　陳俞治巫　義倡傳　吴任鈞　英州太守　鼎州兵妻
何隆拾券
卷第三十五事　二九
袁仲誠　曾魯公　七星橋　雪香失釵　黄汝楫　鄭庚賞櫝　高
南壽捕盗　林景度　閭丘十五　菊花僊　趙善弌夢警　盛道者
虎丘鵲　余三乙　檀源唐屠
卷第四二十事　四〇
村叟夢鼈　湯七娘　程立禽報　程氏諸孫　李氏父子登科　顧待

問　麻家鸜鵒　李姥告虎　楊一公犬　李大夫庵犬　顔氏義犬
龜山孝犬　孫犬　李氏貓　李大夫莊牛　張氏燕　廣府大蛇
趙乳醫　九頭鳥　荊南虎
卷第五十二事　五二
王大夫莊僕　趙興宿冤　婺州富家犬　張客浮漚　蓮花櫟　王運
使僕　聞人邦華　雙流壯丁　西江渡子　楚將亡金　湖州薑客
張允蹈二獄
卷第六九事　六二
細類輕故獄　金源洞　安仁佚獄　周翁父子　王蘭玉童　徐輝仲
張本頭　人雞墓　葉司法妻
卷第七九事　七四
直塘風雹　沈二八主管　祝家潭　葉三郎　齊生冒占田　豐樂樓
顓氏飛錢　趙富翁　劉洞主
卷第八八事　八二
吴約知縣　李將仕　臨安武將　鄭主簿　王朝議　鮑八承務

真珠族姬　京師浴堂

卷第九十三事　九三
苦竹郎君　奉先寺　童蘄州　饑民食子　建昌賑濟碑　董助教
寺僧治猴　胡乞買　宜州溪洞長人　徐汪二僕　衢州郡廳疑冢
徐喆　錢真卿

卷第十十一事　一〇三
湖口主簿　花不如　崇仁吳四娘　王宅宣借兵【一】　謝侍御屋
田畝定限　魏十二嫂　朱天錫　二吕丞相　周瑞娘　楊三娘子

卷第十一八事　一一三
姑蘇顛僧　黄鐵匠女　盧忻悟前生　錢生見前世母　宣城葛女
李員外女　滿少卿　徐信妻

卷第十二十三事　一二一
回道人　文思親事官　真仙堂小兒　吕元圭　傳道人　華亭道人
仙居牧兒　杜家園道人　簑衣先生　梁野人　保和真人　赤松觀
丹　新鄉酒務道人

【一】王宅宣借兵　李按：「宅宣」原作「宣宅」，據正文文意乙改。下正文同。

卷第十三十二事　一三五
曹三香　劉女白鵝　台州蛇姑　鄭明之　新城縣賊　鳳翔開元寺　高安趙生
僧　蔡司空遇道人　復州王道人　燕道人　皇城役卒
韓小五郎
卷第十四十三事　一四六
解洵娶婦　郭倫觀燈　眉州異僧　梅州異僧　龍虎康禪師　寶峰
張屠　村先生李晟　主夜神呪　觀音洗眼呪　辟兵呪　范礪無佛
論　蜀士白傘蓋　莆田處子
卷第十五九事　一五七
百花大王　鎮江都務土地　陳煥廣祐王　権貨務土地　嵊縣神
雍氏女　李五七事神　奉化三堂神　南安窮神
卷第十六十事　一六七
賣魚吴翁　王武功山童　蔡五十三姐　任迴春遊　横源老翁　處
州山寺　鬼小娘　城隍赴會　嵊縣山庵　太清宫試論

卷第十七十一事 一七八
季元衡妾 青州都監 劉崇班 泌陽人殺鬼 鬼巴 崔伯陽
湖田陳曾二 王燮薦橋宅 西津渡船 會稽學生 段氏疫癘

卷第十八十五事 一八六
段承務 服瘧丹誤 醫僧瞽報 屠光遠 吳少師 真州病人
張中書 食掛 侯郎中 張邦昌卦影 章楫娶妻 樂先生 汴
岸術士 孫生沙卦 曹仁傑卜術

卷第十九九事 一九六
謝石拆字 蓬州樵夫 朱安國相字 李侍郎龜精 皇甫世通 蔡
州小道人 劉幻接花 李鼻涕 豬嘴道人

卷第二十八事 二〇五
桂林秀才 潘成擊烏 沈子輿僕 梁僕毛公 董氏子學法 神霄
宮醮 章仲駿遊仙夢 大乾廟

卷第二十一十四事 二一三
鬼國母 猩猩八郎 利路知縣女 海外怪洋 二十夜月圓 鬼太

保　童貫咎證　鄱陽六臂兒　玉獅子　石中龜　鐵鼎甑　鳳翔
道上石　蟻穴小亭　藍氏雙梅
卷第二十二八事　二二三
侯將軍　懶堂女子　姜五郎二女子　王千一姐　錢炎書生　武當
劉先生　紫極街怪　鳴鶴山
卷第二十三八事　二三二
禮斗僧　天元鄧將軍　比干墓玉　黃谷蠱毒　林巡檢　解蠱毒呪
方　奎宿奏事　趙滎陽禱雨
卷第二十四十事　二四〇
李見鬼　何侍郎【二】　龍陽王丞　賈廉訪　姚錫冥官　趙季父進
童　賀觀音　沈烏盆　隆報寺　張二十四郎
卷第二十五十三事　二四九
李二婆　楊長者　桂林走卒　李宗言馬　符端禮　陳唐兄弟
鄱陽雷震　蒙僧首　犂泥獄　儲祥知宮　韓蘄王　程朝散捕盜
郭權入冥

【二】何侍郎　李按：本目原在「龍陽王丞」之後，據正文次序改。

夷堅志補卷第一 十二事

續酆都使

林乂爲酆都使，已載冥官門。後十餘歲，當宣和七年，其所親段敏【一】病傷寒未解。昏困間，見錦衣花帽吏卒數十輩，皆長丈餘，直入卧内。方驚顧，而林君來呼段字曰：「彦舉，汝勿恐，明日得汗矣。」因留坐款語，曰：「吾非久當受代。」段問其故。曰：「有内臣黄某者，覩時事不佳，知必兆亂。每起一念【二】，曰：『即不幸有變，吾必死之。上以報國家，下以表忠節。』明年，京師破，黄遂赴火死。上帝嘉其節，故預除爲吾代。」少頃告去。敏覺，少蘇。明日，果得汗而愈。方問答次，不暇詢黄之名。紹興十三年，錢知原觀復爲廣德守。中使黄彦節經過，從容語及先世，曰：「先人諱經臣，於京城受圍時，不忍見失守之辱，積薪於庭，自焚而卒。」乃證前事。惟忠臣孝子動天地，感鬼神。經臣未死之前，穹蒼已知其心矣！夫豈偶然哉？

校勘記

【一】段敏　涵芬樓本注，明鈔本多一「正」字，下同。

【二】每起一念　涵芬樓本注，葉本無「一」字，從明鈔本補。

吳氏父子二夢

吳信，字正之，洛陽人。紹興初，爲武岡尉。劇賊曹成蹂躪湖湘間，勢甚張【三】。郡聞寇至，守將黃君興與諸曹，悉引避山谷。信獨慨然以死自誓，留城内，集丁壯捍禦。居二日，寇【四】壓境，先遣一騎將來偵城中虚實。信偶識其人，登陴呼曰：「郝大夫亦爲此耶？」郝泣曰：「吾以母故，陷於此，不能自還，羞見故人。」信爲言：「城中無豪户大家，正使擄掠，懼得不償勞。」郝曰：「聞黃使君橐中之藏甚厚，故來取。」信曰：「去已久矣。」郝曰：「然則爲君全一城。」即舉鞭麾衆去。黃歸，冒爲己功，受陞賞【五】，信幾獲罪。後數年，丁巳歲，爲全州清湘尉。夢人告曰：「君有陰功，生子當及第，起自東南第一州。」覺而弗解，姑志諸牘。又二十年，丙子歲，官於建康。因出郊，見驛壁有詩，首句云：「建節東南第一州」，始悟前夢。是歲，其子仁傑薦名鄉書【六】，竟用此舉免解登科。淳熙十二年，仁傑調官明州慈谿令，當詣部銓量。前兩夕，夢入大叢林，見禪衲數百輩【七】膜拜。山門上一僧欣然獨出，傑問爲誰，或曰：「四祖也。」即炷香致敬。行經西廡，復見一僧，亦長身異衆。又問人，曰：「五祖也。」如上禮瞻謁，乃寤。明日，至相府，遇同年生趙善鐻，訪知所授，曰：「慈谿，不可爲也。」於是更蘄之羅田。及赴官，乃知兩祖道場，皆在蘄境。

【三】勢甚張　涵芬樓本注，明鈔本作「勢張甚」。

【四】寇　涵芬樓本注，明鈔本多一「衆」字。

【五】受陞賞　涵芬樓本注，明鈔本「陞」下多一「官」字。

【六】薦名鄉書　涵芬樓本注，「書」明鈔本作「試」。

【七】數百輩　涵芬樓本注，葉本無「輩」字，從明鈔本補。

妙心行者

福州西禪寺行者，名妙心，無父兄弟姪，獨母存，患瘋疾，累年不能步履。妙心日饋以粥飯【八】。妙心【九】受本寺差，監作碓坊，嘗用紙糊一毬，實以紙錢。一夕，焚香告天，曰：「妙心母老而苦瘋疾，聞世人取肝割股以行孝者，今願破腦出髓，救母餘年。望三界神明賜祐。妙心今貯火毬内【一〇】，若使紙錢成灰，而外毬不損，當即償答。」已而果然，遂對空再拜，以左手持斧，置顖門，右手執木椎擊之，應手頭裂，暈倒在地，不自知。忽有神人呼之曰：「汝適所禱，爲何事，而乃不起耶？」始覺少甦，摸其頂，則髓已出，如鴨卵大，殊不痛楚，漫覆以刀鎗藥。碓坊去家五里，急走歸。母云：「吾兒將何藥來，吾已聞馨香矣。」對曰：「昨晚遇道人與我此藥，令煮粥和服。」粥成，一室皆香。母一啜而盡，便覺手足輕快，呼曰：「試扶我行。」比下床，若初無疾者。母子俱喜。妙心還碓坊，掌事者欲糾其夜出【一一】，不敢隱，乃以實告。監寺僧從皎驗之不誣，具白長老，達於州。時王與道師心尚書作牧，賜錢五十千，絹二十疋，以爲孝養之勸。士大夫多作詩贊咏【一二】。時紹興三十年九月也。

【八】日饋以粥飯　涵芬樓本注，葉本原作「不日饋粥飯」，從明鈔本增删。

【九】妙心　涵芬樓本注，二字原無，從明鈔本補。

【一〇】今貯火毬内　涵芬樓本注，明鈔本作「今貯炭火於樹毬内」。

【一一】欲糾其夜出　涵芬樓本注，明鈔本作「以其夜出，欲糾之」。

【一二】士大夫多作詩贊咏　涵芬樓本注，明鈔本作「郡士作歌贊美」。

龔明之孝感

龔明之，字熙仲，崑山人。幼孤，鞠於祖母李氏。李嘗語之曰：「吾年三十歲【一三】時，得寒疾，困卧三日，夢緑袍判官告曰：『與汝七十七【一四】。』豈吾壽數至此邪？」崇寧【一五】中，李行年適滿所夢之數，遂病。病已革，龔愁窘，不聊生。中夕，炷香於頂者七日【一六】，泣禱上帝，愿減己壽【一七】五年，以延李命。香未盡，聞腦中有【一八】爆烈聲，不爲動，哀懇益切。明日，李病尋愈【一九】，壽至八十三而終。龔游舉場，蹭蹬僅領鄉舉，晚以特恩殿試【二〇】，策名前列。時已八十二歲，法不應任官。吴人在朝者，列其行義，合詞薦之，得監南岳廟。淳熙五年，丐致仕，鄉人自【二一】趙再思左史以下二十人，又爲請於朝，覬增秩。參知政事錢師魏謂其無例【二二】，以爲難。吴仁傑曰：「公試與丞相敷陳，必能動上聽。」錢問其故，仁傑曰：「龔君頃以至行，動上帝，是以知今日必能動人主。」因言其故，錢悚然敬聽。果得旨，遷宣教，即賜服緋。又四年乃卒。

詹惠明

婺源小民詹直，紹興九年，因醉毆殺鄰人妻姚氏，法當死。其子惠明時不在家，

【一三】三十歲　涵芬樓本注，「三」明鈔本作「二」。
【一四】與汝七十七　涵芬樓本注，「汝」葉本作「吾」，從明鈔本改。
【一五】崇寧　涵芬樓本注，葉本作「熙寧」。依下文年數計算，明鈔本較合，故從改。
【一六】七日　涵芬樓本注，葉本無「日」字，從明鈔本補。
【一七】己壽　涵芬樓本注，明鈔本作「己算」。
【一八】有　涵芬樓本注，明鈔本無「有」字。
【一九】尋愈　涵芬樓本注，明鈔本無「尋」字。
【二〇】殿試　涵芬樓本注，明鈔本作「試殿廷」。
【二一】自　涵芬樓本注，葉本作「與」，從明鈔本改。
【二二】無例　涵芬樓本注，明鈔本作「無吏考」。

既知【二三】，乃詣里正及縣，乞以身代，不聽。獄既具，持牒訴郡【二四】，言：「無以報罔極之恩，幸有兩弟可以養母，乞代父受極刑。」齧指出血，詞甚哀切。太守曾天游侍郎，告以無此法，哭拜不止【二五】。凡五訴，不見省。方盛夏，坐府門外，以火艾灼頂，至數十。曾公適禱雨，自外歸，見之惻然，使以狀來白，無爲自苦。明日，立庭下，曾閲狀未竟，忽割左耳，擲廳事之上【二六】，洒血淋漓，一府大驚。曾爲草奏，而繫之獄，以俟報。父見而罵曰：「我年已老，殺人償命，自是本分。汝有妻子，何得如是！」及報下，詔減父罪一等，而釋惠明。斷敕之至，官吏欲驗誠僞，紿以得請，擁之入市。惠明色無悔怖，呼曰：「養子待老，積穀防饑，代父償命，留名萬世。」至市曹，始宣恩旨，人咸嘆其孝誠。時年二十有二。曾又案具赦文以孝子順孫事狀上，爲丐錫鄉社美名，仍乞量加恩賜。於是改所居【二七】嘉福里曰孝悌里【二八】。賜錢三萬，帛二匹，米二斛。後父母相繼卒，既葬，棄其妻子出遊，專以脩治橋道爲務，至今猶存。

謝小吏

南城縣小吏謝某，事父甚孝。父年老，須酒肉。吏家貧，度一日資用可了，則致養不少乏。稍有餘，即益市佳饌以進。亦不敢爲【二九】過舉，以貽親憂。凡二十年間，始終一致。父且死，持其手，泣曰：「爾竭力孝我，神天實鑒臨之。我無以報，死後願爲爾子。」

【二三】既知　涵芬樓本注，明鈔本作「聞知」。

【二四】持牒訴郡　涵芬樓本注，明鈔本作「惠明隨至郡守處書牒」。

【二五】哭拜不止　涵芬樓本注，明鈔本下多「掩面而出」四字。

【二六】擲廳事之上　涵芬樓本注，葉本無「之上」二字，從明鈔本補。

【二七】於是改所居　涵芬樓本注，葉本有「曰」字，從明鈔本删。

【二八】孝悌里　涵芬樓本注，葉本無「里」字，從明鈔本補。

【二九】亦不敢爲　涵芬樓本注，葉本無「爲」字，從明鈔本補。

時婦方姙臨蓐，夢翁入房，寤而生子，狀貌宛肖翁。甫數歲，家每祀先，兒輒據父位飲啗自如。既長，事親之孝，一如其父。

蕪湖孝女

蕪湖詹氏女，姿貌甚美。母早亡，父老而貧，以六經教授鄉里【三〇】，稱爲詹先生。女與兄事之慎謹，間售女工以取給。手鈔《列女傳》，每暮夜，必熟讀數四而後寢，雖大寒暑不廢。淮寇一窠蜂張遇，自池陽來犯縣，縣人皆竄。其父泣謂女曰：「吾老矣，死固無恨，奈爾何？」女曰：「父【三一】獨何憂，我計久已決，今日豈得父子俱生邪？」頃之賊至，欲殺其父兄，刃將下，女趨而前拜曰：「吾父貧且老，殺之何爲【三二】？觀將軍意，不在金帛，妾雖醜陋，願奉巾櫛，以贖父兄之命。不然將併命於此【三三】，無益也。」賊即舍之，父兄皆得脱。女麾令急去，曰：「無相念，善自保，我得爲將軍妻，無憾矣。」遂隨賊行數里，過東市橋，即躍入水而死。賊嘆愕不已【三四】。女時年十七。後數日，其兄夜夢女來別，曰：「幸活吾父兄，吾已死，故與兄訣。」既旦，兄慘慘不懌。妻怪問之，具以夢告。大驚曰：「我亦夢小姑來，如平生，亟相別去。」明日，始知其果死。周少隱曰：「女子以柔靜之姿，當白刃在前，於倉卒危殆之際，乃能雍容説賊，以活其父兄，又能歸潔其身，以死其節，可謂全德矣！」其鄉人謂：「此女平日好讀《列女傳》，胸中包括古今，故能作此大丈

【三〇】鄉里　涵芬樓本注，明鈔本作「小兒」。

【三一】父　涵芬樓本注，葉本作「我父」，從明鈔本删「我」字。

【三二】殺之何爲　涵芬樓本注，「爲」明鈔本作「益」。

【三三】以贖父兄之命不然將併命於此　涵芬樓本注，明鈔本作「以事將軍，請放父兄，不然父子併命」。

【三四】賊嘆愕不已　涵芬樓本注，「不已」明鈔本作「而去」。

夫事。」竊謂不然，蓋其天資之美，非學而能。今世士大夫，口誦聖賢【三五】之言，委身從賊，儌倖以偷生者，不可勝數，曾一女子之不若！故備録之，異日用補國史也。

都昌吴孝婦

都昌婦吴氏，爲王乙妻，無子寡居，而事姑盡孝。姑老且病目，憐吴孤貧，欲爲招壻接脚，因以爲義兒。吴泣告曰：「女不事二夫。新婦自能【三六】供奉，勿爲此説。」姑知其志不可奪，勉從之。吴爲鄉鄰紡緝、澣濯、縫補、炊爨、掃除之役，日獲數十百錢，悉以付姑，爲薪米費。或得肉饌，即包藏持歸。賦性質實，不與人妄交一言。雖他人財物紛雜在前，不舉目一視。其所取，唯稱其直。故鄉人交相邀唤，是以婦姑介處，略無饑寒之患。嘗炊飯未饙餾【三七】，有外人相呼與語【三八】，姑恐飯過熟，將取置盆中，以目不能見，誤置【三九】桶内。其中甚垢污不潔，吴還視之，不發一言【四〇】。亟於鄰家借飯饋姑，而取所污飯，洗滌蒸熟食之。一日正晝，里人皆見祥雲五色從空下，吴氏躡之而升，冉冉際天，驚報其姑【四一】。姑曰：「莫胡説。恰纔與人舂米回家，方倦卧在床。爾諦視之【四二】。」衆詣房前窺之，果熟睡未寤，皆駭然而退。及寤，姑語之故。吴曰：「適夢二青衣童駕雲而來，執符牒牽我衣【四三】，言：『天帝有召。』令我步空【四四】，直抵天門，引入朝謁。帝御坐臨軒，勞問曰：『汝一下愚村婦，乃能誠事老姑，勤苦盡力，實爲可

【三五】聖賢　涵芬樓本注，明鈔本作「古人」。

【三六】自能　涵芬樓本注，明鈔本下多「竭力」二字。

【三七】餾　涵芬樓本注，葉本作「饋」，從明鈔本改。

【三八】相呼與語　涵芬樓本注，明鈔本作「呼之出」。

【三九】置　涵芬樓本注，葉本作「傾」。

【四〇】不發一言　涵芬樓本注，葉本無「一言」，從明鈔本補。

【四一】驚報其姑　涵芬樓本注，明鈔本多「曰婆婆汝媳婦白日昇天了」十一字。

【四二】爾諦視之　涵芬樓本注，明鈔本作「如不相信，往驗之」。

【四三】衣　涵芬樓本注，明鈔本多一「裾」字。

【四四】令我步空　涵芬樓本注，明鈔本作「便同躡虛空」。

重。』賜酒一盃，馨香徹鼻。又與錢一貫，曰：『將歸供贍，自今不須傭作。』拜謝而返，二童仍前送歸，恍忽而醒。」果有千錢在床，滿房香氣，始悟衆所覩者，乃神游爾。自是傭喚愈多，吴亦不拒，而賜錢專留姑用。用盡復生一千，綿綿不匱。姑雙目尋亦再明。

褚大震死

湖州去城三十里，地名呲村，有舟師褚大者【四五】，兇愎不孝，鄉里惡之。母嘗墮水中，坐視不救。有他人援之，反加詬駡而毆之【四六】。淳熙元年七月，棹船載客出南門，方離岸，一人追呼附舟。褚利其直，載與俱至釣臺下。其人忽言曰：「我乃神【四七】，非人也，以【四八】汝不孝，上天命我擊汝。」褚殊不懼，猶應之曰：「便是天神，也還錢乃可去。」語纔訖，震雷一聲而死【四九】，神即不見。同舟人驚怖，告於烏程尉木【五〇】昺，來驗其事。

陳曾惡子

南城鄉民陳念三，悖逆其父，父不能堪。每賫楮鏹【五一】於神祠，云：「不孝之子，願遭蛇傷虎咬。」如是累年。父没，惡子因入山伐木，爲虎所食。家人尋得，負尸而還。及夜，舉家悲哭，聞鬼聲自山而下，初如咳噎不快聲，已復爲羊鳴，又變他獸聲，絶可怖。家人戰悚，其嫂叱【五二】，乃稍引去。連日擾擾不已，乃急葬之，而徙居焉。時淳熙元年二月

【四五】者　涵芬樓本注，葉本無「者」字，從明鈔本補。

【四六】而毆之　涵芬樓本注，明鈔本作「以致毆擊」。

【四七】我乃神　涵芬樓本注，明鈔本作「我乃神爾」。

【四八】以　涵芬樓本注，葉本無「以」字，從明鈔本補。

【四九】震雷一聲而死　涵芬樓本注，明鈔本作「迅雷一聲震而死」。

【五〇】木　涵芬樓本注，明鈔本作「朱」。

【五一】每賫楮鏹　涵芬樓本注，明鈔本下多「詛之」。

【五二】其嫂叱　涵芬樓本注，疑有脱字。

也。族黨皆恨其父不及見焉【五三】。又同鄉曾賤狗，不孝於母，嘗具食麄菲，母詈之。曾怒叱【五四】云：「晚當食汝以糞！」母泣而呼天。須臾，雷電陡作【五五】，拽其子，擊死於田中。

陳婆家狗

淳熙十四年三月，江州人趙二，出市過南門之外。陳婆家一狗，前迎搖尾拜跪。趙驚【五六】曰：「我尋常不曾到此，你自不識面，因何如此作怪？」狗忽作人語，曰：「我是趙二郎密友，要知得時，乃市上茶店小五郎者也。不合生前時時毀罵親母作【五七】老狗，以此受罰，墮畜生道。所以自明其事，奉勸世人，以爲戒爾！」趙嗟嘆，欲再與言，咆哮去矣。

程烈女

方臘作亂，轉寇新安。歙人程叔清家【五八】避地城南。一女年十七，父母計曰：「吾家居此，不幸則死，女年色方盛，萬一辱於賊，何顏復見宗黨！」乃呼語之，曰：「吾州以淫爲諱。汝良家子也，足不及門外，倘爲兵刃所劫，奈何【五九】？」女曰：「兒豈從賊者？脱有不可，唯死而已！」因取衣裳【六〇】，戲負以趨【六一】，試爲見執拒賊

【五三】焉　涵芬樓本注，明鈔本作「云」。

【五四】曾怒叱　涵芬樓本注，明鈔本作「曾怒目叱」。

【五五】雷電陡作　涵芬樓本注，明鈔本作「雷電鬱興」。

【五六】趙驚　涵芬樓本注，明鈔本作「趙驚問之」。

【五七】作　涵芬樓本注，葉本無「作」字，從明鈔本補。

【五八】家　涵芬樓本注，葉本無「家」字，從明鈔本補。

【五九】奈何　涵芬樓本注，明鈔本作「將奈何」。

【六〇】因取衣裳　涵芬樓本注，明鈔本作「因取所攜衣裳」。

【六一】戲負以趨　涵芬樓本注，葉本無此句，從明鈔本補。

之狀【六二】。父母喜曰：「能如是，真吾女也！」明日，賊至。逃散山中。女適遇賊，被執。賊曰：「持爾歸聖公，何憂不富貴！」女罵曰：「汝狗輩！欺天害人，獸類不若，何聖公也！」賊脅以白刃，曰：「不從則殺爾！」女愈罵，賊怒【六三】，先斷其髻。知不可屈，碎其尸而去。時有兩童匿其旁大石下，備見始末，歸與其家言之，遂收葬山下。羅頌端視爲作傳云。

【六二】試爲見執拒賊之狀　涵芬樓本注，明鈔本作「且爲見執罵賊之狀」。

【六三】賊怒　涵芬樓本注，明鈔本無「怒」字。

夷堅志補卷第二 七事

喬郭兩賢

紹興初，喬貴妃弟某，官於袁州。有郭主簿者，居於是邦，亦汴人也，喬以鄉里之故，憐其羈窮，拉居官舍旁，解衣推食，待之若兄弟。凡歲餘，喬秩滿，還臨安。將行，盡所餘俸米二百三十斛、錢四百千與之。又治碓坊於開元寺，日可得【一】千錢之入，併付郭生。其所居近尼寺，得屋十許間，白於郡守，亦留爲寓舍。郭因其資，復加葺理【二】。後一年，於廳事側發土，獲一缶，中【三】藏金銀數百兩。郭仍封閉之，遣一介往報喬，曰：「土中所窖，當是公家物，煩遣親信來取之。」喬報曰：「向者安得有閑錢可瘞【四】，又忘【五】而不取哉？此殆天以賜君者，何爲不受？」郭於是焚香拜賜，遂爲富室。宜春人至今以兩賢爲美談【六】。

陳俞治巫

陳俞，字信仲，臨川人，豪俠好義。自京師下第歸，過謁伯姊，值其家病疫，閉門待盡，

校勘記

【一】日可得 涵芬樓本注，明鈔本作「日有」。

【二】復加葺理 涵芬樓本注，葉本無「加」字，從明鈔本補。

【三】中 涵芬樓本注，葉本無「中」字，從明鈔本補。

【四】安得有閑錢可瘞 涵芬樓本注，明鈔本作「安得有閑金可以埋瘞」。

【五】忘 涵芬樓本注，明鈔本作「棄」。

【六】至今以兩賢爲美談 涵芬樓本注，明鈔本作「至今兩賢之，以爲美談」。

不許人來，人亦無肯至者。俞欲入，婦【七】止之，曰：「吾家不幸，罹此大疫，付之於命，無可奈何。何爲甘心召禍【八】？」俞不聽，推户徑前，見門内所奉神像，香火甚肅，乃巫者所設。俞爲姊言：「凡疫癘所起，本以蒸鬱熏染而得之，安得復加閉塞，不通内外？」即取所攜蘇合香丸十枚【九】，煎湯一大鍋，先自飲一杯，然後請姊及一家長少各飲之。以餘湯遍洒房壁，撤去巫具，端坐以俟之。巫入，訝門開而具撤，作色甚怒。俞奮身出，掀髯瞪視，叱之曰：「汝何物人？敢至此！此家子弟皆幼，病者滿屋，汝以邪術衒惑，使之彌旬弗愈，用意安在？是直欲爲盜爾！」顧僕縛之。巫猶哓哓辯析，將致之官，始引伏請罪【一〇】。俞釋其縛，使自狀其過，乞從私責【一一】。於是鞭之三十，盡焚其器具【一二】而逐之。鄰里駭懾，爭前非誚。俞笑不答。翌日，姊一家脱然，誚者乃服。又嘗適縣，遇兇人凌弱者，氣蓋一市，爲之不平，運拳捶之死【一三】而遁。會建炎初元大赦，獲免【一四】，後累舉恩【一五】，得縉雲主簿以卒。終身不娶妻妾，亦奇士也。

義倡傳

義倡者，長沙人也，不知其姓氏。家世倡籍，善謳，尤喜秦少游樂府。得一篇，輒手筆口詠不置。久之，少游坐鉤黨南遷，道長沙，訪潭土風俗妓籍中可與言者，或言倡，遂往焉。少游初以潭去京數千里，其俗山獠夷陋，雖聞倡名，意甚易之。及見，觀其姿容既美，

【七】婦　涵芬樓本注，明鈔本作「姊」。

【八】何爲甘心召禍　涵芬樓本注，「何」字葉本原脱，從明鈔本補。

【九】十枚　涵芬樓本注，明鈔本作「十餘枚」。

【一〇】引伏請罪　涵芬樓本注，「伏」明鈔本作「咎」。

【一一】責　涵芬樓本注，葉本作「受責」，從明鈔本删「受」字。

【一二】其器具　涵芬樓本注，明鈔本作「諸器仗螺角之屬」。

【一三】運拳捶之死　涵芬樓本注，明鈔本作「運鐵箠擊殺之」。

【一四】獲免　涵芬樓本注，葉本無二字，從明鈔本補。

【一五】後累舉恩　涵芬樓本注，明鈔本作「後州縣累舉恩」。

而所居復瀟洒，可人意，以爲非唯自湖外來所未有【一六】，雖京洛間亦不易得。坐語間，顧見几上文一編，就視之，目曰《秦學士詞》，因取竟閱，皆己平日所作者，環視【一七】無他文，少游竊怪之，故問曰：「秦學士何人也？若何自得其詞之多？」倡不知其少游也，即具道所以。少游曰：「能歌乎？」曰：「素所習也。」少游愈益怪，曰：「樂府名家毋慮數百，若何獨愛此乎？不惟愛之，而又習之歌之【一八】，若素愛秦學士者【一九】。彼秦學士，亦嘗遇若乎？」曰：「妾僻陋在此，彼秦學士京師【二〇】貴人也，焉得至此？藉令至此，豈顧妾哉？」少游乃【二一】戲曰：「若愛秦學士，徒悦其詞爾。若使親見容貌，未必然也。」倡嘆曰：「嗟乎！使得見秦學士，雖爲之妾御，死復何恨！」少游察其語誠，因謂曰：「若欲見秦學士，即我是也。以朝命貶黜，因道而來此爾。」倡大驚，色若不懌者，稍稍引退，入謂母媪。有頃，媪出，設位，坐少游於堂，倡冠帔立階下，北面拜。少游起且避，媪掖之坐以受。拜已，張具筵飲【二二】，虛左席示不敢抗。母子左右侍觴，酒一行，率歌少游一闋，以侑之。卒飲甚懽，比夜乃罷止。少游宿，衾枕席褥，必躬設。夜分寢定，倡乃寢。先平明起，飾冠帔，奉沃匜，立帳外以待。少游感其意，爲留數日。倡不敢以燕惰見，愈加敬禮。將别，囑曰：「妾不肖之身，幸得侍左右。今學士以王命不可久留【二三】，妾又不敢從行【二四】，恐重以爲累。唯誓潔身以報，他日北歸，幸一過妾。妾願畢矣！」少游許之。一别數年，少游竟死於藤。倡雖處風塵中，爲人婉娩有氣節。既與少游約，因閉門謝

【一六】未有　涵芬樓本注，明鈔本作「未見」。

【一七】環視　涵芬樓本注，明鈔本無二字。

【一八】若何獨愛此乎不惟愛之而又習之歌之　涵芬樓本注，明鈔本作「若何獨能此而愛之，又習焉」。

【一九】若素愛秦學士者　涵芬樓本注，明鈔本作「若誠愛秦學士者耶」。

【二〇】京師　涵芬樓本注，明鈔本作「京邑」。

【二一】乃　涵芬樓本注，明鈔本作「復」。

【二二】張具筵飲　涵芬樓本按：「筵」字似當作「延」。

【二三】久留　涵芬樓本注，明鈔本作「淹留」。

【二四】從行　涵芬樓本注，明鈔本無「行」字。

客，獨與媪處。官府有召，辭不獲，然後往。誓不以此身負少游也。一日，晝寢寤，驚泣曰：「自吾與秦學士别，未嘗見夢。今夢來别，非吉兆也。秦其死乎？」亟遣僕順途覘之。數日得報，秦果死矣。乃謂媪曰：「吾昔以此身許秦學士，今不可以死故背之。」遂衰服以赴。行數百里，遇於旅館，將入，門者禦焉。告之故，而後入臨其喪，拊棺繞之三週，舉聲一慟而絶。左右驚救，已死矣。湖南人至今傳之，以爲奇事。京口人鍾明【二五】將之常州校官，以聞於郡守李次山結，既爲作傳，又系贊曰：「倡慕少游之才，而卒踐其言，以身事之，而歸死焉。不以存亡間，可謂義倡矣！世之言倡者，徒曰下流，不足道，嗚呼！今夫士之潔其身以許人，能不負其死，而不愧於倡者，幾人哉？倡雖處賤，而節義若此。然其處朝廷，處鄉里，處親識僚友之際，而士君子其稱者，乃有愧焉！則倡之義，豈可薄邪？詩曰：『采葑采菲，無以下體。』余聞李使君結言：『其先大父往持節湖湘間，至長沙，聞倡之事，而嘆異之，惜其姓氏之不傳云。』」復書長句於後，曰：「洞庭之南瀟湘浦，佳人娟娟隔秋渚。門前冠蓋但如雲，玉貌當年誰爲主？風流學士淮海英，解作多情斷腸句。流傳往往過湖嶺，未見誰知心已赴。舉首却在天一方，直北中原數千里【二六】。自憐容華能幾時，相見河清不可俟。北來遷客古藤州，度湘獨弔長沙傅。天涯流落行路難，暫解征鞍聊一顧。横波不作常人看，邂逅乃慰平生慕。蘭堂置酒羅饈珍，明燭燒膏爲延佇。清歌宛轉遶梁塵，博山空濛散煙霧。雕床斗帳芙蓉褥，上有鴛鴦合懽被。

【二五】鍾明　涵芬樓本注，葉本空一字，從明鈔本補。

【二六】直北中原數千里　涵芬樓本注，「直」明鈔本作「南」。

紅顔深夜承燕娱，玉筍清晨奉巾屨。匆匆不盡新知樂，惟有此身爲君許。但説恩情有重來，何期一別歲將暮。午枕孤眠魂夢驚，夢君來別如平生。與君已別復何別，此別無乃非吉徵。萬里海風掀雪浪，魂招不歸竟長往。效死君前君不知，向來宿約無期爽。君不見，二妃追舜號蒼梧，恨染湘竹終不枯。無情湘水自東注，至今斑筍盈江隅。屈原《九歌》豈不好，煎膠續絃千古無。」我今試作《義倡傳》，尚使風期後來見。

吴任鈞

政和間，學校方盛。諸州士子坌集泮宫，出必冠帶。餘干縣帽匠吴翁，徙居饒城，謂之「吴紗帽」。日與諸生接，觀其濟濟，心慕焉，教子任鈞使讀書。鈞少而警拔，於經學穎悟有得【二七】。其比鄰史老，與吴翁相好，雖爲市賈，亦重儒術，欲以女歸鈞。結約既定，鈞被貢入京。因適市，遇道人戴碧綸巾，著寛白布裘，衣冠甚偉，持大扇，書「善相」字，迎謂曰：「秀才勉旃，行作官人矣。」鈞心喜之。自念：「如其言，豈不能於京華貴家及鄉里富室擇佳婚【二八】，奉二親甘旨，顧惓惓一民女哉？」但以父所約，又畏義，弗能決。他日，復遇其人，語之曰：「君得無有負心事乎？吾前相有變【二九】矣。」鈞抵言無之。道人曰：「吾非能知人心。大抵觀人骨法神氣，要以陰德紋爲先。今已散漫，不復可觀，前程豈有亨理？」語畢，鈞歸館【三〇】，痛自悔責。逮夜，捧香於庭下，控首告天曰：「任鈞向

【二七】穎悟有得　涵芬樓本注，明鈔本作「有悟入處」。
【二八】豈不能於京華貴家及鄉里富室擇佳婚　涵芬樓本注，明鈔本作「精擇昏對」。
【二九】前相有變　涵芬樓本注，明鈔本作「前説不然」。
【三〇】館　涵芬樓本注，明鈔本作「寓舍」。

起妄念，宜受罪罰。願洗心改過【三一】，幸得名成，當走馬爲史氏壻，不渝舊約。」九頓首謝過，乃就寢。經旬，又見道人於衆中，喜而言曰：「君必登科無疑。前者之色，隱起不少變，由此得志矣。」從而叩其他，不告而去。是歲，鈞果以貢士起家，仕至提舉江西常平，史氏遂偕老。鈞每爲人言，使知一念之間，不宜欺心者如此。

英州太守

劉器之謫英州，宰相章子厚必欲置諸死地。福唐人林某，以書生晚得官，用縣尉捕盜賞格改秩，入京往謁章，曰：「嶺外小郡，於銓法注知縣資敘。今英州見闕，計資可擬，願得從堂除，冀爲相公了公事。」章悟其意，答曰：「君能舉職，當遂以轉運判官奉處。」林生甚喜，兼程南去，不兩月及境，郡僚出迎。劉公不攜妻孥，但從【三二】一道人寓近郊五里山寺。道人與孔目吏善，是日垂泣，告劉曰：「適孔目密報，新使君【三三】舉措殊不佳。未交印，已諭都監，使【三四】引軍圍寺，約三更鳴鐘，將加害。命我速引避，我不忍也。公必不免，乞自爲計，不可坐待迫辱。」執手大慟【三五】。劉咄之曰：「人之生死前定，何用懼？汝出家學道，見識乃爾！」劉好食雞粥，率以二更食，然後睡。至是謂之曰：「吾當即就寢，安神定志以俟之。汝爲吾作粥。」俄傾鼻息栩栩然。道人泣不止，淚落粥中。忽聞鐘聲，急撼劉覺，雞猶未熟，强盡一器，明燭作家書。已而寂無所聞，遣僕視外間，不見一人。

【三一】改過　涵芬樓本注，明鈔本作「自新」。

【三二】從　涵芬樓本注，明鈔本作「挾」。

【三三】新使君　涵芬樓本注，葉本無「君」字，從明鈔本補。

【三四】使　涵芬樓本注，葉本作「吏」，從明鈔本改。

【三五】執手大慟　涵芬樓本注，明鈔本作「語訖，執手大慟」。

危坐待旦，始知林生纔到，徑詣郡齋，自謂得策，趨上堂，不覺蹴户限，仆地立死。鐘聲者，乃無常所擊云。宣和中，吴傳朋【三六】見劉公於宋都，親聆其説云。使此人遲半日死，則必墮危計矣。

鼎州兵妻

紹興初，湖湘多盜。程平國待制守鼎州數年，政以猛聞。其治軍理民，不拘法制，令行禁止。營兵周祐妻告：「夫死無以自存，乞改嫁。」程與之錢，使斂死者，而從其請。此婦已先與同營李平姦，視祐如路人。祐病，不待粥藥【三七】，病困，氣猶未絶【三八】，即委之而去。後旬餘，程奉召赴闕。行之日，祐適少愈，自力扶杖來訴。程使伏於屏，命召婦。婦整容易服，抱所乳嬰兒至。程扣之曰：「汝前夫安在？」曰：「亡矣。」曰：「曾葬否？」曰：「即日掩棺，瘞之近郊矣。」程嘻笑，呼祐出，婦矍然低首，無所措。程問祐：「今以還汝，欲之乎？」曰：「渠已相背負，復【三九】歸無益，不願也。」程顧軍吏斬其首，上馬而馳。婦尸在地，嬰兒猶食其乳不輟。少頃，祐亦死。蓋此婦當誅，故委曲如是。使周祐先半日死，則婦倖免矣。程之子禧説。

【三六】吴傳朋　「傳」原作「傅」，據《書史會要》卷六改。傳朋，即吴説，兩宋之際人。紹興中，知信州，善書。

【三七】粥藥　涵芬樓本注，明鈔本作「湯藥」。

【三八】氣猶未絶　涵芬樓本注，葉本無「猶」字，從明鈔本補。

【三九】復　涵芬樓本注，明鈔本作「雖」。

何隆拾券

饒州市老何隆，乾道二年，在兵籍。嘗行至茶邸，見卓上有官券一沓，不知其數，略無守者，乃取之。持歸，置木匣内，候來訪者，將審實以還。自午至暮悄然。隆只一壻鄭郎，及出街，忘與之言。正逢人執券博錢，心疑之，到家視匣，封閉如初，爲之終夕不敢寐。明日，遇市民董三云：「我妹【四〇】夫在提刑衙，交領官會子三百道，纔出門，更不記得頓放何處，今愁惱欲投死。」妹夫者，掌錢庫子【四一】包興也。遂詣包氏，見其夫婦相對顰蹙，問其故，所言與董合。隆引包往張山人鋪占卜，已而言：「汝放下憂心，此物恰是我收得。」拉還舍，悉以授之，三百道一無所欠。包拜謝，願分獻之。隆辭不納。久之，得病，從其貸錢三百文，包弗與【四二】。鄱陽人共嘆隆獲無望之財，捨而不取，爲可嘉。包負恩不義，雖已罹黥配，未必保厥終也！隆今八十餘歲矣。

【四〇】妹　涵芬樓本注，明鈔本作「姊」，下同。

【四一】庫子　涵芬樓本注，明鈔本作「庫典」。

【四二】包弗與　涵芬樓本注，此下明鈔本多「後包因他事遠戍，而隆病霍然，家亦温飽。於是」十九字。

夷堅志補卷第三 十五事

袁仲誠

袁仲誠，紹興十五年赴省試罷，還丹陽。夜夢人叩户，袁叱之曰：「汝何人？安得【一】夜半敲我門！」答曰：「來報省榜耳。」猶未信，自隙中窺之，乃一黄衣人持文書而立。欣然啟門【二】，取其書展讀，見己姓名在第二。自餘間三四名，或五六名，輒缺其一，復詰之，曰：「汝所報若此，非全榜也。」曰：「不然。君知士人中第非細事否？要須有陰德，然後得之。大抵祖先所積爲上，己有德次之。此所缺姓名，蓋往東嶽會陰德司，未圓故爾。」既覺，歷歷記其語，甚異之。後奏名，果居亞列。

曾魯公

曾宣靖魯公，布衣時，游京師，舍於市。夜聞鄰人泣聲甚悲，朝過而問焉，曰：「君家有喪乎？何悲泣如此？」曰：「非也。」其人甚淒慘，欲言有慚色。公曰：「憂憒感於心，至於泣下，亦良苦矣。第言之，或遇仁心者，可以救解【三】。不然，徒泣繼以血，無益也。」

校勘記

【一】安得　涵芬樓本注，葉本無二字，從明鈔本補。

【二】啟門　涵芬樓本注，「門」葉本作「閲」，從明鈔本改。

【三】或遇仁心者可以救解　涵芬樓本注，明鈔本作「或遇仁人動心」。

其人左右盼視【四】，欷歔久之，曰：「僕不能諱。頃者，因某事，負官錢若干，吏督迫【五】，不償。且獲罪。環視吾家，無所從出，謀於妻，以笄女鬻【六】商人，得錢四十萬。今行有日矣，與父母訣而不忍焉，是以悲耳。」公曰：「幸勿與商人，吾欲取之。商人轉徙不常，又無義，將若女浪遊江湖間，必無還理。一旦色衰愛弛，將視爲賤婢。吾江西士人也，讀書知義，倘得君女，當撫之如己出，視棄與商人相萬矣。可熟計之。」其人跪謝曰：「某平生未嘗有一日之雅，不意厚貺若此。雖不得一錢，亦願奉君子。然已書券受直，奈何【七】？」公曰：「但還其直，索券而焚之。彼不可，則曰訴於官，彼畏，必見聽矣。」遂出白金約四十萬，寘其家，曰：「吾且登舟矣。後三日中，以女來，吾待於水門之外。」公去而商至【八】，用前説卻之，商果不敢爭【九】。及期，父母載女來訪，所謂曾秀才者，舟不見。詢之旁舟，人言其已去三日矣。女後嫁爲士人妻。公行狀碑銘，皆載此事。公至宰相，年八十。及見其子入樞府，其曾孫又至宰相，蓋遺德所致云。

七星橋

衢人之俗，送死者，皆火化於西溪沙洲上。道過一溝，溝上有橋，夏則爲潦水所漂，冬則丐者竊板去，積歲爲行者患苦。仵作蘇長，常與人經行【一〇】，熟其故，因率諸子入山，擇堅石可踐踏者七片，布置於溝上，於是行者無滯。後數年，蘇得暴疾死，殮而未葬，三日

【四】盼視　涵芬樓本注，明鈔本作「顧視」。
【五】督迫　涵芬樓本注，明鈔本作「見督已急」。
【六】鬻　涵芬樓本注，明鈔本作「鬻於」。
【七】奈何　涵芬樓本注，明鈔本作「不可追」。
【八】商至　涵芬樓本注，「至」葉本作「人」，從明鈔本改。
【九】商果不敢爭　涵芬樓本注，葉本無「敢」字，從明鈔本補。
【一〇】常與人經行　涵芬樓本注，明鈔本作「常爲人負柩經行」。

復生。家人揭棺扶出，即活，言：初被兩卒追去，約行百里，到官府，縲囚甚多，獄具盈塞，皆巨石刀劍之類。因【一一】被治呼叫，聲不忍聞。須臾，至吏舍，一吏亦郡人，見之喜曰：「蘇公，汝有陰德，合延壽。吾當爲呈覆。」蘇曰：「身執役下里，平生衣食無盈餘，安能作陰德事？」吏取簿示之，題細字一行，曰：「蘇長某年月日【一二】，在本州城西，造七星橋一座。」遂持以上稟。主者批曰：「延壽一紀【一三】。」即令先兩卒送還。至中途，同聲賀曰：「追人到此，萬無一回。汝獨【一四】再生，當以利市及功德酬我。」蘇問其目，曰：「功德乃《金剛經》，利市則紙錢是也。」又曰：「我兩人豹皮褌已敝【一五】，併爲我換之。」蘇曰：「家非獵徒，安得此？」曰：「以布帛畫之足矣。」又問：「今誦經當召何僧？」蘇曰：「欲請祥符寺圓闍梨。」曰：「寺有二圓師，汝所召者何人是？」曰：「在彌陀閣後者。」皆喜曰：「此僧甚至誠，真得人矣！」行到一池邊，荷花正開，卒喚蘇立觀，俄推墮水，乃寤。蘇時年六十，果七十二歲而亡。

雪香失釵

樂平東關民張五郎，淳熙七年，姻戚從假質物【一六】，付以一金釵。過期不反，張自出錢往贖。輸息未足，還家，遣婢雪香持所欠取之。既得釵，半途登廁，慮其墮也，插於壁間，溷畢而忘之。行百步，始覺亟回，適一弓兵往來其外，即就索焉。拒曰：「未嘗見。」

【一一】因　涵芬樓本按：似當作「囚」。

【一二】某年月日　涵芬樓本注，明鈔本作「於某年月日」。

【一三】延壽一紀　涵芬樓本注，明鈔本作「特與延壽一紀」。

【一四】獨　涵芬樓本注，明鈔本作「獨得」。

【一五】敝　涵芬樓本注，葉本作「故」，從明鈔本改。

【一六】姻戚從假質物　涵芬樓本注，明鈔本作「有姻戚從假質物」。

婢泣告曰：「我娘子性嚴急，此度係陪錢取典，已自忿躁，更將元物失了，必謂我與人奸通，把釵與他，將痛打而致死地，未可知。與其受杖而死，不若先討箇去處。」遂徑趨水濱。弓手望見，懼其赴水，遽呼曰：「我實獲釵，本喜爲横財，今乃令汝就死，我不忍也。」以還之。婢歸，言其故。張歎息，語其妻曰：「雪香服事三十年無分毫罪過，若因此自盡，可謂至冤。不如分付與人，做一段好事。」妻以爲然，併與釵以嫁十里外結竹渡邊民王二。婦懷弓手恩，恨不問姓名，尚能略記其形狀。經四年，因往溪頭挈水，渡船人已滿載，中一人絶類弓手者，近扣之，信也。邀還家，其人辭以文書有限，若遲一渡，便是阻了五里路，不可相從。婦力懇請，乃俱行。船即離岸，婦及家，告其夫，方相與啜茶，聞渡呼噪喧，出視之，船到中流而覆。溪正水漲，不容奔救，溺者凡三十六人，弓手獨免。一茶之頃，端爲此故，陰德之報，豈不昭然？楊仲淵説。

黄汝楫

越人黄汝楫，家頗富。宣和中，聞方臘犯境，以素所積金銀緡錢計值二萬貫，瘞於居室，而避地於深山【一七】。忽有賊執白旗游弈者來，且揖且拜，黄驚懼，答拜。認其人，蓋舊僕也。且言：「吾主將拘掠士民女，閉之空室，從索金帛【一八】，取贖則放，否則殺之。」黄惻然曰：「所囚人幾何？」曰：「無慮千數。」黄曰：「我藏物於家，約值二萬緡，欲盡舉

【一七】於深山　涵芬樓本注，明鈔本作「深山間」。

【一八】從索金帛　涵芬樓本注，明鈔本作「須持金帛」。

以贖千人之命【一九】，可乎？」僕曰：「足矣。」令歸白之：「明日，當奉報。」遂去。而旦至，如其請，乃悉發所瘞，輦輸其營，千人皆得歸。詣黄謝，爲其念佛祈福，懽聲如雷。亂平後，夢金甲神人長丈許，從天而下，呼謂曰：「玉帝有敕，以汝活人甚多，賜五子登科。」至紹興中，黄爲浦江令，開、闔、閲【二〇】，同登乙科。次舉，又二子中選。如神所告。

鄭庚賞牘

建炎中，鄭庚爲吉州泰和丞。時虜寇曾無敵、易當世各聚衆擾郡邑。朱丞相爲江西安撫大使，避李成兵，自九江移治廬陵。庚薦叛將楊勍可收用，使立功贖罪。丞相聽之，勍遂破賊，奏凱。感庚之恩，縛男子二十輩，衣以緋巾，遣部詣庚所，使作親獲以邀賞。庚驗其皆平民也，解放之。時有他功可遷秩，既列上吏部，而審會留阻，經年未回。適六部大火，案牘皆空，庚轉丞蕭山，未知也。西興寨卒攜文書數幅來言曰：「隔江望臨安火，有大風吹此文書墜沙上，聊取觀之，見公姓名在焉，敢以獻。」取而閲視，乃吏部甲庫案行遣賞典也。令此卒持以白縣，縣以白府，府爲申送省部，遂獲進一階。人以爲不殺二十男子之報也。

【一九】欲盡舉以贖千人之命　涵芬樓本注，明鈔本作「欲盡舉以獻，而代千人贖命」。

【二〇】開闔閲　涵芬樓本注，明鈔本作「其子開、闔、閲」。

高南壽捕盜

高南壽，福州人。赴省試，道出衢州境，憩大木下。聞有人聲喀喀出於後，回首覘之，一男子方投繯，氣猶未絶，急爲解索【二一】，酌水灌救，移時而甦。云：「身【二二】是開化弓手，尉逸一妾，遣跡捕盜。知其在豪子家，爲他郡牙儈轉貼數十千，欲辦取贖，尚欠錢三萬。家素窮空，無由足其數，而子姪壻皆充役，若徒步歸報，必遭譴怒。計無所出，寧以身就死，庶不貽家禍也。」高惻然，傾囊資三十千與之，遂行。是歲登科，適調開化尉。既到官，詢問所救之人，則亡已久矣。邑有兇盜【二三】，劫巨室，州督捕甚峻，至闔尉門不啟，期以必得。高大窘，獨步小亭上【二四】，旋繞百匝，未有計。忽有拜於階下者，驚問何人，曰【二五】：「官人無怖，某乃昔年蒙恩【二六】再生者。今雖死，念無以報德，偶知寇所在，故來告。其人方醉卧郭外神廟中，宜亟往擒之。」高即集部曲出門，鬼導於前，至一大廟，羣盜正【二七】祀神飲福，醺然醉寢。兩輩差不醉，方收拾器皿，遂悉縛之，不遺一人。高用賞格改京官。淳熙六年，知隆興奉新縣，卒於官。

林景度

淳熙初，王浚明曉爲司農少卿。嘗以平旦出訪林景度給事，值其在省。林之妻，浚明

【二一】急爲解索　涵芬樓本注，葉本無「急」字，從明鈔本補。
【二二】身　涵芬樓本注，葉本無「身」字，從明鈔本補。
【二三】邑有兇盜　涵芬樓本注，明鈔本作「久之，邑有兇盜」。
【二四】獨步小亭上　涵芬樓本注，葉本無「上」字，從明鈔本補。
【二五】曰　涵芬樓本注，明鈔本作「對曰」。
【二六】蒙恩　涵芬樓本注，明鈔本作「受恩」。
【二七】正　涵芬樓本注，葉本無「正」字，從明鈔本補。

姪女也，垂淚而訴之，曰：「林氏滅矣！」驚問之，對曰：「天向曉，有朱衣人持天符來，言：『上帝有勑，林機論事害民，特命滅門。』」怖而寤，猶彷彿在目【二八】也。浚明因不知何事，姑慰安之，曰：「果如是，林家將獲譴，吾族何與焉？無爲自戚戚也。」因留食，俟林歸，從容叩近日所論奏。林曰：「蜀郡以部内旱災，奏乞撥米十萬石賑贍。即有旨，如其請。機以爲米數太多，蜀道不易得，當實審斟酌而後與。故封還勑黄。上諭宰相曰：『西川往返萬里，更復待報，於事無及。姑以半與之，可也。』只此一事耳。」浚明顰蹙而去。未幾，林以病丐歸，到福州捐館。有二【二九】子繼踵而亡。王氏求諸林族子以爲嗣，亦輒不終，竟絶嗣。季炎山説。

閭丘十五

黄州村民閭丘十五者，富於田畝【三〇】，多積米穀，每幸凶年，即閉廩騰價，細民苦之。既老且病，不復能飲食，獨嗜羊矢。家人憐痛，刻木爲模，置粉餌如羊矢狀，使食之。入手【三一】，即投於地，須真矢，乃肯咽之。如此【三二】數月方死。當未病之初，心常畏禍，唯一意佞佛，布施廬山僧，無所愛，終不知自改也。

【二八】在目　涵芬樓本注，明鈔本作「在目前」。

【二九】二　涵芬樓本注，明鈔本作「三」。

【三〇】田畝　涵芬樓本注，明鈔本作「田疇」。

【三一】入手　涵芬樓本注，明鈔本作「才入手」。

【三二】須真矢乃肯咽之如此　涵芬樓本注，明鈔本作「須真者，乃下咽」。

菊花僊

嘉州【三三】士人黄棠，能爲文，謂取科名如拾地芥。肄業成都府學，學有神祠曰菊花僊，相傳爲漢宫女。諸生求名，祈者影響答之【三四】。棠嘗夜讀，忽見美女立燈下，驚問曰：「汝何氏，輒至此？」女笑曰：「吾乃菊花僊，以君今舉當高第，故來報喜。君初任爲郫縣主簿【三五】，宜勉之。」遂不見。是歲，棠獲鄉薦，往赴類試，適秋旱，行至郫縣境，憩逆旅，有負水至者，棠酌飲之，又傾其餘以濯足。居者曰：「村曈乏水，汲處數里【三六】得至此，飲尚不敷，忍用濯足？」棠怒，語之曰：「候我爲主簿，當治爾。」及試罷，失利，復入學。逢所見女於廊下，誚其前言不驗。女曰：「汝不謹己，輕以告人，且欲逞私憾。天理【三七】豈容汝乎？必欲成名，須修德乃可。」棠自【三八】追悔，省咎克責，後一舉登科。

趙善弌夢警

宗室善弌，居池州，貧無置錐，以酤酒爲生，亦復間椎牛供客饌。嘗夢被追到冥府，庭中兵衛甚肅，過之凜然。主者端服踞几，氣象䰛然，呼善弌罵曰：「牛之爲物，有大功於世。汝何忍屠剥不少貸【三九】？今令汝試嘗此苦！」舉手指獄卒，即持巨釘尺餘，銛利可吹毛，釘其首，血流洒地，痛楚切骨。善弌仰呼乞命，請改過。主者色少霽，命去釘，曰：

【三三】嘉州　涵芬樓本注，明鈔本作「嘉定」。

【三四】祈者影響答之　涵芬樓本注，明鈔本作「往祈影響，神必明告之」。

【三五】爲郫縣主簿　涵芬樓本注，葉本無「爲」字，從明鈔本補。

【三六】汲處數里　涵芬樓本注，明鈔本作「汲處在數里外」。

【三七】天理　涵芬樓本注，葉本無二字，從明鈔本補。

【三八】自　涵芬樓本注，明鈔本作「始」。

【三九】不少貸　涵芬樓本注，明鈔本作「覓小利」。

「審爾，則大善。吾陰相爾生理，使爾不困乏。」方拜謝欲去間，有婦人著褐衫，挽嬰兒奔來，意緒窘怖，望殿上拜不已。主者曰：「吾正切戒之，勿憂也。」還退而覺【四〇】，則雞唱矣，喘汗被體【四一】。小婢報僕，將殺牛。强【四二】起視之，一水牸蒼色，腹有胎，恍然警悟。立命牽付僧寺，舍爲長生牛。但啟酒壚，凡平日所爲，迹涉不謹者【四三】，皆掃去，恂恂爲善人。先是，其家歲病疫，自爾無之。衣食稍豐裕，後用量試恩補官。淳熙九年，爲隆興府兵馬監押，嘗以其事勸人。予長子適監府倉，故傳之。

盛道者

盛章尹開封，以威黠著。徽宗賜以宫嬪，國色也。性亦嗜殺，大率【四四】

虎丘鵲

平江城内憩橋巷民郁大，好養鷹鶻之屬，以捕鳥雀。一黄鷂尤鷙，每出，所遇無得免者。乾道初，嘗拉其友葉生等數輩，擎鷂出郊。至虎丘道中，見羣鵲啄食陌上，潛解絛【四五】，將縱取之。鵲作人言曰：「饒我，饒我！」衆愕然佇立之次，鵲飛起，自空中墮三卵於地，蓋驚怖之極，隕其胎也。郁本【四六】無賴，亦爲之痛自悔恨，亟還家，盡放所畜，終身不復業。

【四〇】還退而覺　涵芬樓本注，明鈔本作「遂俱退，覺時」。

【四一】喘汗被體　涵芬樓本注，明鈔本多「未得語」。

【四二】强　涵芬樓本注，葉本作「可」，從明鈔本改。

【四三】迹涉不謹者　涵芬樓本注，葉本無「涉」字，從明鈔本補。

【四四】大率　涵芬樓本注，以下原缺，明鈔本無此條。

【四五】絛　涵芬樓本注，明鈔本作「絛鏃」。

【四六】本　涵芬樓本注，明鈔本作「雖」。

余三乙

鹽官縣黄天蕩民余三乙，世以屠狗爲業。因娶妻得資裝數十千，嘗取銀釵一隻，貨於市。就路旁人家買狗，議價二千五百餘。余只與二千三百，欠二百錢，他日當攜還，遂牽以歸。到家，不解縛，寘壁下，令妻燒湯。余急如廁。聞人唤三乙嫂，不知所從來【四七】。我聲至再，審聽之，乃狗也。問曰：「是汝言乎？」應曰：「是，我乃汝翁，但汝不識我。我在生時造業多，負累人錢物【四八】，已七死吾兒手中。今幸只欠二千五百，而有二百在，宜速償之，不然更須再來【四九】。汝勿語夫，恐聞此言，不肯見殺，則又不能脱離耳。」叮嚀諄切。言訖，余至，妻云：「湯已熱，適鄰家請我吃茶，須略去。」及回，則狗已支解機上矣。妻顰蹙窘懼，余不知也。攜肉出貨，歸而喜曰：「今日甚利市，得錢多。止餘一半。」割以啖妻。妻以食素辭。明日，攜餘肉出，既歸，復取所剩與妻，妻仍不食。余怒曰：「當時煮肉未熟，汝便取食。今若此，何也？」妻未答，不覺墮淚。力問之，始具以告。余驚痛失措，以口向地，出而哇之。良久就寢，三日方醒。妻泣曰：「事已如此，慮業報牽纏，相與行乞於市。」余曰：「得無貽笑鄰里？」妻曰：「我籠中猶有布數疋，可資以爲生理。」余從之，徙居臨安外沙，撲賣頭㡌篦掠【五〇】。日誦阿彌陀佛萬聲，祈懺宿罪，至今尚存。

【四七】不知所從來　涵芬樓本注，葉本無「來」字，從明鈔本補。

【四八】負累人錢物　涵芬樓本注，明鈔本作「且屢負人錢物」。

【四九】更須再來　涵芬樓本注，葉本無「再」字，從明鈔本補。

【五〇】頭㡌篦掠　涵芬樓本注，明鈔本作「頭繻編掠」。

檀源唐屠

樂平縣檀源民唐富，本農家子，而亦時時與人屠宰。慶元元年三月，白晝在家，有持文引一紙來者，言是縣司公吏。拒之曰：「我小民無罪過，又不曾與人搆訟，何緣追喚？」語未了，身已隨驅出門。回顧則身仰卧地上，妻兒環哭，始知是死【五一】。即懇吏曰：「不審何事見攝？還可再生否？」略不答。泣告再三，方言：「照殺蠔子公事。」富答云：「自念平生不妄踐踏蟲蟻，只記屠牛十三頭，豬二十口，若得放還，誓願改過。」吏云：「此非我可主張，到愛河橋【五二】，汝自告判官，乞檢簿。」遂偕進。至一河邊，再拜【五三】。高橋跨空，有緋衣官人執簿立，吏附耳語曰：「此判官也。」兩犬極獰惡，迎吠河津，不容人過。於是再拜致禱。緋衣爲閱簿【五四】，曰：「幾乎錯了。殺蠔子者，乃彭富，與汝不相干。兼汝壽數未盡，更當復生【五五】。」富拜謝之次，牛豬如所屠之數，各啣一紙，浮河而來。緋衣叱之去，乃命數卒遮護，戒之云：「今再履人世，宜便改業，做善事，誦佛經。如不識字，但稱念佛名亦可。」遂合掌朗念阿彌陀佛，不覺被人推倒而寤，死已經夕矣。從此不復鼓刀，專治田業。源居人楊彦明說。

【五一】始知是死　涵芬樓本注，葉本作「始是死矣」，從明鈔本改。

【五二】愛河橋　涵芬樓本注，明鈔本作「奈何橋頭」。

【五三】再拜　涵芬樓本注，明鈔本無二字。

【五四】閱簿　涵芬樓本注，葉本作「閣筆」，從明鈔本改。

【五五】更當復生　涵芬樓本注，明鈔本作「法當使還」。

夷堅志補卷第四 二十事

村叟夢鼈

崑山縣東，近海村中一老叟，夢門前河内泊一大舟，舟中罪人充滿，皆繩索纏縛【一】。見叟來，各哀呼求救。繼而舟師攜錢詣門糴米。寤而怪焉。迨旦啟户，岸下果有一舟，舟子市米與所夢合。亟趨視，滿艙皆鼈也。垛疊縲縛，莫知其數。詢其所之，曰：「將販往臨安鬻之【二】。」叟悚，悟此夢，問所直若干，爲錢三萬。叟家頗富贍，如數買【三】之，盡解縛放諸水。是夜，夢數百人被甲於門外唱連珠喏。驚出視之，相率列拜，謝再生之恩。且云：「令君家五世大富【四】，一生無疾，壽終生天【五】。」自是，叟日康寧，生計日益，乾道中事也。方可從【六】說。

湯七娘

紹興初，建州甌寧縣婦人湯七娘，本屠家女，亦善宰牛，平生所害以百數。嘗買一牛於野外，相去稍遠，乃跨之以歸，擬至家屠殺。將下【七】，忽臀髀牢縶不可動，蓋已聯於牛

校勘記

【一】纏縛　涵芬樓本注，明鈔本作「纏絆其身」。

【二】販往臨安鬻之　涵芬樓本注，明鈔本作「將販往臨安貨鬻」。

【三】買　涵芬樓本注，明鈔本作「償」。

【四】令君家五世大富　涵芬樓本注，明鈔本於「令」上多一「當」字。

【五】壽終生天　涵芬樓本注，明鈔本多「受諸快樂」四字。

【六】方可從　涵芬樓本注，「方」明鈔本作「萬」。

【七】將下　涵芬樓本注，葉本無「將」字，從明鈔本補。

背，與皮合爲一體，竟不能脱。經數日死。未死前，其家猶牽往野中，與人遍視【八】，冀得減罪。子孫自是改業。

程立禽報

饒州效勇營兵程立，人物懦怯，專好彈射飛禽，以供食啖。目之所值，必思得之而後已，雖棲於簷間，巢於林木，亦升梯攫拏，并雛卵悉取之。弩矢彈丸，未嘗停手。儕輩皆惡少【九】，然覩其暴殄已甚，每勸止之，恬弗爲改。慶元初春，病赤目，蒙蒙無所見，厥身如坐湯火中。白晝居家，覺羣鳥無數，飛鳴於前，繚繞交啄，楚痛悲嘶，頃刻不堪忍。呼家人驅逐，皆云無之。臨死踰月，朝夕受苦，飲膳不能入口，形骸羸削，全如禽鳥已燖剥之狀。瘡孔遍體，轉側艱難，呻吟之聲，四鄰亦爲撓聒。至秋乃死。

程氏諸孫

德興縣上鄉新建村居民程氏，累世以弋獵爲業，家業【一〇】頗豐。因輸租入郡，適逢廛市有摇小鼓而售戲面具者，買六枚以歸，分與諸小孫。諸孫喜【一一】，正各戴之，羣戲堂下。程畜猛犬十數，皆常日放獵所用者，望見之，吠聲狺狺，爭趨前搏噬，杖【一二】之不退，孫即死者六人。犬吠所怪，蓋其理也，亦世獵膺報【一三】云。

【八】與人遍視　涵芬樓本注，明鈔本作「使人遍觀」。

【九】儕輩皆惡少　涵芬樓本注「少」，葉本作「之」，從明鈔本改。

【一〇】家業　涵芬樓本注，明鈔本作「家貲」。

【一一】喜　涵芬樓本注，明鈔本作「喜甚」。

【一二】杖　涵芬樓本注，明鈔本作「叱」。

【一三】膺報　涵芬樓本注，明鈔本作「應報」。

李氏父子登科

李田者，台州仙居人。其子某，夢人推一車過門，滿載皆書卷。問何等文書，曰：「他年南省及第人姓名也。」揖而求借觀，許之。偏閱無己名，獨有李遂夫者。車人指曰：「是爾姓名乎？」漫應曰：「然。」其人曰：「此一鄉皆食牛，而爾家三世獨不食，當父子皆登科。」既覺，亟更名遂夫，果與父相繼擢第。

顧待問

隆興癸未，禮部試進士。葛楚輔在場屋，并案有江陰顧待問者，硯壓其姓之左，但見右旁，葛意其顏氏也，凡三日，皆呼爲顏丈。試後旬餘，葛寢未起，有客持刺字求見，僕者辭之。顧曰：「我即與汝主公場中鄰坐，誤呼爲顏丈者也。適得一好夢，故急來言。」僕入報，葛披衣起延接。顧曰：「吾見春榜矣。」葛驚問故，曰：「昨夕夢到仙府，正見放榜。末甲有顧待問字，而墨塗去之。扣所以，一真官曰：『以汝愛食牛肉，姑示罰耳。』方窘撓，無以爲計。友人曰：『盍禱之。』即謝過，曰：『自今已後，不敢再食【一四】。』真官者又曰：『汝果自此不食邪？』應曰：『然。』遂取筆復注姓名。因借榜細觀，見親朋中選，歷歷能記者，三十二名。覺而忘去，獨能記君名，蓋又處吾下也。」洎接榜，果然。顧自是不

【一四】不敢再食　涵芬樓本注，葉本「不」下有「復」字，從明鈔本删。

食牛。後爲邵武軍教授，缺薦牘一，葛時以中書舍人兼禮部侍郎，乃援昔夢爲辭，致書【一五】以請葛。葛薦之，得改京秩。

麻家鸚鵡

荆南居客麻成忠，淳熙十五年四月，有外寺長老壽普來相見。良久，麻入書室【一六】，取《圓覺經》，一鸚鵡在雕籠中，忽鳴曰：「告禪師，望賜慈悲救拔。」普曰：「爾有何事？」曰：「囚閉樊籠三年，無緣解脱。」普曰：「小畜【一七】，誰教爾能言？」鸚鵡頓悟，自後不復作聲，類爲物所梗者。若是數月，麻嫌其不語，放使自如。徑走，赴普老坐傍，啾喟致謝。普戒之曰：「宜高飛深林，免再墮羅網之厄。」又求指教，普令誦阿彌陀佛，少頃即去。經八年餘，慶元二年十一月，普遊行至桃源縣，爲王家住庵。夢一小兒來謝，問爲誰，曰：「昔是麻成忠鸚鵡，荷師方便，遂得爲人。今在西巷蕭二家作男子矣。」曰：「以何爲驗？」「我往視汝。」曰：「弟子左脇下尚有翅毫存。」明日，普訪蕭氏審訂，盡符其説。

李姥告虎

婺州根溪李姥，年六十，有數子相繼疫死，諸婦悉更嫁，但餘一孫七八歲。姥爲人家紡績，使兒守舍。至暮歸，裹飯哺之，相與爲命。方春時，姥與兒偕里中數人擷茶，一虎躍

【一五】致書　涵芬樓本注，明鈔本作「裁書」。

【一六】麻入書室　涵芬樓本注，明鈔本無「書」字。

【一七】小畜　涵芬樓本注，明鈔本作「業畜」。

出林間，衆懼駭，登木沉溪以避。虎徑搏兒，舉足簸弄，宛轉未食。姥挺身直前，拊虎大慟，具述平生孤苦之狀。且曰：「不如食我，則兒猶可以生，爲香火主。兒死，則我嗣絶矣。虎如有知，乞垂慈憫。」虎聞言，瞑目弭耳，若慚悔然，疾走去。兩人皆得免。

楊一公犬

鄱陽縣北二十里席坊，陶甓者所聚，處勢迥僻。居民楊一公，欲買犬防盜，因入城。遇客攜一籃，中貯五稚犬，其一稍大而狀貌甚俊，楊方酬價，爲傍人所先，殊不樂。漫評其次，未竟，前人復來曰：「我才抱行數步，便咬我手指血流。小尚如此，大必傷人。慮爲所害，今不願買，宜以元錢見歸。」楊喜其符己所欲，得即以二百錢買去。甫半載，高大勝於羣畜，每出外必搏雞鴨以還。妻極不自安，曰：「是且爲吾家起爭鬬，不若轉與人。」楊不可，但呼至前，責諭戒飭，自是不復虐鄰里。唯登岡原，獵逐狐兔，一日或獲十。後因去家遠，幾爲虎噬，乃縻以鐵索，善飼啖之，不放出。遇外人至，尚奮吼欲齧。如姻戚賓友，不以識與未識，輒掉尾乞憐。家有猝客相過，無肉食可恃，則語之故，解縛，縱上山，良久必啣一物畀主，復就縛。歷五六年，楊謂人曰：「此犬已屬他人，而無事遭齧。自入吾家，略計所致，須二三百千。豈宿世負債相償乎？」好事者欲以馬易之，楊不忍也。

李大夫庵犬

無錫李大夫家墳庵，名曰華麗，邀惠山僧法暠主之。暠爲人柔和，好接納。凡布衣緇黄至，必待以粥飯，其與同堂。雖或過時，亦特爲具饌，了不慳嗇。如是三十年，往來稱誦。已嘗盛冬苦寒，而一客游謁，暠延之入坐。日已下，是客指腹告餒云：「自旦至今，未得食。」暠憐之。適庖人及僕使數輩俱不在，乃自取米淘澤，作糜滿器。客食畢，雪忽作，暠語之曰：「天色甚惡，秀才宜少駐。」即啟西房，使宿一榻上，并授以布衾。迨昏暮，暠閉門入東室擁爐。視客冷卧，唤之附火。逾時，客起取衾烘炙，將就寢，忽萌惡念：謂此僧住庵，必當富有衣鉢。今旁無一人，若乘勢戕殺，席捲其囊以行，誰能禦我？是時，暠方暖【一八】，因遂舉衾蒙其頭，拆爐側大甎，打數十下，仆地未絶。繼傾缾内佛湯沃注，暠叫呼久之，乃死。於是執燈發篋，皆敝衣敗絮，僅得一銀香爐，重二兩許。客悔恨欲去，而雪深夜永道黑，不可行，復返宿舍，坐而須明，從後墻越遁。庵中一犬，隨而悲吠，至三四里。過山嶺，猶獰怒弗舍。遇兩村民從山北來，犬鳴聲益悲，伸前足伏地如控訴狀。民疑焉，謂客曰：「此李大夫庵犬也，凌晨雪逐汝而來，兼山間窄徑非通行大路【一九】，尋常不曾有人及早經過者。觀犬聲殊哀憤，吾曹當相與詣彼，察其故。幸而無他，則奉送出山，無傷也。」客强爲辯説，不欲還。而度不可免，遂偕返。及庵外，門尚扃，民亟集近居

【一八】暠方暖　涵芬樓本按：此句疑有脱誤。

【一九】兼山間窄徑非通行大路　涵芬樓本注，「窄徑」及「通」字葉本無，從明鈔本補。

者入驗，僧尸正在地，爐邊流血凝注。客無可辯，自吐實本末，受執詣縣，竟服大刑。是日，非義犬報恩復讐，必里保僮奴之累矣。

顔氏義犬

湖州烏程鎮義車溪居民顔氏，畜一犬，警而馴。顔氏夫婦業傭，留小女守舍。并舍有瀦池，女戲其側，跌而溺，父母不知也。忽見犬至前，鳴吠異於他日，行且顧，若將有所導者。顔怪之。又其首脊，皆苔萍纏繞，憂疑心動，乃從而還家，則女子在地，奄奄僅存餘息。叩之四鄰無應者。擕歸灌救，半日始醒。問所以然，曰：「頗記初墮時，犬從岸跳躑。既淪溺就死，不能復知其何以得免也。」視其足踝，有齒痕，隱而不傷，於是知爲犬所拯云。時紹興十九年六月也。

龜山孝犬

龜山村民趙五家，犬生數子，兩月後，皆爲人求去，獨存其一。方欲隨母行，而母忽爲虎所食。趙呼邀鄰里數壯者，持矛逐之。虎舉步捷馳，不可及。稚犬悲鳴，往趨虎後。啣其尾，左右旋轉。虎回頭【二〇】搏噬，不能傷，帶之以走。犬爲棘刺掛罥，皮毛殆盡，流血洒地【二一】，終不肯脱口。虎由此亦係累，奔逸稍遲，已遭追及，死於刃下。

【二〇】回頭　涵芬樓本注，明鈔本作「回顧」。
【二一】流血洒地　涵芬樓本注，「洒」明鈔本作「污」。

孫犬

長老知策，住持山陰能仁寺，畜一猴甚馴，名之曰孫犬。嘗以遺總管夏侯恪，寘諸馬廄。策每訪恪，孫犬認轎乘僮奴，則跳躑掣頓不已。恪憐之，復以歸策。策住山六年，辭去不得。一日拂旱而遁，時淳熙十一年八月中秋日也。孫犬覺境象不類常時，即泣下絶食，未午而死。剡人唐大時寓寺中，親見其事，嗟異之。

李氏貓

大庾嶺民李氏，畜二牝貓，各産四子，更出迭入，交相爲哺。家人始怪之，久以爲常。旬日後，一牝爲犬所噬，其一啣死者之子，寘已窠，與其子合。死者子貓含怒作聲【一二二】，有不相安之意，貓母遍舐環拊，繾綣先後，若欲安而全之，不忍捨也。久之，乳力不能周，日以羸瘠，而奔走遮護如初時。終其離哺，能自食乃已。

李大夫莊牛

李彦威大夫，買田上饒。春務正急，莊農來告，所得牛喜觝觸，而不肯耕，請鬻之，别市堪使者。乃售于沙溪屠家，既成券，約三日【一二三】來取。於是痛加鞭撻，極力驅以耕。

【一二二】死者子貓含怒作聲　涵芬樓本注，明鈔本作「死者之子貓猶含怒作聲」。

【一二三】三日　涵芬樓本注，明鈔本作「翌日」。

及屠人至，方解縻，欲分付間，牛弭耳斜睨，若忿恨然。伺便奮力觸農腹，挑其腸於角上，低首就執也。

張氏燕

張子韶南安所居堂東廡短簷下，二燕各營巢。其一羣雛皆長，已飛去。一巢數子待哺終日，而母不來，蓋爲物所搏也。張公憐其悲鳴，爲徙置空巢，意其同類，認爲己子而飼之。已而一燕至，徘徊不入，去之。須臾，復啣一物，如乳哺者。孤雛爭接食，張望見頗喜。後二日，至其所，則巢中寂然，視地上皆折翅挺足，張口閉目，偃仆不動。細視之，皆有棘刺，梗其喉舌。張歎息久之。《玉堂閒話》中，亦有一事相類。

廣府大蛇【二四】

南海地多蛇，而廣府治尤甚。建炎中，某侍郎爲帥，聞雄黄能禁此毒，乃買數百兩，分貯絹囊，掛于寢室四隅。經月餘，日卧榻外，常有黑汁從上滴下，臭且臊，久而不可嚮邇。使人穿承塵窺之，則巨蟒横其上死腐矣。於是盡令撤去障蔽。死者長丈許，大如柱。旁又得十數條，皆蟠糾成窠穴。他屋内所驅放者，合數百，或奇形異狀。自是，官舍爲清。鄉人徐叔義，時爲轉運使，親見之。

【二四】廣府大蛇　李按：元王惲《玉堂嘉話》卷四以爲本則出於《續夷堅志》，所引文較此簡短，且無「建炎中」、「徐叔義」等確切的人、時，似爲節録之文。而《建炎以來繫年要録》卷一二建炎二年一至四月有徐叔義庚在廣事，故仍舊，不删。

趙乳醫

資州去城五十里，曰三山村，地産茅香絶佳，草木參天，豺虎縱横，人莫敢近。乳醫趙十五嫂者，所居相距三十里。一夕黄昏後，聞人扣門，請收生，遽從以行。趙步稍遲，其人負之而去。語曰：「只閉眼，聽我所之，切勿問。」登高涉險，奔馳如風，趙不勝驚顫。至石崖下，謂趙曰：「吾乃虎也，汝不須怖，吾平生不傷人。遇神仙授以至法，在山修持已三百年，今能變化不測。緣吾妻臨蓐危困，叫號累日。知媪善此伎，所以相邀。儻能保全母子，當以黄金五兩謝。」便引入洞中，具酒食。見牝虎委頓，且跪，趙慰勉之。於洞外摘嫩藥數葉，揉碎窒其鼻，牝噴嚏數聲，旋産三子。其夫即負趙歸。明夜，户外有人云：「謝你救我妻！出此一里，他虎傷一僧，便袋内有金五兩，可往取之。」黎明而往，如言得金。

九頭鳥

九頭鳥，謂之鬼車。人多聞其聲，而鮮覩其狀。戊志所書，明州海上出者，只云如大蘆席耳。淳熙初年，李壽翁守長沙，此禽時以中夜鳴噪，深惡之。揭榜募能捕者，每獲一，與錢十千。飛虎營兵用手弩射之，中其腹而墜，持詣府。身圓如箕，十脰環簇，其九有頭，其一獨缺，而鮮血點滴，如世所傳。一脰各生兩翅，當飛時，十八翼霍霍而動。亦有所向不同，更相爭拗，用力競進，而翅翮傷折者。其異如是。姪婦吴氏，乃李公外孫女也，幼時亦見之。唐陸長源《辯疑志》云：「應洛間，春三二月寒食之際，夜陰微雨，天色晦冥，即有鳥聲軋軋然。度於庭下，家人更相惶怖，呼爲九頭鳥載鬼過。兼以此鳥，曾經閉門，碾斷一頭，至今血滴，若落人家，皆爲災咎。遞擁門作犬吠，以恐之，責其速過。有水北張岸者家，事弋獵，常聞此鳥過聲，去堂不遠，遂以竹竿於屋上三五丈張羅以伺之。一枚爲所得，把火照之，類野狐而黑，嘴長。洛中呼爲渠逸鳥。」蓋述其大略爾。

荆南虎

唐小説多載虎將食人，而皮爲人所奪，不能去，或作道士僧與言語。南城鄧秉，見故山陰宰李巨源説一事，大與古類，而微有不同者。建炎間，荆南虎暴甚，白晝搏人，城外民家，多遷入以避。張四者，徙居甫畢，未及閉門，而虎突然遽至，急登梁喘伏。虎未之見也。升堂脱其皮，變爲男子，長吁而呼曰：「吾奉天符取汝，汝安所逃死邪？」遍歷室内，及居側林莽間尋之。張度其已遠，乃下取所留皮，縛置梁上。日暮虎還，視皮，失之矣，意緒窘擾。大叱曰：「汝既避匿，又竊我皮。吾奉取十七人，今已得十有六，獨汝未耳。儻不信吾，看我懷中丹書。」遂探出，陳於地曰：「此天符也。十六人姓名已勾了，正餘汝在。善還我皮，當捨汝。能指示我筆墨處乎？」張念久不使去，患將益生，應之曰：「還皮易耳，汝即食我，奈何？」曰：「我雖異類，不忍負信，豈有相誤理？」張指示之，則徑往拈筆，勾其名。張乃擲皮下，虎蒙於體，復故形，哮吼奮迅，幾及於梁。張戰栗膽落，欲墜【二五】再三。虎忽跳出，不反顧。明日，聞六十里外，耆老報縣言：「昨日夜，大雷震死一虎。」

【二五】墜　涵芬樓本注，明鈔本作「墮」。

夷堅志補卷第五 十二事

王大夫莊僕

紹興初，有王大夫者，寓居揚州邵伯埭。嘗自城中還，令田僕王大前行。中途值夜，月色微明，僕忽紛拏踉蹡，欲仆復起。問其故，不答。强進十餘步，又復然。王意爲被酒，亟馳歸，唤其婦，令扶夫臥牛屋中。迨旦，已奄奄就盡。抉口灌藥，兩時頃方甦。王扣之，但長吁俯首，久乃云：「曩歲，此地兵亂，實以私憾殺兩人，瘞于穴。今所臥，正其處也。昨晚在馬前逢之，相持不捨，便昏昏如夢，與俱至官府。望緋衣人坐正位【一】，兩緑衣坐其側，兩人捽某至前，曰：『寃對在此。』緋衣顧吏檢案，案至，覽閲再三，謂兩人曰：『汝前世曾共殺王大，今之殺汝，適足相償。汝猶欠渠十千錢在，尚何訴爲？』悉遣出，用是得生。」王大夫諭之曰：「汝宿怨既釋，盍葬其骸骨資【二】以浮屠冥福，不爲他生累也。」僕即日發瘞取尸。尚有金在腰下，售爲葬資薦費外，餘十千。

校勘記

【一】坐正位　涵芬樓本注，明鈔本作「據正位坐」。

【二】資　涵芬樓本注，明鈔本作「且助」。

趙興宿冤

信州小兵趙興，紹興初，爲民家贅壻。纔入門拜妻之母，即忿形于色。日月既久，觸事生怨，彼家不知所由。一夕被酒，遂挾刃殺之，端坐俟捕。訊之【三】，但以本心要見爲詞以對，服辜論死。經兩歲，數示變怪，妻曉夜哀禱，不少衰止，忽無疾暴亡。以肌體尚温，家未忍斂。越五日復生，説正坐房中把針，被兩個公人將文批勾，追到官司。見故夫荷鐵枷，鎖縛手脚，母亦帶小枷旁立。謂我曰：「兒來，與娘索命！」便領向一處。衆吏據案問曰：「汝丈夫當來如何行兇？」我依實供對。凡三次，換文字，乃得放還。後半夜，再被追去，數刻即醒。云：「已審問結録。緣我母前世爲男子，故夫却是妻，爲母殺了。故夫今生翻作男子，母爲女身，使爲眷屬，以償冤債。陽間地府，皆以斷遣，各隨緣托化了。冥吏言：『汝不須更來。』」從此怪厲斷絶。

婺州富家犬

婺州富人【四】居金華、義烏之間。有散樂倡女來，方入謁下拜，其家一馴犬至前，主人叱之不退，據扼主而齧其喉，次齧倡，皆即死。家人起於不料，驚痛束手。有老婢自廚出，行步舉措，絶類主人，作其聲音與妻子言曰：「汝勿怨歎，此生前冤業也。我前世在

【三】訊之　涵芬樓本注，明鈔本作「州訊鞫」。

【四】婺州富人　原注：失其姓名。

湖州，爲男子，嘗買一妾，不爲妻所容，不得已蓄於别舍。一僕往來受使令，久而妻聞之，屢肆爭鬩，我以爲漏泄，痛箠之。諱不肯伏，我益怒，加箠百數，殞於杖下。當時畏彰露，拽赴湖岸【五】，縋以石，投水中，自謂獲免矣。今我復爲人，而此倡即妻也【六】，僕以無他善緣，故墮異類，輾轉爲犬。渠本性已昏迷，不復省記。會此倡至，遂驀憶宿冤。幽冥定數，畢竟難脱。命之所遭，尚何可悔！」垂淚而别。婢仆地即甦。其家遂殺犬，而後治喪。

張客浮漚

鄂岳之間，居民張客，以布販紗絹爲業。其僕李二者，勤謹習事，且賦性忠樸。張年五十，而少妻不登其半，美而且蕩，李健壯，每與私通。淳熙中，主僕行商，過巴陵之西湖灣，壤地荒寂，旅邸絶少，正當曠野長岡，白晝急雨，望路左有叢祠，趨入少憩。李四顧無人，遽生兇念，持大磚擊張首，即悶仆，連呼乞命，視檐溜處浮漚起滅，自料不可活。因言：「我被僕害命，只靠你它時做主，爲我伸冤。」李失笑，張遂死。李歸，紿厥妻曰：「使主病【七】死於村廟中，臨終遺囑，教你嫁我。」妻亦以遂己願，從之。凡三年，生二子，伉儷之情甚篤。嘗同食，值雨下，見水漚而笑。妻問之：「何笑也？」曰：「張公甚癡，被我打殺，卻指浮漚作證，不亦可笑乎【八】？」妻聞愕然，陽若不介意，伺李出奔，告里保捕赴官。訪尋埋骸，驗得實，不復敢拒。但云：「鬼擘我口，使自説出。」竟伏重刑。

【五】拽赴湖岸　涵芬樓本注，明鈔本作「夜拽赴湖岸」。

【六】而此倡即妻也　涵芬樓本注，明鈔本作「而妾即爲此倡」。

【七】使主病　涵芬樓本注，明鈔本作「使主猝抱病」。

【八】不亦可笑乎　涵芬樓本注，明鈔本作「不知如何解與人報冤」。

蓮花櫟

邵武軍村僧，因箠殺行童，官府雖不知，而其心甚懼，屢見死童立其旁。於是盡捐貲橐，潔身入懺室，修持自悔。日月浸久，鬼亦稍稍退步，只處門外。凡三年，相去幾百步，遙拱手，曰：「且辭和尚去，它時於蓮花櫟上相見。」僧默喜，以爲蒙懺力得解脱。所謂相見者，得非龍華會上乎？遂杖錫【九】游方。經十年之久，過淮北潁、亳間，買飯到店，適一茶商被酒，憩於鄰坐。寘砧於外，切羊肝作膾。僧謝曰：「貧僧久不食肉，爲葷腥所觸，則發嘔吐【一〇】。乞少徙他處，可乎？」商即怒罵，曰：「十字街頭客店，如何【一一】不許我喫肉！老禿奴，無道理。」僧初猶不校，商愈罵不已，鼓刀自若，僧取錫杖擊其背，商踉蹡仆庭下，立死。店人報里正，共執僧。僧曰：「少寬之【一二】，此宿生冤債，法無所逃。只當令自盡，不煩見執。」因備述曩事。店主驚曰：「此地名正是蓮花櫟也。」僧即閉户自縊。主者方具狀，詣尉曹請驗兩尸。商矍然起【一三】，體初無傷。問其故，曰：「適醉中，遭跌不覺昏睡。但見一行者，穰穰往來耳，亦不記爭時事也。」僧長逝矣！予頃在無錫外氏庵居時，見僧明說，亦邵武人。

【九】杖錫　涵芬樓本注，明鈔本作「打包」。

【一〇】則發嘔吐　涵芬樓本注，「發」明鈔本作「欲」。

【一一】如何　涵芬樓本注，葉本原闕，從明鈔本補。

【一二】少寬之　涵芬樓本注，「寬」明鈔本作「俟」。

【一三】商矍然起　涵芬樓本注，明鈔本作「商忽矍然起」。

王運使僕

廬江王運使之僕，因入市，逢富家少年正醉騁馬，爲所觸仆地，呼痛怨駡。富子與王氏往還，識此僕，怒其駡辱，舉鞭連擊之，遂死鞭下。始皇怖，亟走謁王公，以情告，曰：「非欲故傷之，偶相值致命。願辦棺斂之具，并賙給其家，以贖過誤之罪。唯公調護之。」王乃招僕妻語之，曰：「汝夫非命，死於不幸【一四】。若果聞於官，便當露尸檢視，愈爲亡者羞苦。彼既無殺心，度必不至償命。今勉從其請，汝夫得早入土，一家獲小富，似亦爲便。」妻垂泣曰：「主公之旨，豈敢違？但恐親里以爲夫死不訴，受財私和【一五】，反難解免耳。」王見其意堅，不敢强，妻歸，即欲陳牒。會日暮，哭而須明。夢其夫來言：「我爲王家僕，二三十年。今以死故，而使主人失懽於富室，於義不可，汝宜從其命葬我。我自於幽冥伸冤。」妻於是往白，王公諭富子如約。後二年，子復乘馬到曩處，覺神思迷謬，背若負芒，幸而無他苦。乃戒御者，他日切勿再經此路。又歲餘，過市，值郡官聯騎出，勢須引避，偶趨入其地，即墜馬死。孫正之鼎臣説。

聞人邦華

信州貴溪聞人氏有二子，長曰邦榮，次【一六】曰邦華。父在時，預爲區處生理，於縣啟

【一四】汝夫非命死於不幸　涵芬樓本注，明鈔本作「汝夫非命死，蓋出不幸」。

【一五】受財私和　涵芬樓本注，明鈔本作「而受仇人財，交相責言」。

【一六】次　涵芬樓本注，明鈔本作「季」。

茶肆以與邦華。於州啟藥肆，以與邦榮。及父歿，數歲間，華縱游蕩費，破壞幾盡【一七】，而榮獨能立身節用，衣食豐餘。母愛季子，密助之，且導使興訟，以爲母在堂，不應分析。榮不服，訴于有司。臺府官僚，定奪至五六，最後監贍軍庫張振之子理承其事。時厥母已亡，張議令悉籍遺貲中分，各受若干。其先爲華所壞者，理爲所得之數。華不伏，至于獄【一八】。華使所善買生砒霜置羹中，賂門卒傳於榮。榮接食下嚥，即嘔吐，遍身腫赤。吏以告理官，遣還家，半日【一九】死。其子廉夫雖知父被毒，而無證佐可發其冤，隱忍殯葬。事經歲，華入理院對狀。廉夫一僕獻計，請仍用前策，別攜一人偕詣食店，買麵四椀，各食其一，而賫其一送華，細切砒於中，華食不盡而止。有大辟囚在旁，餕其餘，覆汁地上，犬舐之。俄頃，囚犬皆嘔，華遂得疾，宛如兄狀，明旦死。司理參軍王昌祖深疑焉，曰：「昨者，一健漢，原無病，何故遽至是？」將行究詰，使獄卒物色鬻麵處。言：「有三人來，一著皂背子，兩白衣。」亟遣呼逮，已竄矣。所謂皂衣者【二〇】，乃廉夫，兩白衣者，僕也。言於郡，發卒追之，得於貴溪之西十里。既至獄，一問即承。郡請於朝，首謀之僕坐死，廉夫但決配，命未下而亡。此事首尾三年，邦榮以紹興辛亥，邦華以壬子，廉夫以癸丑，同是六月八日兇終，可謂異矣！此固有毒，然服之者何必盡死？聞人氏之禍，實冤業致然【二一】。人或不幸而值死者，唯飲生油，以吐爲度，則毒自消，不爲害也。

【一七】華縱游蕩費破壞幾盡　涵芬樓本注，明鈔本作「華縱遊妄費，破蕩幾盡」。

【一八】至于獄　涵芬樓本注，明鈔本作「至于獄治」。

【一九】半日　涵芬樓本注，明鈔本作「半夜」。

【二〇】皂衣者　涵芬樓本注，葉本無「者」字，從明鈔本補。

【二一】實冤業致然　涵芬樓本注，葉本無「實」字，從明鈔本補。

雙流壯丁

淳熙九年五月，未盡之二日。一老媪獨行雙流縣田間，挈青囊攜竹杖，龍鍾不克行，困坐道側。行人問之，答曰：「老婆是關西人，年七十矣。欲往峨眉山禮普賢，不幸抱病。」有少年，爲壯丁，慮其死於其地有累，逼之使去。媪曰：「我亦無大病，只心神苦煩燥，若得水一盞飲之，便可行。」少年不可，牽其臂疾趨，投諸橋下，見者甚衆，皆慘惻不忍，而莫敢言。六月一日，天大雷雨，江水怒漲，斷木順流而下，彌望極目。少子善泅浮，且負其勇，解衣赴水，視木可爲薪者，拽以登岸。已又再往，至於三四。旁觀咨羨，以爲不可及。移時，湍濤益暴，少年力竭不支，遂沉而死。水退，家人求其尸，乃【二二】與向所投媪尸合而爲一。竹杖青囊，尚在其手。始説【二三】三日前殺媪之事，與前成都宋固事，若合符節，且同出一縣，豈【二四】傳聞異辭，或自是一段因緣乎？吾將大警世之惡子，不嫌屢書云。

西江渡子

路當可來江西，過宜春渡，舟子先見其僕，知其爲真官，拱手泣拜。問其故，對曰：「小人老矣，有二子同操舟，恃以爲命。比日相繼不以正死，豈壽止此邪？抑邪祟所爲

【二二】乃　涵芬樓本注，葉本作「及」，從明鈔本改。

【二三】始説　涵芬樓本注，明鈔本作「衆始説」。

【二四】豈　涵芬樓本注，明鈔本作「豈非」。

邪？願真官考校其實，少舒冤痛。」路憫之，爲少駐，旋作牒，叩之東嶽司。焚爇纔息，已有一申狀在案，印硃猶濕。回文云：「往日過往一秀才登其舟，此老次子卧板上，稱頭痛不可忍。秀才曰：『吾行李有藥可治【二五】。』乃發篋取之。其内貯銀一錠，是時父子生心，泊岸登舟，陰隨以行。次荒榛間，四顧無人，撟其口而殺諸林中。繼縋石投之江，盡取囊篋歸。頃者上訴，聖帝判令，先取二子，獨留此老，未即加誅。更五年，使之雙瞽，孤窮凍餓，備受人間之苦。又五年，始盡命，然後治之於地下爾。」路宣以示之，俯首無言，拊膺痛恨而已。

楚將亡金

隆興元年，鎮江軍將吴超守楚州。魏勝在東海，方與虜抗，遣統領官盛彦來索資貨。它將袁彦忠者，主押金帛，從丹陽來。盛謁之，見舟内白金盈載。語袁曰：「銀寘屢中【二六】，甚易負。吾今夕當擕壯士共取之，可乎？」袁笑曰：「無傷也。」是夕，有二十盜挾刀登舟，刼縛袁，掠銀四百錠以去。明日，袁詣府泣告吴，備道盛語。吴捕盛及其親校訊治，不勝慘酷，皆自誣。追贓無所有，妄云：「即時付一姻舊，賣往湖湘販魚米矣。」吴不俟獄成，將先誅盛。前一日，市人王林者，素亡賴，其妻治容年少，當壚於肆，與鄰惡子通。適爭言相詈，林妻持杖擊其七歲兒，兒曰：「爾家昨日拆竈修治，必是偷官銀埋窖

【二五】吾行李有藥可治　涵芬樓本注，明鈔本作「不須慮，吾隨行有藥可服」。

【二六】銀寘屢中　涵芬樓本按：「屢」字似「簍」字之誤。

耳。」邏卒聞之，相議曰：「小兒忽有此言，出於無意。而王生固穿窬之雄也，蓋往察之？」乃率五六輩往肆沽酒，且乞魚肉。妻曰：「無有。」羣卒佯醉毆。突入廚，推竈磚落。妻大罵，卒謝曰：「此細事，當爲整之。」妻遽遮止。卒故毀之，見白鋌滿中，即執王及妻赴府，并儔黨皆棄市。盛彥幾死而得生矣。

湖州薑客

湖州小客，貨薑於永嘉。富人王生，酬直未定，强秤之。客語侵生，生怒，毆其背，仆户限死。生大窘，禱祈拯救，良久復蘇。飲以酒，仍具食，謝前過，取絹一疋遺之。還次渡口，舟子問何處得絹，具道所以。且曰：「使我一跌不起，今作他鄉鬼矣。」時數里間有流尸，無主名，舟子因生心，從客買其絹，併丐筠籃。客既去，即運篙撐尸至其居，脱衫袴衣之，走叩王生門，倉皇告曰：「午後，有湖州客人過渡，云爲君家捶擊垂死，云有父母妻子在鄉里，浼我告官，呼骨肉直其冤，留絹與籃相證。不旋踵氣絶，絹今在是，不敢不奉報。」王生震怖，盡室泣告，賂以錢二百千。舟子若不得已者，勉從其請，相與瘞尸深林中。翌日徙居，不知何所届。黠僕聞其故，數數干求，與者倦矣，而求者未厭。竟詣縣訴生下獄，不勝拷掠，以病死。明年，薑客又至，訪其家，以爲鬼也。罵之曰：「向者汝邂逅仆絶，繼而無他。却使我家主死於非命，今尚來作祟邪？」客引袖怪嘆，曰：「我去歲幾死，賴君家救活。

蒙賜絹，賣與渡子，徑歸矣。今方賣少土儀，以報大德，何謂我死爲鬼乎？」王子哀慟，留客止泊，而執故僕訴寃，索捕舟子，得於天台窮壑中，遂皆斃於獄矣。乃吴子南説。

張允蹈二獄

張允蹈爲信州永豐令，嘗治夏税籍，命主吏拘鄉胥二十輩于縣舍，整對文書。吏察録過嚴，自曉徹暮，不少息。一胥夜走廁，小吏籠燈隨之，胥使先還，曰：「我即返，那用爾候！」既而久弗至，吏以爲逃云【二七】。迨旦，白張。張適聽訟，望見白衣婦人，執素紙涕泣立衆前，呼問之。曰：「夫爲鄉胥，累日不還家。今早開門，有人報云，浮橋柱上掛衣巾履襪，即繫書一紙，云爲押録苦督，不容展轉，生不如死，已投江中。急往驗，皆夫物也。」張詰主吏，吏出袖中糾牒呈。亟集津丁里保，撈尸弗得。念其事可疑，緩不即治。妻訴于臺，臺符移甚峻。歷三月久，客從長沙來，見此胥在彼，爲攬納人書抄。主吏捐家貲，雇健步持檄往捕之，遂擒以歸。胥坐捕逃受杖。張後復宰它邑，一鄉胥亦爲拘係，越墻掛衣於河梁而赴水。妻來訟，張怒責之，曰：「滑胥玩侮人，所在如此。吾固知之矣。」立撻其妻。明日，三十里外里正言：「灘邊有死尸。」張矍然遣視之，則胥果死。張自興軍從武陵守【二八】不赴，寓居吉州，每爲賓客話此事，以爲斷獄聽訟，不可執一端云。

【二七】吏以爲逃云　涵芬樓本按：「云」字似「去」字之誤。

【二八】張自興軍從武陵守　李按：「興」下疑脱「國」字，「從」疑爲「徙」爲之誤。宋江南西路置興國軍，武陵即鼎州常德府。

夷堅志補卷第六 九事

細類輕故獄

許顔，字彦回，弟顒，字彦周，襄邑人，皆登科。紹興初，顔知汀州上杭縣，到官歲餘，遣書入浙西招顒。時調官未遂，仍以所在多盗賊，憚不欲行。顔屢促之，曰：「汝若不來，吾骨無人收矣！」顒惻然，殊不曉其旨，徒步而南。既至，見顔，則氣宇悦澤，精神開朗，且喜且疑。數月【一】後，從容詢趣來之故。顔慘怛俯首，乃言曰：「數月前，得夢惡甚，度處世不能久，故煩弟來。」顒曰：「夢何足憑？」顔曰：「所夢絶異。初見兩黄衣相招，約行百餘步【二】，過深山大谷，風沙空曠。抵一城，居民閭巷，寂寂無聲。到王者宫府，從側户進，立墀下。黄衣入報，頃之，唤升殿。見廡間一人，偃息斑竹榻上，兄再拜起，熟視之，乃先君也。不覺墮淚，白曰：『此豈非冥司乎？』曰：『然。』且加慰勞。予【三】曰：『顔死不敢辭【四】。但念遠宦於兹，一子年纔弱冠，未能成立，不無抱恨耳。』曰：『汝數亦未盡，無恐。吾爲冥司主者，今召汝來，欲語汝前程數事。』予因以地獄有無爲問，曰：『有之。汝欲見乎？』即顧侍者云：『令兩吏同知縣往觀。』遂行。經長廊數十間，遥

校勘記

【一】數月　涵芬樓本注，明鈔本作「數日」。

【二】百餘步　涵芬樓本注，明鈔本作「百餘里」。

【三】予　涵芬樓本注，明鈔本作「兄」，下同。

【四】不敢辭　涵芬樓本注，「辭」明鈔本作「怨」。

望一獄，數卒守門，獰惡怪狀。問：『何人？』吏曰：『奉大王命，使來看獄。』須臾，門開。既入，陰風淒楚，無所覩視。唯熾炭烈焰，有物如羊者，環而食之。箱籠在架，所盛皆僧衣，而衣冠數十襲，毀裂擲地，意怖欲還。二吏邀往第二獄，門卒悍猛尤甚，露刃怒立。予凜然若兵臨頸，大悔其來。所見皆列行馬鐵網，數重覆罩，禽鳥飛鳴。予顧二吏曰：『吾不欲觀矣！』吏曰：『大王之命，不可違。』須臾，至第三獄，不得已復進。未至，鬼卒彎弓奮劍，欲相擒捽。吏叱曰：『此大王之親，令觀獄。』一緋袍人諭羣鬼，使審實，自導而前。甫啟門，黑氣衝突，陰闇如夜。緋袍命持火來照，中皆列柵，灰厚數寸，蜈蚣蛇虺之屬，互相搏噬，火光熒熒如螢，閃爍炫目。予急趨出，緋袍追送而別，頗似戀戀。吏尚請他之，予【五】力拒，乃返。先君問：『汝盡觀諸獄乎？』具言怖畏，止於三所。先君曰：『第一第二，名爲輕故獄，第三爲細類獄。緋袍者，吾故人彭汝礪也。周旋渠久，必能致勤拳。此公在世，剛介廉直，但性太刻，故罰主此五百刼。汝將與爲代矣。』兄愈不樂，曰：『顏生于世，初不敢爲惡。何以致是？』先君曰：『憶汝作深州教官時事否？可得用張某充學職？』予對曰：『采其程文。』先君命取案牘至，曰：『張固試中，奈受通判之囑，爲有私意。此人後盜用官錢，幾致累汝。幸汝不受賂，聊薄謫爲陰官。我亦無罪，只緣轉運江東日【六】，怒執蓋卒誤拂幞頭，杖其背，遂罰此二十刼。雖獲免受罪，但與鬼神均苦饑。若子孫歲時享祀精潔，則可一飽。否則不得食。如僧道齋醮，亦然。倘脩設志誠，主持不苟

【五】予　涵芬樓本注，明鈔本無「予」字。

【六】轉運江東日　涵芬樓本注，葉本無「轉」字，從明鈔本補。

簡，不唯得旬月飽，又罪業隨輕重減省【七】。幽冥職掌，亦皆轉遷。近報沂州王長者家設黄籙大齋，其人平昔積善，福利當及三界。汝來值此，亦可沾餘波。』語未竟，空中二鶴啣幡飛舞，殿下具香案，傳呼赦至。先君被冠服，如王者儀，下迎拜。一使持文書，附耳語，繼兩人亦然。先君率鬼神再拜，稱謝。登殿顧予曰：『汝悉見否【八】？王長者一家虔誠，而主醮道士乃曾斬解池龍者，行持精專，道衆嚴肅，仍不受乳藥之贈，功德無邊，天勑普赦諸受苦罪。三使乃天地水府三官所遣，傳上帝命，一應鬼神，并與陞轉。吾將脱此，汝亦免主細類，而遷輕故一等。此兩級相望，校五百劫。大赦雖時有，惟不忠不孝之人不沾恩宥。如朱温輩，尚在第十七獄中。』予問：『世人受罪，何等最多？』曰：『吏舞文，僧破戒爲多。』又問：『公裳擲地，而僧衣在架何也【九】？』曰：『僧衣乃如來衣，鬼道所敬。僧雖獲譴，不敢輕也。汝且還世，汝子當先亡。其月有盗入縣境，汝徙治村寺，旋得疾終矣。可呼顗來【一〇】，使收汝骨。』予泣謝而别，遂寤。憶夢境的的如是，焉得不預防乎？』顗亦泣。未幾，果如所言。顗葬之訖，始歸吴。顔之父名安石。顗之子執中，傳其事。輕故細類之名，佛經及傳記皆未之有。

金源洞

青溪寇未作前一歲，歙州生麟死。後十日，州人葉世寧夢乘麟登山。山東北有洞，捨

【七】減省　中華本注，明鈔本「省」作「貸」。

【八】汝悉見否　涵芬樓本注，明鈔本作「汝悉見之否」。

【九】何也　涵芬樓本注，明鈔本作「之異」。

【一〇】可呼顗來　涵芬樓本注，明鈔本作「可豫呼顗來」。

麟而入。二武士執問之，以實對，且言幸得放還，當有重報。一士笑曰：「吾即州橋賣紙朱慶也，頗識君面。此洞有三堂四室，試觀之。」遂引而前。中堂垂簾，曰：「此堂是【一一】陳公文，帳帷堆纏，不敢登。」左堂簾捲其半，慶曰：「天符已差羅浮天王居此，諸司往迓矣。」右堂無簾，有人衣冠【一二】曳杖行。世寧熟視，蓋尚書彭公汝礪也，遽拜之。公曰：「近到饒州否？」曰：「去年曾一往，公宅無恙。敢問公何以在此？」曰：「吾位高，不當治獄，以最知本末，故受命至此。汝何能來？」對曰：「乘洞前石馬。」公曰：「獸今安在【一三】？」二武士趨出，曰：「介獸誤取至。」公曰：「杖之百。」朱慶者唯而出。一士領世寧欲回，世寧請曰：「願一觀四室，不敢泄於人。」公逡巡首肯。一吏持鑰下，引往開東室。見十餘人露首愁坐，竹器數十，封鑰甚固。旁堆金帶千條【一四】。次開一室，户楹間，架大木。宦者九人，亦露首蹲踞其上，見人皆泣下。持鑰者不少竚。世寧請入西室【一五】，彼有貴臣巨閹，及前唐後唐未具獄囚，不可輒近。言未既，有聲如震雷，大蛇自屋東垂頭下，火舌電目，口鼻氣出如煙。世寧懼而走。持鑰者【一六】曰：「是將入西室矣。此類甚多，豈可近邪！」問：「何以至是？」曰：「吁，吾姓嚴氏，爲前唐宦者。親見當時吾徒勢盛，士大夫知有北司，不知有朝廷。吾私切笑而薄之。聞近代亦然，皆業力所招也。」世寧不能盡記。復還，謝彭公，堂已虛矣。不敢問，覺心動，求出。嚴生曰：「吾生前無過，下世後，凡三領江淮要職。此事竟，則爲地下主者。汝到人間，爲吾誦《金光明

【一一】是　涵芬樓本注，《墨莊漫録》作「待」。

【一二】有人衣冠　涵芬樓本注，「寇」字，葉本空一格，《墨莊漫録》作「有人衣紫袍」。

【一三】獸今安在　涵芬樓本注，「今」字，葉本空一格，據《墨莊漫録》補。

【一四】千條　涵芬樓本注，明鈔本作「十條」。

【一五】世寧請入西室　涵芬樓本注，《墨莊漫録》多「持鑰者曰」四字。

【一六】持鑰者　涵芬樓本注，葉本無「持」字，從明鈔本補。

經》，具疏燒與嚴直事，吾能報汝。」世寧拜辭出洞，見朱慶騎麟自山頂上來，下揖世寧。寧拊麟，乃石也。慶曰：「山高不可升，循河甚徑。煩語吾家人，宜徙居蘄、黄間，鄉中當大亂。余亦自以夢報于家【一七】，信而不疑。」武士曰：「《金光明經》亦望垂賜，得免追取之勞，幸矣！」世寧曰：「吾當爲二君設醮及水陸齋【一八】。」皆以手加額。世寧問洞名，慶曰：「金源洞也。」司名某，凡四字，不復記【一九】。復問之，失足墜河而寤。汗流浹背，病瘖三日始愈。

安仁佚獄

紹興八年，臨川王大夫珹，爲饒州安仁宰。一吏老而解事，因受差治獄，因乘間白云：「獄訟實公家要務，蓋有不辜蒙冤者，有罪戾幸脱者。某昔少年不謹，親手殺人，幸用詐得免。既經兩三次覃恩，言之無傷。某舊與一巨室女淫通，久而外間藉藉。女父母痛加箠責，遂斷往還。嘗竊往訪，逆相拒絶。當時不勝忿，戕之而歸。故父在縣作押録，與某言：『汝奸狀著聞，豈應逃竄，貽二親之禍？且密藏汝刀，吾執汝告官，但隨問便伏，切勿抵諱，空招楚辱，無益也。』乃共埋刀於床下，某既坐獄，父求長假出外，謂家人云：『我不見【二〇】此子受刑，今浪跡他郡，須已論決始還耳。』即日登途，到南康軍。適司理勘一大辟，其事將結正。父詢推司所居及平日嗜好，都人【二一】言：『夫婦皆愛賭博，

【一七】余亦自以夢報于家　涵芬樓本注，《墨莊漫録》多「得子言當」四字。

【一八】水陸齋　涵芬樓本注，明鈔本無「齋」字。

【一九】不復記　涵芬樓本注，明鈔本作「不能曉」，《墨莊漫録》作「世寧不曉」。

【二〇】我不見　涵芬樓本注，明鈔本作「我不忍見」。

【二一】都人　涵芬樓本注，明鈔本作「鄰人」。

每患無對手。』父使同行一客，委曲達意，以多貲善戲誘之，喜而延入室。自昏達旦，主人敗二百千，先償其半，約明日取餘。及期索逋，無以應。父笑曰：『本欲博塞爲懽，錢何足校！』悉返昨所得，推司感悦致謝。俄反餽以百千，不知所爲，疑未敢受。父曰：『有一事浼君。吾一子不殺人，而横罹囹圄。緣兇身不獲，無由自明。聞此獄有囚當死，願以此項加之。是於囚罪無所增，而吾兒受再生之恩，爲賜不淺。』推曰：『此易事耳。』如其教。某初困訊鞫時，供刀所在，而索之不見，不知父已徙瘞于社壇下。由是獄不可成。已而南康移文會本縣，縣具以報，某遂得釋以出。今將四十年，追咎往愆，殊用震竦。以是觀之，可以照他獄之枉濫，不一而足也。」

周翁父子

南康船師陳太，慶元二年，從建康來，云近者知府張尚書處置一公事，極爲奇異。初，本府絲帛主人周翁長子不孝，常常酗酒兇悖，每操刀宣言：「會須殺死老畜生！」父不勝憂懼。鄰里慮事或成，不惟玷辱鄉風，且將貽累。相結約【二二】，共訴於府。張引問甚悉，遣喚周，初不告以何事。周至，叩之，對曰：「誠然。」即使偕諸鄰詣案供狀，末乃呼悖子。子至，先以好言問其居家委曲。對曰：「父年老，身供子職。」張以狀示之【二三】，懼而亟拜，曰：「實爲狂藥所使，不覺忘形，惡言遽發耳！」張釋它人，獨下子于獄，而勑推吏勿

【二二】相結約　涵芬樓本注，明鈔本作「數人結約」。
【二三】張以狀示之　涵芬樓本注，明鈔本作「張出諸狀示之」。

猛施桎梏。自命駕謁城隍祠，焚香，曰【二四】：「部内百姓，至於子謀殺父，非天理所容。郡守固不逃失教之愆。神亦何顔安享廟食，坐視弗聞【二五】乎？」禱畢還府。是夕，夢神至，曰：「尚書責誚如此，吾豈不知？彼家父子，原非天性骨肉，蓋宿冤取債爾。其子本外州商賈，三十年前挾貲到周家。周見少年獨行，心利其財，因與泛江出郭，陽爲舟覆溺殺之，而隱没所齎。故生計日進，更無人知。少年前詣【二六】冥司，乞注生爲子，見世索報。尚書宜鑑此因緣也。」遂退。明日，張呼周至【二七】，語之曰：「汝自揣一生曾做何等不義事？」始拒，言：「雖爲細民，粗守行止。未嘗與人有一詞，紊煩官府。初不省作小惡。」張曰：「記得三十年前殺某客於江中【二八】乎？今已經大赦，無人作對，無尸可驗，言之何傷？」周流汗至足，叩頭謝過。張曰：「我不復推究前事，汝之子乃客後身也。」周計其生年，正合，愈益駭怖。張曰：「我欲爲汝究竟此段惡事。汝能捐錢千貫，買度牒一道，使之出家爲僧，永絶冤業。汝意如何？」又謝曰：「民尚有二子，正所願。但恐渠不從爾。」張曰：「汝且去，我自諭曉之。」旋謂子曰：「據汝所犯，便當伏刑市曹。緣不是一府美事，已與汝父約，使汝爲僧，汝意云何？」子欣然曰：「某幸未娶，得棲身空門，亦所幸願！」乃命周即日持錢，買官庫祠部牒，當廳削子髮，别給道費，使出遊四方。張子温爲南康户曹，識陳船師，聞其説。

【二四】曰　涵芬樓本注，明鈔本作「白曰」。

【二五】弗聞　涵芬樓本注，明鈔本作「弗問」。

【二六】前詣　涵芬樓本注，明鈔本作「訟諸」。

【二七】張呼周至　涵芬樓本注，明鈔本作「張呼周就屏處」。

【二八】江中　涵芬樓本注，明鈔本作「江中之事」。

王蘭玉童

某州商人王蘭，以賈販起家，積資頗厚。其居去城數十里，性靳嗇多疑，只收蓄金珠，出則自隨。酷好冶遊，每入郡，不攜親僕，畏其泄語於妻也。雖館逆旅，亦不報所在。因至村店留駐，遣負擔人去，忽苦暴下，一夕竟卒。主人見篋中之物甚富，與妻議，欲報官而輸之。妻初以爲然。既而言曰：「官府未必公道，萬一翻謂有隱匿，以我爲謀，必受刑責。且此人更無骨肉證明【二九】，置我於獄【三〇】，何時得出？今此孤身，神鬼不知，殆天賜我也。盍若隱之，可免禍【三一】。」遂舁屍埋山壑中，掩有所齎。徐徐斥賣，買田置産【三二】，而粗衣糲食如初。初未有子，明年，生一男，長而俊慧，容如琢玉，名曰玉童。生十七年，一意放蕩，嘯集輕薄少年，吹笙擊毬，鬭雞走馬，爲閑遊公子之態，竟死於酒色。時其父所得不義之財，已耗太半。既没之後，悲痛不勝，罄力以奉僧道，無日不設齋醮及修百日供。際午【三三】有一僧求食於五里外小民家，一女出曰：「我家無飯可施。西去【三四】一長者家，正設齋醮，和尚宜往彼乞食。」僧曰：「娘子何以知之？」曰：「我前身是姓王名蘭，將財本數萬貫到他店，不幸病亡。他家抛棄我屍，掩我財物。我訴陰司，冥官以不曾害我性命，未可追攝。我乞做他兒子以取之，又分一身在此。今彼費蕩已盡，尚有紅羅十疋，可指數求之。」僧如言，至長者門。主人謝曰：「午齋已過，不能復辦。」僧丐錢買衣，曰：

【二九】證明　涵芬樓本注，明鈔本作「可以證明」。

【三〇】置我於獄　涵芬樓本注，明鈔本作「或置我於獄」。

【三一】今此孤身神鬼不知殆天賜我也盍若隱之可免禍　涵芬樓本注，明鈔本作「今神不知鬼不覺，殆天賜我爾。不得已而爲負心事，亦所以免禍也」。

【三二】置産　涵芬樓本注，明鈔本作「築室」。

【三三】際午　涵芬樓本注，「際」葉本作「祭」，從明鈔本改。

【三四】我家無飯可施西去　涵芬樓本注，明鈔本作「我家人口少，造飯有數，今無餘可施。自此而西」。

「亦無矣。」僧曰：「十足紅羅尚在，豈不可捨？」主人大駭，詢其所來。僧以女子告之，亟奔往問，女子生纔十七歲矣。其夫婦以不忍厥子之故，相繼而死，其家遂絶。予記逸史所載盧叔倫女，《續玄怪録》党氏女，事大略相似。但同時生於兩處，一爲男，一爲女，乃未之前聞。明州人王夷説此，不能記其鄉里，與何年事也。

徐輝仲

永嘉徐輝仲，往丹陽，詣大駔貸錢千緡。未及償而駔死，既無契券，徐不告其家而歸。後生一子，極俊敏。八歲而病，父母憂之，召醫市藥，所費不可勝計。病子忽語其所親尼温師曰：「我欲歸去！」尼怪問之，曰：「父母憐汝如此，汝復何歸？」曰：「我乃丹陽人，昔徐公貸我錢百萬，幸我死不償，故自來取之。今已償足，我當歸矣。」言畢而逝。輝仲孫女，爲朱亨甫子婦言之。

張本頭

金虜據中原，每胡人臨州縣，必擇黠民、通知土俗、能譯語者爲主，大目曰本頭。一府之權，皆於此乎出。壽州下蔡縣並准【三五】置榷場，大駔吴五郎主之。幹【三六】南北行商之貨，所得不貲，而受制於本頭張政，屢被貪虐。吴抱恨雖切，無所赴愬。既而政病死，死

【三五】並准　李按：「准」爲「淮」之誤。金壽州下蔡縣以淮河與宋爲界，沿淮置榷場與宋貿易。「並」，依「傍」也，「並淮」即「沿淮」也。

【三六】幹　李按：「幹」疑爲「斡」之誤。

之二年，其女嫁郭秀才。夢父來言：「我以宿業之故，墮落畜身。昨夜生於吴五郎家爲騾馬，汝急往懇贖，無惜厚價，必可得。」女覺而悲痛，即奔詣吴氏。吴已出榷場，廄下適生一駒。其妻問曰：「小娘子如許早來，有何事？」女以夢告。妻延入留飯以俟。至暮吴歸，女未及言，妻先爲道所以。吴勃然曰：「若他人如是，吾便以送與之，不取一錢。唯張本頭則不可。我爲渠故，前後受鞭杖枷杻【三七】，不可勝説。今受生吾家，爲畜類，是天使我甘心焉。豈可釋！」女泣拜不已，竟不從。豢養越歲，加以御勒，每出必乘之，稍緩則加鞭策，不少貸。歷五年，因行淮邊，失足溺而斃。吴剥其皮，而投諸水中。

人雞墓

紹興初，河南之地陷，虜以封劉豫，州郡猶爲朝廷固守。會稽馮長寧知陳州，豫攻之不能下，遣招山東劇賊王瓜角，起宿、亳之民，併力進攻。踰年，城中糧盡而降。瓜角建三幟於通逵，下令二州之民，欲從軍者，立赤幟。欲爲官，立黄幟。欲還鄉者，立黑幟。民畏死，盡趨赤幟下。獨亳人王、魏兩翁，自顧年老，不能官，從軍必死，而立黑幟則拂其意，均之一死，乃相與詣黑幟下。衆皆愕然【三八】。瓜角重失信，謝遣之，於是得歸。王翁入陳城，取瘞埋物，不復來，聲跡亦絶。魏以十年後，營産日盛，遂爲大家。素畜二雞，皆充腯。一日，邑尉出别村，過其里，捕雌者烹食之。它日，尉還，又欲殺其雄。雄已覺，竄伏黍地，

【三七】枷杻　涵芬樓本注，明鈔本作「困枷杻」。

【三八】愕然　涵芬樓本注，明鈔本作「愕眙」。

擲之以竿，始就獲。魏嘻笑曰：「爾善走如此，胡不沖天？」雞忽作人言，仰首太息曰：「噫！何毒害至此，略無故舊情邪？」魏駭曰：「爾爲誰？」曰：「我王翁也，豈不記宛丘從軍時事乎？」魏曰：「爾前捨我去，竟何之？且死於何所？」曰：「我向者結伴時，實利君之財貨，別貯蓄，以待事平。後來入城，索得之，負以兩布囊。是夜，宿道次野店，燈下開囊，算計數目，不料爲主人所窺。明日見留，飲我以酒，既醉，遭殺焉。掩有裝金，孤魂無依，念鄉里親戚不一存，獨君在耳，故決意相從。及到君家，殊不相領攝，更成大悶。適鄰人賈四娘子亦來，值君家雞乳，共投胎爲雞。前日所戕一雌，則賈家娘子也。茲復害我，一何忍心如是？」尉悉聆其説，深悔昨非，立釋之。歸白於郡守，守命呼魏翁與雞俱至。民從以入，庭户騈肩如織。雞對守不怖，誦言如初。已而，曰：「我禽畜，輒泄陰事，當死。」引頸插在翅下，即僵縮而斃。守嗟異，移時使葬之於老子廟後，揭之曰「人雞之墓」。願王之在生，設謀本極不善，倘見魏，必起不肖之心，死而作雞於其家，冥報昭矣。可不畏哉！

葉司法妻

台州司法葉薦妻，天性殘妒，婢妾稍似人者，必痛撻之，或至於死。葉莫能制，嘗以誠告之曰：「吾年且六十，豈復求聲色之奉？但老而無子，只欲買一妾，爲嗣續計，可乎？」妻曰：「更以數年爲期，恐吾自有子。」至期不得已，勉徇其請。然常生嫉恨，與之約曰：「爲我別築室，我將修道。」葉喜，即於山後創一室，使處焉。家人輩曉夕問訊，間致酒食。葉以爲無復故態，使新妾往省之。抵暮不返，乃策杖自詣其處，見門户扃鑰甚固，若無人居。命僕發關，則妻已化【三九】爲虎，食妾【四〇】心腹皆盡，僅餘頭足。急走山下，率衆秉炬視之，無所覩。時紹興十九年【四一】。

【三九】則妻已化　涵芬樓本注，明鈔本作「則其妻已死」。

【四〇】食妾　涵芬樓本注，明鈔本無「妾」字。

【四一】紹興十九年　涵芬樓本注，明鈔本無「十」字。

夷堅志補卷第七 九事

直塘風雹

平江常熟縣之東南，地名直塘，去城百里餘，富民張三八翁，用機械起家。其長子以乾道元年先亡。有鹽商從鄂州來，見村人家牛生白犢，脅間隱起十四字，曰「蘇州直塘廣安寺前張八郎【一】之子。」以告翁。翁悲愴不釋，因商復西，托持錢三十萬【二】，並買犢母歸，善飼之。後八年，翁死。次子曰五三將仕，不以父兄爲戒，尤稔惡黷貨，見利輒取。淳熙元年，有【三】一客立約，糴米五年斛，價已定，又欲斗增二十錢，客不可，遂没其定議之值。客抑鬱不得伸，但舉手加額，告天而已。時五月十三日，天清無雲，午後，大風忽從西北起，陰霾蔽空，雨雹傾注，風聲吼怒，甚於雷霆。張氏倉廩帑庫，所貯錢米萬計，掃蕩無一存。所居大屋，揭去數里外。合抱之木，盡拔。典質金帛在匱，隨風宛轉於半空，不知所届。常所用斗，大小各不同，凡十有三等，悉列門外，若明以告人者。將仕君驚怖之際，一木墮於旁，折其臂。相近項氏，亦失台衣千緡。是日黄昏，縣中風雷繼作，王氏失錢八千緡，杜氏失千緡，人聞錢飛空有聲，已而散落於地上及軍營者甚多。此以匹夫之冤，逢

校勘記

【一】張八郎　中華本注，「張」下疑脱「三」字。

【二】三十萬　涵芬樓本注，「十」葉本作「千」，從明鈔本改。

【三】有　涵芬樓本注，葉本無「有」字，從明鈔本補。

天威怒，致禍延同類，可不畏哉！

沈二八主管

湖州村民沈二八，在園鉏菜畦【四】，有二皂隸持帖至，呼之曰：「汝非沈二八乎？」曰：「然。」曰：「陰府追汝，可同去。」即執而枷縛【五】。沈曰：「去不敢辭，敢問何罪？」曰：「汝坐用大斗量租米。」沈曰：「然則使者誤矣！小人以種作爲生，家無寸土，元不識斗斛面，何由有此？但相去數步間，有沈主管者，與我同排行，其人乃豪家幹者，素有此惡，爲人積怨。目前牆内，是其家也。」二皂隸遽推謝，釋其縛。俄頃沈蘇，還舍爲妻子道曩事，且云：「吾今往二八主管宅，親察【六】消耗。」纔出門，復遇二皂隸，已擒搦而去。及其家，則聞哭聲。言：「主人暴死矣！」吴興鄉俗，每租一斗爲百有十二合。田主取百有十，而幹僕得其二。唯沈生所用斗，爲百二十合，是以鬼誅之。時淳熙十五年三月也。

祝家潭

衢州江山縣峽口市山下，祝大郎富而不仁。其用斛斗權衡，巨細不一。乾道八年七月，有道人過其門而戒之【七】曰：「汝宜用心平等，不可如是。或夢人來取【八】，家必有災。」是夕，夢二青衣來言：「汝家所用斗秤安在？」夢中與之，二人各執其一。既覺，急

【四】在園鉏菜畦　涵芬樓本注，明鈔本作「方在園鉏菜畦」。

【五】枷縛　涵芬樓本注，明鈔本作「鎖縛」。

【六】親察　涵芬樓本注，明鈔本作「視察」。

【七】戒之　涵芬樓本注，葉本無「之」字，從明鈔本補。

【八】或夢人來取　涵芬樓本注，「夢」葉本作「與」，從明鈔本改。

尋之，已失矣。因憶正晝道人之語，謂災者火也，即盡徙室中之藏，於山上質庫。方稍定，庫地忽迸裂，洪水涌出如奔，屋宇錢帛，隨流而下。其所居浸没丈餘【九】，居傍大樟樹，約數十圍，摧折壓屋，爲風水所漂，旋轉其上，頃刻間，衝漩爲深潭，家人盡死，獨存一小兒與一婢，在山巔僅免。土人今呼爲祝家潭。

葉三郎

樂平南原富室劉氏，與邑駔葉三郎者，再世往來。劉兄弟二人稅畝甚廣，每歲所輸官賦，悉以委葉，於出納之間，頗獲贏潤，蓋市井薄徒，俗目爲攬户者是已。紹興三年，市民胡鑰匠，以藝遊劉門，與一蘇氏子遊説，攘葉之利。且曰：「蘇資業不薄，君家邂逅或緩期，則能先出己財以代急。」劉信爲然，即舉門户有【一〇】役轉而之蘇，遣從葉生收索簿籍。葉老矣，肩輿亟謁二劉，曰：「自先父逮我，充君幹力五十年，無一闕事。顧乃用閑言相棄捐也？」二劉曰：「誠知其誤，但業已許之矣。」葉塞默而退。還次白楊岡，謂其僕曰：「胡鑰匠奪我衣食活路，死不放他！」長吁而卒。及尸輿到家治喪，胡猶以里巷故會弔。方跪於柩前，忽心動氣沮，如背負芒，不成弔而返。越三日，正就食，遽捨匕箸趨出。頃之，即回告妻梁氏，曰：「適有唤我者，認得是葉三郎聲音，走赴之，杳無所見。吾甚惡焉！」是夕，魘而死。妻夢其夫與葉髮相結，一黄衣卒持杖驅之去。蘇子聞之懼，不復依

【九】丈餘　涵芬樓本注，明鈔本作「丈許」。

【一〇】有　涵芬樓本按：「有」字疑誤。

劉，葉之子遂仍其故矣。

齊生冒占田

德興齊村，皆齊氏【一一】雜居。武義君之子，以豪彊擅鄉曲。凡他人田疇，或與接畛者，必以計傾奪，資産益饒。嘗置地數畝種竹，歷年久，根鞭延蔓于民田，慮其爲禾稼之害，開渠斷之。齊生好諭之曰：「吾細校種竹之利，既省【一二】灌溉耕耨，而所獲息視田不侔，何如聽其自如，是於我無所損也。」民信之。經數歲，遂削平耕塹，繚以篠牆，民不復可作主，乃訴於縣。縣逮齊對，齊曰：「吾自地，彼自田，地有竹，田有禾，等色各殊，何詞之有辨？」吏雖知其然，而受賕畏勢，特具決。俄而齊死，其子終訟不置。一日，忽遣客諭民，願解仇釋憾，盡以所侵歸之，此外或典或賣，或以債准，凡十數端，皆呼元主退故券還之。知識間聞者，無不嘆訝，曰：「不謂齊氏子一旦翻然改行，此何理也？」未幾，又命僧修水陸供【一三】，備其槩於心詞中云：「某日之夜，夢亡父形軀骨立，桎梏枷械，泣告之曰：『我坐竹林之訟【一四】，囚係陰獄。冥司歷舉生時抑勒交易文字，不明者甚衆，當受無量劫苦，何由得脱！向來元不知幽冥中此罪最重，有人教我云，急須令子弟，盡從實改正，各復其初。而召僧作大緣事，誦佛經，燒尊勝幡，化紙錢，差可少贖。汝輩勿違吾言，仍視以爲戒。若親戚集會，但一一宣説毋諱，使知果報章灼如此。』」其後又夢曰：「憑藉

【一一】齊氏　涵芬樓本注，「氏」葉本作「民」，從明鈔本改。

【一二】省　涵芬樓本注，明鈔本作「無」。

【一三】水陸供　涵芬樓本注，明鈔本作「水陸大供」。

【一四】訟　涵芬樓本注，明鈔本作「罪」。

功德，遂寬獄禍。猶拘管隨司，未即信緣托生也。」

豐樂樓

臨安市民沈一，酒拍户也。居官巷，自開酒壚。又撲買錢塘門外豐樂樓庫，日往監沽，逼暮則還家。淳熙初【一五】，當春夏之交，來飲者多，一日不克歸，就宿於庫。將二鼓【一六】，忽有大舫泊湖岸，貴公子五人，挾姬妾十數輩，徑詣樓下唤酒僕，問：「何人在此？」僕以沈告。客甚喜，招相見，多索酒，沈接續待奉之。縱飲樓上，歌童舞女，絲管喧沸，不覺罄百樽。飲罷，夜已闌【一七】，償酒直，鄭重致謝。沈生貪而黠，見其各頂花帽，錦袍玉帶，容止飄然，不與世大夫類，知其爲五通神，即拱手前拜曰：「小人平生經紀，逐錐刀之末，僅足餬口。不謂天與之幸，尊神賜臨，真是夙生遭際。願乞小富貴，以榮終身。」客笑曰：「此殊不難，但不曉汝意，問所欲何事？」對曰：「市井下劣，不過欲冀錢帛之賜爾！」客笑而頷首，呼一駛卒至，耳邊與語良久。卒去，少頃，負一布囊來，以授沈。沈又拜而受，摸索其中，皆銀酒器也。慮持入城，或爲人詰問，不暇解囊，悉槌擊蹴踏，使不聞聲。俄耳雞鳴，客領妾上馬，籠燭夾道，其去如飛。沈不復就枕，待旦，負持歸。妻尚未起，連聲夸語之，曰：「速尋等秤來，我獲横財矣！」妻驚曰：「昨夜聞櫃中奇響，起視無所見，心方疑之，必此也。」啟鑰往視，則空空然，蓋逐日兩處所用，皆聚此中。神以其貪

【一五】淳熙初　涵芬樓本注，明鈔本多一「年」字。

【一六】將二鼓　涵芬樓本注，明鈔本作「時二鼓」。

【一七】夜已闌　涵芬樓本注，「已」葉本作「以」，從明鈔本改。

癡，故侮之耳。沈唤匠再團打，費工直數十千。且羞於徒輩，經旬不敢出。聞者傳以爲笑耳。

顓氏飛錢

太原顓氏，世世業農，非因輸送税時，足不歷城市。嘗有飛錢入居室，充滿庭户。顓翁焚香祝曰：「小人以力農致養，但知稼穡爲生。今無故獲非望之財，懼難負荷。雖神天所賜，實弗敢當。願還此寶，以安愚分。」乃閉户封鐍而出。須臾，錢復起，蔽空行，聲如風雨。有大蛇夭矯隨之，繞林麓去。後五年，田僕在山崦荷鋤獨耕。將歸，忽一神人當前，莫知所從來，告之曰：「天賜顓氏錢十萬緡。」言訖，即隱不見，而積錢坡陀，彌望不盡。僕走白翁。翁策杖至錢所，致禱如前，再拜，徐起行弗顧。還家，亦不與子知。後孫祐以武勇從軍，紹興十九年，以大夫統制殿前司軍馬。曹功顯、何晉之皆紀其事。祐之子舉，今爲武翼郎，軍器所幹官。大舉説。

趙富翁

撫州趙富翁家，饒於財，常以名不掛仕版爲慊。因歲饑，官委振濟，當受賞，躬往臨安經營。將至之前夕，夢詣旅邸，將就室，主媪言：「下面房都占盡，無可歇，試上樓看。」遂引而登。一房扃避【一八】，媪云：「莫要開。」趙視其外頗雅潔，疑其所靳，謂曰：「我只住此。」乃啟之，則一美婦人獨處，方就蓐産子【一九】，急回足而寤。追繹其詳，欲訴諸占夢者。行次江上，過一邸，絶類夜所覩。下車寓目，亦一媪在門，心異之。時雖未暮，即弛擔入泊。媪以下室無虚位，邀上樓。一房亦閉，問之曰：「此爲何人所據？」曰：「無人焉，我家貓，夜來生四兒於中，即損其一，不欲更驚他。」趙益怪訝。偶見同邸一僧，似可與語，具以夢告。僧曰：「官人急回足極是。若踏脚入了，則四貓不損矣。」吁，可畏哉！趙悚悟曰：「我方干求官榮，豈非不應得？故神人特用相警邪？」明日，返旆西歸，自稱散人，絶意不復干禄。

劉洞主

劉允爲開元宫主，其事已書於甲。劉長子昉，守虔州【二〇】。民李甲暴死，經夕復蘇。先被黄衣人追去【二一】一所，若今獄院然。朱衣踞坐，詰問所爲善惡事件，且引詣主洞受符。行數十里，見五六人坐殿上，皆頂冠，衣淡黄或青碧，侍立十餘輩，内碧衣者執筆視李云：「爾祖不貪不妬，嘗施捨【二二】修金精山觀宇。又嫁孤女之無歸者，以此陰功，放爾還世。」李拜謝，密詢其爲誰，同立人曰：「是劉洞主，汝郡太守之父也。」李既愈，具告所知。昉聞而呼至府，雜設畫像數軸，質以所見。李指允像曰：「此是也。」郡士著爲《李氏還魂

【一八】一房扃避　涵芬樓本按：「避」字似當作「閉」。

【一九】方就蓐産子　涵芬樓本注，葉本無「就」字，從明鈔本補。

【二〇】虔州　「虔」原作「處」，據明鈔本作及《建炎以來繫年要録》卷一四九紹興十三年八月辛亥改。

【二一】先被黄衣人追去　涵芬樓本注，疑有脱誤。

【二二】施捨　涵芬樓本注，明鈔本作「施財」。

録》。初，允嘗夢遊一境，非人間世。夢中作詩云：「劉郎平昔【二三】志煙霞，時到雲山隱士家。除卻松篁芝术外，川源遠近遍桃花。盡日看山不厭山，白雲飛去又飛還。傍人莫指雲相似，雲自無心我自閑。」又五言絶句云：「武陵源上雪，片片雜雲霞。惟有雪中桃，長開三尺花。」蓋其歸趣，夙已不凡矣。

【二三】平昔　涵芬樓本注，明鈔本作「終日」。

夷堅志補卷第八 八事

吴約知縣

士大夫旅遊都城，爲女色所惑，率墮姦惡計中。宣教郎吴約，字叔惠，道州人。以父左朝奉郎民瞻遺澤補官，再仕廣右，自韶州録曹赴吏部磨勘。家故饒財【一】，且久在南方，多蓄珠翠香象奇貨，駿馬及鞍勒，可直千緡，悉攜以自隨。待引見，留滯，數出遨嬉，服御麗好。又與鄰近寓館諸客相習熟。有宗室趙監廟，挈家居百步間，志同道合，數以酒饌果蔬來致餉。吴亦答以南中珍異。趙邀至居舍，情均骨肉，時取其衣衾洗濯縫紉，細意熨帖，曲盡精致。周旋益久，令妻衛氏出相見，美色妙年，吴爲之心醉，遂同飲席，酒酣以往，笑狎謔浪，目成雲雨，忘形無間。趙殊不動容，唯恐賓之不我顧，如是者屢矣。一日，趙從吴假僕馬，欲往婺，吴立遣之。衛密使蒼頭持簡來約，未申前後詣彼，云：「機不可失。」吴欣然而行，至，延入邃閣，張筵偶坐，極其歡適。衛【二】善謳且慧黠，唱酬應和，出入意表。及暮，遂留宿。將就枕，忽聞扣扉甚急，乃趙生歸，衛悚汗變色，命侍妾收撤觴豆，掃除殽核。方畢，趙從外來，吴欲竄去，而不得其門，衛目之，俾趨伏床下。衛見趙，問：

校勘記

【一】饒財　涵芬樓本注，「財」葉本作「則」，從明鈔本改。

【二】衛　涵芬樓本注，葉本無「衛」字，從明鈔本補。

「何以遽還？」曰：「大風激浪如山，渡江不得，暫歸，拂曉即東矣。」索湯濯足，置盆於前，且洗且澆，須臾間，水流滿地。吳衣裳濟楚，慮爲所污，數展轉移避，窸窣有聲。趙秉燭照見之，叱使出，曰：「與君本非親舊，但念羈旅中，故相暖熱。今交遊累月，何意所爲若是？吾妻係宗婦，豈得輒犯？明當執以告官。此釁由淫婦始，且先痛箠，然後斷之以法。」吳頓首謝愆。遂與衛併施束縛，坐於地上，鞭衛背數十。趙取酒獨酌，且飲且罵，以賤畜醜詆。衛不敢對，但悲泣咽。趙撫劍疾視，如將揮擊。夜過半，方熟睡。衛語吳曰：「今日之事，固我誤官人，亦是官人先有意向我，不謂隨手事敗。我前者用宗蔭，刑責所不加，儻坐奸論，只同常人。我委身受杖，不足道，將來猶可嫁與市井細民妻【三】。奈官人何？」吳曰：「汝夫利吾財耳！」衛曰：「實然。」趙睡起，訶詈愈切。吳請輸金贖罪。嘻笑曰：「我忝爲天胄，顧【四】以妻子易賄邪？」吳乞憐不已，願納百萬，弗應。增至三倍，仍並鞍馬服玩盡賂之，始肯解縛。使自狀其過，乃放歸。於是【五】壯夫數輩盡掇資裝去。同邸多爲不平，或謂曰：「彼豈真宗婦哉，蓋滑惡之徒，結娼女誘餌君，而君不悟也。」吳大悁悒，擬訟諸府縣。往視昨處，空無一跡，怨恨欲死。囊中枵然，幾無餬口之費。迨改秩，再任【六】連州陽山縣歸，所喪既多，心志罔罔，而且貽里社姻友譏議，常如醉夢中，遂感疾沈綿，未赴官而卒。

【三】將來猶可嫁與市井細民妻　涵芬樓本注，疑有脱誤。

【四】顧　涵芬樓本注，葉本無「顧」字，從明鈔本補。

【五】於是　葉本無上二字，從明鈔本補。

【六】再任　涵芬樓本注，「任」葉本作「往」，從明鈔本改。

李將仕

李生將仕者，吉州人。入粟得官，赴調臨安，舍于清河坊旅館。其相對小宅，有婦人常立簾下閱市。每聞其語音，見其雙足，着意窺覷，特未嘗一覿面貌。婦好歌「柳絲只解風前舞，誚繫惹那人不住」之詞，生擊節賞詠，以爲妙絕。會有持永嘉黄柑過門者，生呼而撲之，輸萬錢，愠形于色，曰：「壞了十千，而一【七】柑不得到口！」正嗟恨不釋，青衣童從外捧小盒至，云：「趙縣君奉獻。」啟之，則黄柑也。生曰：「素不相識，何爲如是？且縣君何人？」曰：「即街南所居趙大夫妻。適在簾間，聞官人有不得柑之嘆【八】，偶藏此數顆，故以見意，愧不能多矣。」因扣趙君所在，曰：「往建康謁親舊，兩月未還。」生不覺情動，返室發篋，取色綵兩端，致答。辭不受，至于再，始勉留之。由是數以佳饌爲餽，生輒倍酬土宜，且數飲此童，聲跡益洽。密賄童，欲一見。童曰：「是非所得專，當歸白之。」既而返命，約只於廳上相見。生欣躍而前，繼此造其居者四五。婦人姿態既佳，而持身甚正，了無一語及於鄙媟。生注戀不捨旦暮，向雖遊娼家，亦止不往。一夕，童來告：「明日，吾主母生朝，若致香幣爲壽，則於人情尤美。」生固非所惜，亟買縑帛果實官壺遣送。及旦往賀，乃升堂會飲。晡時席罷，然於心終不愜。後日薄晚，童忽來邀致，前此所未得也，承命即行，似有繾綣之興。少頃登床，未安席，驀聞門外馬嘶，從者雜沓。一

【七】一　涵芬樓本注，葉本無「一」字，從明鈔本補。

【八】有不得柑之嘆　涵芬樓本注，葉本「有」下多一「所」字，從明鈔本删。

妾奔入曰：「官人歸也。」婦失色，惴惴引生匿於内室。趙君已入房，詬罵曰：「我去能幾時？汝已辱門户如此！」揮鞭箠其妾。妾指示李生處，擒出縛之，而具牒將押赴廂。生泣告曰：「儻到公府，定爲一官累。荏苒雖久，幸不及亂。願納錢五百千自贖。」趙陽怒不可，又增至千緡。妻在傍立，勸曰：「此過自我，不敢飾辭。今此子就逮，必追我對鞫。我將不免，且重貽君羞。幸寬我！」諸僕皆受生餌，亦羅拜爲言。卒捐二千緡，乃解縛，使手書謝拜，而押回邸取賂，然後呼逆旅主人付之。生得脱自喜，獨酌數盃，就睡。明望其店，空無人矣。予邑子徐正封，亦參選，與生鄰室，目擊其事。所齎既罄，亟垂翅西歸。

臨安武將

向巨源，爲大理正。其子士肅，因出謁，呼寺隸兩人相隨，俗所謂院長者也。到軍將橋，遇婦人蓬髮垂泣而來。一武士著青紵絲袍，如將官狀，執劍牽驢【九】衛其後，唾罵切齒，時以鞭痛擊，怒色不可犯。又有健卒十輩，負挈【一〇】箱篋，行路爭駐足以觀。士肅訝其事，院長曰：「只是做一場經紀耳。」肅殊不曉，使蹤跡其由。徐而來言：「浙西一後生官人，赴銓試，寓於三橋黄家客店樓上。每出入下樓，常見小房青簾下，婦人往來，姿態頗美，心慕之。詢茶僕曰：『彼何人？』僕蹙額對曰：『一店中，爲此婦所苦三年矣！』問：『何爲？』曰：『頃歲某將官攜妻居此房十許日，云欲往近郡，留妻守舍。初約不過旬時，

【九】牽驢　涵芬樓本注，「牽」葉本作「牽」，從明鈔本改。

【一〇】負挈　涵芬樓本注，「挈」葉本作「繫」，從明鈔本改。

既乃杳無信。婦無以食，主人不免供其二膳。久而不能供，然又率在邸者輪供焉。未知何日，可了此業債也。』生喜曰：『可得一見乎？』曰：『彼乃良人妻，夫又出外，豈宜如是？』曰：『然則少致飲饌，爲禮可乎？』曰：『若此則可。』於是買合食送之。明日，婦人卻以勸酒一柈答謝生。生愈注意，信宿復致餉，婦亦如前以報。生買酒自酌，使茶僕捧一盃下爲壽，饋至於三，彊僕必盡力邀請。婦固辭不獲，勉登樓【一一】，一釂，亟趨下。生覺可動，厚賂此僕，使遊說。他日再至，遂留坐從容。久而不復自匿，浸淫及亂。相從兩月許，婦人與生曰：『我日日自下而升，十目所視，終爲人所疑。君若從而相就，似兩便也。』生滿意過望，立攜橐囊，下寘鄰室，而身與婦人【一二】處。甫兩夕，平旦，未櫛洗，望見偉丈夫【一三】長六尺餘，自外至。婦變色顫悸，曰：『吾夫也！』生遽走避。彼丈夫直入室，叱詈捽妻髮亂箠，生委身從後門竄，凡所賫皆遺席卷。方戀迷【一四】時，足跡不出戶庭，元未嘗赴試，蓋少年多資，且不解事，故爲惡子所誘陷。」士肅説。

鄭主簿

浙西人鄭主簿赴調，館於清河【一五】旅舍。繼有前衡州通判孫朝請者，宣城人來同邸。鄭居樓上，孫居下，晨夕數相會。孫君容狀洒秀，攜秀【一六】送還，數兵皆謹飭，遍投五府，呼召劄，數日間皆得見，不旋踵。大程官持省中貼子來，詢索闕次，孫先具名郡，換

【一一】勉登樓　涵芬樓本注，「勉」明鈔本作「免」。

【一二】婦人　涵芬樓本注，明鈔本無「人」字。

【一三】偉丈夫　涵芬樓本注，「偉」葉本作「常」，從明鈔本改。

【一四】戀迷　涵芬樓本注，明鈔本作「迷戀」。

【一五】清河　涵芬樓本注，明鈔本作「清湖」。

【一六】攜秀　涵芬樓本按：上二字疑誤，明鈔本同。

易至三，遂除建昌軍。既受命，頓日陛對。嘗以黄昏時，邀鄭小飲，語之曰：「此來欲買兩妾，正以干扣小累，未敢輒爲。今雖以冒除書，然自度出入里陌，亦不便。恰聞吴知閤宅同出三人，只在近處牙儈家，欲乘夜往觀之。吾友能同此行否？」鄭欣然承命，即俱出，到儈處。其一少艾，有樂藝，而價才八十千。其二差不及，而爲錢皆四五十萬。扣其故曰：「少者受雇垂滿，但可補半年，故價值不多。彼二人則在吴宅未久，當立三年券。今須評品議直耳。」孫於是以六百千併買之。鄭以八十千不多，且又美色，姑欲如其説。候相處及期，别與爲市。探囊取楮幣付儈，而懷吴氏券與妾歸。孫以萬錢爲定，候明成約，竟得之。皆喜其圓就之速，更置酒款昵，幾如姻舊。經三日，鄭詣部前書鋪家，囑孫君爲莅察房舍。到晚還邸，登樓不見妾【一七】，遽趨下，欲與孫言。其室空無人，不勝駭窘。檢視行篋，篋内貯白金及楮帛甚富，悉無一存。元置牀上，乃從壁背一房，穴破其後而取之。是以倉卒不能覺。旋訪元儈家，其曩昔買妾處，蓋一酒肆耳。洎訪孫君蹤跡，所謂官稱及省吏堂帖之屬，皆惡子共爲之。彼知鄭生厚藏，故設謀宛轉如此。棹姪時在臨安，親見之，淳熙末年事也。但孫、鄭姓名鄉里未審。

【一七】不見妾　涵芬樓本注，葉本無「妾」字，從明鈔本補。

王朝議

宣和中，吴人沈將仕，調官京師。方壯年，攜金千萬，肆意歡適。近邸鄭、李二生與之遊，一飲一食，三子者必參會。周旋且半年，歌樓酒場，所之既倦，頗思逍遥野外。一日，約偕行，過一池，見數圉人浴馬，望三子之來，迎喏頗肅。沈驚異，以爲非所應得。鄭、李曰：「此吾故人王朝議使君之隸也。」去之而行，又數百步，李謂沈曰：「與其信步浪遊，棲棲然無所歸宿。曷若跨王公之馬，就謁之乎？翁常爲大郡，家資絶豐【一八】，多姬侍，喜賓客。今老而抱疾，諸姬悉有離心，而防禁苛密，幸吾曹至，必傾倒承迎，一夕之懽可立得。君有意否乎？」鄭又侈言動之，沈大喜，即回池邊。李、鄭唤馬，圉人謹奉令，既乘，請所往，曰：「到汝使君宅。」遂聯鑣鞍轡，轉兩坊曲，得車門。門内宅宇華邃，李先入報，出曰：「主人聞有客，喜甚。但久病倦懶，不能具冠帶，願許便服相延。」已而翁出，容止固如士大夫，而衰態堪掬。揖坐東軒，命設席，杯柈果饌，咄嗟而辦。雖不腆飫，皆雅潔適口。小童酌酒過三行，翁嗽且喘，喉間痰聲如曳鋸，不可枝梧。起謝曰：「體中不佳，而上客倉卒惠顧，不獲盡主禮，奈何？」顧鄭生代居東道，曰：「幸隨意劇飲！僕姑小歇，煮藥併服，少定復出矣。」沈大失望，興緒亦闌珊。散步於外，將捨去，又未忍。忽聞堂中歡笑擲骰子聲。穴屏隙窺之，明燭高張。中寘巨桉，美女七八人，環立聚博。李徑入攘袂，衆女曰：「李秀才汝又來廝攪。」遂廁其間，且擲且笑。沈神志【一九】摇蕩，頓足曰：「真神仙境界也！何由使我預此勝會乎？」鄭曰：「諸人皆王翁侍兒。翁方在寢，恐雖與接對。非若我曹與之無間也。」沈禱曰：「吾隨身篋中，適有茶券子，善爲吾辭，倘得一

【一八】絶豐　涵芬樓本注，明鈔本作「甚豐」。

【一九】神志　涵芬樓本注，明鈔本作「神魂」。

餉樂，願畢矣！」鄭逡巡乃入，睢盱偵伺，良久介沈至局前。衆女咄曰：「何處兒郎？突然到此！」鄭曰：「吾友也。知今宵良會，故願拭目。」女曰：「汝得無與松子良誘我乎？」一姬取酒，滿酌與沈【二〇】，飲釂無餘。姬詫曰：「俊人也！」戒小鬟，伺朝議睡覺亟報，乃共博。沈志得意逞，每采輒勝，須臾得千緡。諸姬釵珥首飾，爲之一空。鄭引其肘曰：「可止矣！」沈心不在賭，索酒無算。有姬最少艾，敗最多，愠而起，挾空樽至前，曰：「只作孤注一決！此主人物也，幸而勝，固善，脱有不如意，明日當遭鞭箠，勢不得不然。」同席爭勸止，或責之，皆不聽。沈撚一擲，敗焉，傾樽倒物，蓋實以金釵珠琲，評其直三千緡。沈反其所贏，又去探腰間券，盡償之，尚有餘鏹。方擬再角勝負【二一】，俄聞朝議大嗽，索唾壺急，衆女推客出，奔入房，三人趨詣元飲處。翁使人追謝，約後數日復相過。沈歸邸，卧不交睫，雞鳴而起，欲尋盟。拂旦，遣召二子，云：「已出。」候至午，杳不至。遽走王氏宅，審之，屋空無人。詢旁側居，者云：「素無王朝議，疇昔之夜，但惡少年數輩，偕平康諸妓，飲博於此耳。」始悟墮奸計。是時囊裝垂罄，鄭、李不復再見云。

鮑八承務

紹興十年，鄱陽程汝楫，與同郡徐、高、潘、李四人，偕入都。每夕舍館定，必計膳飲僕馬之費，相與博賽，使負者輸之【二二】，因以遣日。在道逾半月，不逞子聞之者，意以爲皆

【二〇】滿酌與沈　涵芬樓本注，「與」葉本作「爲」，從明鈔本改。

【二一】勝負　涵芬樓本注，葉本無「負」字，從明鈔本補。

【二二】使負者輸之　涵芬樓本注，明鈔本作「使輸者承之」。

富家兒，密迹其後。將次龍山下，日猶未晡，潘生有舊所歡在白壁營，欲往遊，强衆留止，乃弛擔。歇未定，一健丁持黑漆牌掛于對房，題曰：「鮑朝請宅八承務占。」少選，一少年下車至，迭相過，室内列行榻【二三】、紗廚、象枰、棋局、藥奩、茶甌、胡床、湯鼎，種種雅潔。其人白皙美髯，善謔笑。五子退就食，竟，復取博具，曰：「明日離郡，不復如此戲，宜各盡萬錢。」戰方酣，鮑、徐來立觀，連稱好則劇，遽反室，繫金釵于帕【二四】，擲几上，曰：「我素嗜此戲，願容預盟。」遂同席。於伎故爲不長，即敗十之九。潘屢邀程出，程識鮑非佳子，摘語諸人曰：「可以止則止，不宜已甚！」三子者，猶與之周旋。程與潘飲至夜半，欻起曰：「三君必墮鮑生計，當急往援之。」暨還邸，閉户甚堅，方馮陵大叫。程厲聲扣户，乃得入。鮑已勝徐生三十五萬，正賽徐采，隨呼衄焉，失四萬。笑謂程曰：「約以五百千爲率，因君一呼，敗乃公事。」徐有鹽直寄霸頭大駔家，鮑固已知之，遂使書券付己而散。明旦入城，程館於叔父諸軍糧料官舍。又二日，臨安吏持符逮赴府，了不知所犯。吏引立于廷，所謂鮑八承務及其朋儔，並徐、高、潘、李皆集。蓋鮑與惡子迭爲主僕，以詐欺立計【二五】，既得錢，而分張不平，自相毆擊，詣廂鋪，故其事彰顯。方聚博時，天正熱，衆皆袒裼，獨鮑生不脱衲衣，曰：「平生不畏暑。」是日，始知其嘗犯徒刑，慮人窺見背瘢故也。於是受杖而没所得錢入官。

【二三】室内列行榻　涵芬樓本注，明鈔本作「室内則竹榻」。

【二四】繫金釵于帕　涵芬樓本注，「于」葉本作「手」，从明鈔本改。

【二五】以詐欺立計　涵芬樓本注，葉本無「欺」字，從明鈔本補。

真珠族姬

宣和六年正月望日，京師宣德門張燈，貴近家皆設幄於門外，兩廡觀者億萬。一宗王家在東偏，有姻族居西，遣青衣邀其女真珠族姬者，曰：「若肯來，當遣兜轎至。」女年十七八歲，未適人，顔色明豔，服御麗好，聞呼喜甚，請母欲行。時日猶未暮，少頃，轎從西幄來，舁以去。又食頃，青衣復與一簥至，王家人語之，曰：「族姬已去矣！」青衣駭曰：「方來相迎，安得有先我者？」於是知爲奸黠所欺，亟告於開封，散遣賊曹迹捕。其家立賞，揭二百萬求訪，杳不可得。明年三月，都人春遊，見破轎在野，有女子哭聲，無人肩輿。扣窗詢之，乃真珠也。走報其家，取以歸，霧鬟鬅鬙，不施朱粉，望父母擲身大哭。久乃能言：「初上車【二六】時，不復由正路，其行如飛，俄入一狹徑，漸進漸暗。車按：「車」字疑誤。止而出，乃是古神堂。鬼卒十餘輩，執兵杖夾立，坐者髯如戟，面闊尺餘，目光如炬，我懼而泣拜。而即叱曰：『汝何人？敢奸吾靈宇！』便使人【二七】捽拽裸衣，用大杖撻二十。杖畢，痛不可忍，昏昏不知人。稍甦，乃在密室内。一媼拊我甚勤，爲洗瘡敷藥，將護一月【二八】，甫能起。先遭奸汙，然後售於某家爲之妾。主人以色見寵，同列皆妬嫉。因同浴，窺見瘢痕。語主人云：『我爲女時，嘗與人奸，受杖矣！』主人元知我行止，至是乃曰：『若果近上宗室女，何由犯官刑？』遂相棄，還付元牙儈家。猶念舊愛，不督餘雇直。

【二六】車　涵芬樓本按：「車」字疑誤，下同。

【二七】使人　涵芬樓本注，明鈔本作「令人」。

【二八】一月　涵芬樓本注，明鈔本作「三月」。

儈家既先得金多，且畏終敗露，不敢再鬻。故乘未晚，送於野，亦幸不死耳！」乃知向來神堂所見，皆【二九】羣賊詐爲之。前後爲惡，如是者多矣。趙德壯說。

京師浴堂

宣和初，有官人參選。將詣吏部陳狀，而起時太早，道上行人尚希，省門未開，姑往茶邸少憩。邸之中則浴堂也，廝役兩三人，見其來失期，度其必村野官員【三〇】，乍遊京華者。時方冬月，此客着褐裘，容體肥腯，遂設計圖之。密擲皮條套其項，曳之入簾裏，頓於地，氣息垂絕。羣惡誇指【三一】曰：「休論衣服，只這身肉，直幾文錢。」以去曉尚遥，未即殺。少定，客以皮縛稍緩頓蘇。欲竄，恐致迷路【三二】。遲疑間，忽聞大尹傳呼，乃急趨而出，連稱殺人。羣惡出不意，殊荒窘，然猶矯情自若，曰：「官人害心風耶？」俄而大尹至，訴于馬前，立遣賊曹收執。且悉發浴室之板，驗視得三尸，猶未冷，蓋昨夕所戕者。於是盡捕一家，置于法。其膾人之肉，皆惡少年買去云。宣公說【三三】。

【二九】皆　涵芬樓本注，葉本無「皆」字，從明鈔本補。

【三〇】度其必村野官員　涵芬樓本注，葉本「其」下有「謂」字，從明鈔本删。

【三一】羣惡誇指　涵芬樓本注，葉本無「誇」字，從明鈔本補。

【三二】恐致迷路　涵芬樓本注，明鈔本無「致」字。

【三三】宣公說　涵芬樓本注，「宣公」明鈔本作「先公」。

夷堅志補卷第九 十三事

苦竹郎君

潭州善化縣苦竹村，所事神曰苦竹郎君。里中余生妻唐氏，微有姿色。乾道二年，邀鄰婦郊行，至小溪茅店飲酒。店傍則廟也，酒罷，衆婦人皆入觀。唐氏素淫冶，見土偶素衣美容，悦慕之，瞻視【一】不能已，衆已出，猶戀戀遲留。還家數日，思念不少置。因如廁，望一好少年，張青蓋而來，絶類廟中像，徑相就語，即與歸房共寢，久乃去。自是，數日一至，家人無知者。遂有娠，過期不産，夫怪之，召巫祝治禳，弗效。唐氏浸苦腹漲，楚痛不堪忍【二】，始自述其本末。疾益困，腹裂而死，出黄水數斗。

奉先寺

京師城南奉先寺，宮人葬處也。嘗因寒食祠事，庖人夜切肉，或自幕外引入手，攫食大臠者，舉刀砍之，即疾走，踰垣而去。取火燭視，瀝血滿道。驚告同輩，相率白太官令章生，云：「去歲，亦以此時，爲物攘祭肉。至密買以償。今又復然，以爲人耶？其去甚輕

校勘記

【一】瞻視 涵芬樓本注，「視」葉本作「翫」，從明鈔本改。

【二】楚痛不堪忍 涵芬樓本注，葉本「不」下有「可」字，從明鈔本删。

疾。以爲鬼耶？乃有血。深可怪，請物色追訪之。」乃盡呼集吏卒，秉炬尋血蹤以行。去寺後，入叢塚荒草中，一徑甚微，略有人迹。内一穴，極蕪穢，至此絶迹。遂止，記識而返。明日祀畢，竟往究其實。鉏穴三四尺，則漸廣如窟室，傍穿地道。有裸而據案者，肌理麄惡，若異物然。細視，乃婦人，正食庖中之肉，臂上傷痕猶濕。初疑鬼，未敢近。少定，知其無他，牽以出。室中列床几，衣被皆破敗，無一堅好。詢其爲誰，曰：「我人也，姓某氏，家去寺遠。未嫁時，僧誘我至此室。夜由地道過其房，與僧共寢，曉則復還。凡十餘年【三】，僧忽絶不來，地道又塞。我念以離家【四】，且不識路，無從可歸。既久，自能穴土而出，遍往比近【五】人家竊食餬口。浸昏昧，不省身世。夜則不覺身之去來，隨意便到。晝則伏藏，不復知如幾何歲月也【六】。」章以所言諭庙吏，求得其家，父母皆在。云：「失女二十年，定無存理，不欲來。」家人彊之，至則相視慟哭，與之入寺。時姦僧死已久，房爲其徒居，尚可憶。女家亦不復質究云。章族孫椿說。

童蘄州

童蒙【七】，字敏求，南城人。未第時，居城北郭外，曰塔步。貧甚，聚小兒學以自給。童壯年偉貌，鄰室處女素慕之，久不能自抑。一夕，排闥來奔，徑前抱持之，語曰【八】：「我某家女，慕君久矣！常恨不得近。今夕父母俱出，故潛來就，君必勿棄我。」即引手

【三】凡十餘年　涵芬樓本注，明鈔本多一「矣」字。

【四】我念以離家　涵芬樓本按：「以」字似作「已」字。

【五】比近　涵芬樓本注，「比」葉本作「此」，從明鈔本改。

【六】不復知如幾何歲月也　中華本按：明鈔本無「如」字。

【七】童蒙　涵芬樓本注，明鈔本作「童學」。

【八】語曰　涵芬樓本注，葉本無「曰」字，從明鈔本補。

强挽，使就寢。童力拒之，曰：「汝尚未適人，若我如此，則壞汝處子之身，誰肯娶汝？若終與爲夫婦，則貧窶無以相活。脱或彰敗，彼此獲罪，深不可使也。宜速歸，我亦不語，仍不可令他人得知。」女不肯去，曰：「苟不見容，當死于此耳！」童大以爲撓，百方譬解，終不及亂。女度事不諧，始嘆惋涕泣而退。童堅坐待旦，不復居其地，托故徙焉。雖未嘗自言，鄉人稍亦聞之。童後登政和五年進士第，官至承議郎、知蘄州事【九】。識者謂：「童不欺暗室，當置古人中。天報施矣！」廖鼎説。

饑民食子

自古凶年饑歲，兵革亂離之時，易子而食者，有之矣。予所聞二事，抑又甚焉。滕彦智居宋都，聞其父兄言：「近郭朱氏，有男女五人，長子曰陳僧，年十六七，能强力耕桑，最爲父母所愛。值宣和旱歉，麻菽粟麥，皆不登，無所謀食，盡鬻四子，而易他人子食之。獨陳僧在，每爲人言：『此兒【一〇】有勞於家，恃以爲命，不可滅。』他日，諸滕過之，但二翁嫗存，不見所謂陳僧者。詢所在，翁泣曰：『饑困不可忍，乃與某家約，紿此子使往問訊，既至，執而烹之矣。』」建炎中，荆襄寇盗充斥，荆南小民居城中，一妻一子。家在村野，頗贍足，常載錢米餉給。偶失期不繼，民欲食其子，使妻結繩爲繯，誘兒入室，置首其中，送繩出壁隙，而已從外掣絞。兒方數歲，妻知不可止，强聽之。自引首入繯，而報夫云

【九】知蘄州事　涵芬樓本注，葉本無「事」字，從明鈔本補。

【一〇】此兒　涵芬樓本注，「兒」葉本作「人」，從明鈔本改。

「已竟。」夫力掣繩，覺氣絶，來視，則死者乃妻也。是日，餉車至，已無及，兒幸存矣。

建昌賑濟碑

紹興五年【一一】，建昌軍旱饑，曹掾柳約、王迪俱掌賑給事。同夢至一所，見巨碑屹立【一二】，刻云《建昌軍賑濟碑》，而其陰云：「柳約、王迪，設心不廣，賑濟不多，各決臀杖二十。」即有吏卒數輩來，捽拽決罰而去。二人覺，捫其尻，真同受杖者，痛不可忍，趦趄連月乃愈。柳自以語諸暨郭謙朝請，郭後見迪問之，其言同。二人不隱其事，蓋欲因以申警戒，亦賢矣哉！

董助教

黄州董助教亦富，大觀己丑【一三】歲，旱荒，爲飯以飼饑者。又設餅餈，與小兒。正羅列俵散，人來如牆，不可遏。至擁仆於地，頗遭毆踏。一家怨咎，欲罷議，董略不介懷。翌日復爲之，但施闌楯以節進退，然或紛紛。訖百餘日，無倦色。後至九十歲，康寧而終。

寺僧治猴

徽州休寧縣西十里外，有小溪，流水甚淺，正鄱江發源之處。溪之北有寺，其南大山，

【一一】紹興五年　涵芬樓本注，「五」明鈔本作「某」。

【一二】見巨碑屹立　涵芬樓本注，明鈔本無「見」字。

【一三】大觀己丑　涵芬樓本注，葉本作「己巳」。按：大觀三年爲己丑，從明鈔本改。

林木蔚然。予嘗從其處登舟還鄉，因與僧語。僧云：「山間舊多猴，蓋以千數。每成羣涉水，白晝相暴，炊飯纔熟，輒連臂入廚，舁甑著地，攫食之。且拋棄蹂踐，必盡乃止。寺衆不勝厭苦，至堅閉門，擕盌盛貯，藏諸袖中，歸房内，良久然後敢食。後一遊僧來，見其害，謂衆曰：『吾有一計，當使永斷蹤跡，今夕試爲之。』乃設罝網於廚，而置棗栗。俄頃，二猴罥中【一四】不能出，别磨墨煙斗許，拌以水漿，灌沃之，自頭至足，通身成黑獸，始縱之。猴自視毛色浸異，急奔竄穴，尋其類。其類望見，良以爲他惡物也，悉力竄走，不敢回顧。黑者逐之愈切，羣猴去益遠，不三日，滿山皆空。」予記舊小説，亦有一事。又讀《列子》，楊朱之弟布，素衣而出，天雨，解素衣，衣緇而返。其狗迎而吠之，布怒將扑之。朱曰：「子無扑矣，使狗白而往黑而歸，豈能無怪哉？」此理殊相似也。

胡乞買

燕北人胡乞買，爲北壽州下蔡令，以能政稱。有村民來訴：「其家瓜園五畝，瓜且成熟，昨夜被人鋤壞【一五】根藤，遂不可鬻。」胡詢所居，去縣遠近。曰：「二十里。」即索馬親往，凡胥吏僮奴皆騎從於後。既至，盡喚左右居民七八家，亦種瓜者也。命各擕常用鍬鍤來。一一舔鐵。獨一鍬味苦，又顧從吏使舐之，亦然。呼謂其人曰：「此是汝所壞，那得爾！」叩頭伏罪曰：「某與彼爲同業，而彼瓜先【一六】五日熟，乘新入市，必獲上價。心

【一四】二猴罥中　涵芬樓本注，明鈔本作「墮中」。按：似當作「墮罥中」。

【一五】被人鋤壞　涵芬樓本注，葉本無「人」字，從明鈔本補。

【一六】先　涵芬樓本注，明鈔本作「獨先」。

實憤之【一七】，是以爲此。」胡使兩家即日對换其地，而此人之園財三畝，念翻爲其利，乃與約，姑只换易今年。瓜時畢，則還本處。對衆鞭之一百，不復立案牘，亦無文書，即反邑。

宜州溪洞長人

德興士人李扶，字助國，以恩科得官，調宜州司理參軍。慶元初，滿秩還鄉。云：宜州溪洞，近歲産一怪物，狀如人，長一丈許，遍體生鱗甲，但以布帛纏絞。獨據野廟寢處，莫測所由來。初惟搏食畜獸，浸浸及人，皆從頭至足，生啖之。洞丁不勝困苦，屢聚黨數百往攻鬬。怪望人至，輒遁升山巔，運巨石而下擊。衆走避不暇，雖操强弩，傅藥箭，四面亂射之，莫能入。姑聞其所居【一八】，且設穽於往來之處，而爲惡益甚。洞丁出入，須什什五五，持矛鳴鑼，以自防衛。不與相值則已，儻人徒稍弱，必遭追逐。步既闊，而行又捷。或遲鈍在後，立爲所獲。壯有膽者，敵以利刃，如刺堅石，殊不能傷。在田疇耕獲，少失瞻顧，定有性命之虞。闔洞千口，罹戕賊者殆半，不聊厥生，悉徙避城郭，赴訴於郡，丐發兵圍捕之。聞其不畏鋒鏑，更無策可治。獄有重囚，曰馬超巡檢者，武鷙悍勇，坐殺人，久繫囚。自獻其技，曰：「願取此怪以贖罪。只得一大鐵椎，重三十斤，當獨往。」官守欲聽之，或疑其設詭計求脱，乃質其妻子。旋鍛銅鐵大椎，遣之，别選五十兵助詣洞。迨至，杳無形影。信步到一寺【一九】，見微徑，髣髴似有大足跡，知必在彼。將入門，厲聲叱

【一七】心實憤之　涵芬樓本注，葉本「實」下有「獨」字，從明鈔本删。

【一八】姑聞其所居　涵芬樓本按：「聞」字似當作「閉」字。

【一九】到一寺　涵芬樓本注，明鈔本多一「内」字。

呼【二〇】示威，且警使出，復寂然。直進，次方丈，睨傍室，野獸毛骨，縱橫塞路，無床榻几席，惟編蓬上堆疊敗絮碎帛，全如犬窠，蓋其宿卧處也。馬潛伏室内以候，料晚歸必由三門，於是側身出，掩諸扉，獨留一扇，施拐撑拄之。傾耳審聽，俄聞山下砉然有聲，乃出物負雙鹿穿林而來。馬亟起，發扉陷其一足，痛箠以椎，仆於地，舉頭見人，摇牙憤憤，欲作敵，而爲鹿所壓不能興。猶翻手搦馬生脚，撮其股肉一大片。馬連運椎椿其腦，遂死之。披劍斷頸，流血數斗，呼集隨行舁尸【二一】，獻於郡。洞蠻踴躍歡謝，各返故棲。郡以事上諸朝，詔貸馬罪，還元官。李掾及見怪尸，言之尚怖慄。馬超之勇而有智，蓋暗合唐韋自東殺二夜叉之法也。李司理説。

【二〇】叱呼　涵芬樓本注，明鈔本作「叱喝」。

【二一】呼集隨行舁尸　涵芬樓本注，葉本「行」下空一格。李按：《廣西通志》卷一二九《雜記》作「者」字。

徐汪二僕

王時亨嘗言，起外祖父徐公，被薦入京師，有客過邸中，留共飯。徐好食東華門外魏氏所造羓鮓，將往買，而所使舊僕出，别一僕生梗而狠，又罕入市。漫問云：「汝識魏家鮓鋪否？」厲聲言：「東華門外，誰人不識？」乃遣去。僕蓋耳聞之，元未嘗識也。賓主停酌以須，久而不至。既食，始蒼忙而還，有愠色。方誚責次，忽叫怒曰：「秀才如此不聰明，敢望要官做？豈有一個人家如許大門樓，卻剛道他買鮓？」徐命舊僕迹其事，乃此僕徑趨東華，爲衛士訶止。即探懷取錢曰：「饒州徐官人使我來買鮓。」士怒欲執之，其一人笑曰：「必外方赴省試秀才村僕耳，何足治！」杖其背而縱之。

汪仲嘉云，族人之僕出幹，抵暮趦趄呻吟而來。問：「何爲？」曰：「恰在市橋上，有保正引繩縛二十人過，亦執我入其中。我號呼不伏，則以錢五千置我肩上，曰：『以是倩汝替我吃縣棒。』我度不可免，又念經年傭直，不曾頓得五千錢，不可失此，遂勉從之。到縣【二二】，與同縛者皆決杖，乃得脱。」汪曰：「所得錢何在？」曰：「以謝公吏及杖直之屬，僅能給用。」向使無此，將更受楚毒，豈能便出哉！」汪笑曰：「憨畜産，可謂癡人！」僕猶愠曰：「官人是何言？同行二十人，豈皆癡耶？」竟不悟。此節亦見《賓退録》注，見戊志。

衢州郡廳疑冢

衢州廳事下，土勢隆起，篠木叢生，相傳以爲古冢。舊有碑，其文云：「五百年刺史，爲吾守墓。」前後相承，莫敢慢視。紹聖元年，齊安孫賁公素爲守，問於左右，以是對，命毁焉。闔府官吏大恐，叩頭諫止。孫曰：「藉令土中有賢者，骨亦當以禮法遷之。」乃自爲文以祭，而唤卒剗除，斸丈餘【二三】，了無他異。但二石峰長五六尺，堅瘦紺潤，大木根盤踞其下。群疑涣釋。石上刻云：「乾符五年五月，安於此。押衙徐諷龍山起砦處，得二石。刺史李其【二四】題。」又刻云：「開寶七年十月二日，重疊峨眉山於廳事前郡齋文會閣【二五】，移李公【二六】之石，安置於此。刺史慎知禮題。」孫徙石置南園清泠堂下。蓋

【二二】到縣　涵芬樓本注，明鈔本作「到鄞縣」，《賓退録》同。

【二三】斸丈餘　涵芬樓本注，明鈔本「斸」下多一「深」字。

【二四】李其　涵芬樓本注，明鈔本作「季某」。

【二五】閣　涵芬樓本注，《墨莊漫録》卷七作「閤」。

【二六】李公　涵芬樓本注，明鈔本作「季公」，下同。

自李公得石，至慎公之移石，凡九十七年。自慎公至孫公之出石，又百二十有一年。不知冒稱古冢，自何年也。孫咄嗟爲之，以破無窮之惑。張芸叟賦詩曰：「芝蘭雖好忌當門，何況庭前惡土墩。畚鍤纔興【二七】雙劍出，狐貍盡去老松蹲。百年守冢真堪笑，一日開軒亦可尊。安得擲從天外去，城都石筍至今存。」

徐喆

大學生徐喆，性昏鈍，尤嗜晝寢。每早飯畢，必解衣就被。逼暮乃覺，未少時已復困卧。同舍伺其熟寢，更合計撓之【二八】，喆殊以爲苦。一日，正晝卧，衆就其床前設亡者靈几，陳列觴豆，取其衣袍【二九】紙錢，大書姓名，共結白襴爲素幕，聚立而哭。喆睡中，聞哭聲，驚覺【三〇】倏起，欲扣衆人。衆不領略，哭如故。喆亦長號曰：「吾真死耶！」復卧不動。衆笑而呼之，死矣。其後，家人訟于官，一齋人皆坐獄。而情狀止此，無以爲罪，但行學規，屏出而已。

錢真卿

江陰簽判廳，舊嘗有童奴病瘵，死後，時時嘯引他妖，出爲祟魅。錢元直黨【三一】居官，其姪真卿，自臨安往省，留處外舍。一夕，醉卧而醒，似爲物纏繞四體，不容伸縮。視

【二七】畚鍤纔興　涵芬樓本注，「纔」，葉本作「絶」，從《墨莊漫録》改。

【二八】撓之　涵芬樓本注，明鈔本作「攘之」。

【二九】衣袍　涵芬樓本注，明鈔本作「衣包」。

【三〇】驚覺　涵芬樓本注，葉本無「覺」字，從明鈔本補。

【三一】錢元直黨　涵芬樓本注，「黨」明鈔本作「讜」。

之，則所掛帳也。帳外嘈雜有聲，錢素負膽氣，知其鬼物，略不爲動。但以言語笑而諭之曰：「我只是一箇客，住三朝兩日便去。共爾們不相干，何消得無些巴鼻，故相惱弄【三二】。」羣鬼殊不止。俄舁床赴庭下，又復入室。錢怒曰：「既不聽我言語，一任作怪，我自睡。」遂就枕鼾卧。輿者往復，至于四五，竟不能施其奸。捨床叢立，約二十餘輩，同聲一喏【三三】，羞縮而退。錢安寢達旦。凡住旬餘，不復有所覩。錢享壽八十，其子博聞，以吏職得官。景裴説。

【三二】惱弄　涵芬樓本注，葉本無「弄」字，從明鈔本補。

【三三】同聲一喏　涵芬樓本注，葉本作「諾」，從明鈔本改。

夷堅志補卷第十 十一事

湖口主簿

南城黄開，乾道乙酉，獲鄉薦。夢人告曰：「君欲及第，須兩朵黄花開則可。」既寤，自意兩舉方成名。然辛卯、丁酉，凡三薦，輒赴省不利。蹭蹬至紹熙癸丑，乃用免舉正奏，與同郡新城黄開偕登科【一】，並列末甲。而南城之開，以恩升等，即調湖口主簿，當待闕五年。甲寅夏，夢到一處，朱門素壁，若今官廨。傍人云：「此湖口主簿廳也。」言未絶，屋劃然傾摧，驚而覺。語其妻曰：「我新任廨舍必損壞。」妻曰：「君未赴任，何以知之？」因述所見，相與一笑而已。及秋而卒。原未曾得一日食禄，夢其不祥矣乎！

花不如

曹人林聰，字審禮。在太學，晝寢，夢美女子告曰：「我西京孟檢法女，小名花不如。君異日登科，當仕洛中，願毋他聘。」林覺而志之，同舍生交笑其妄。大觀三年擢第，果調河南尉。嘗以事至天女寺，與老尼語，問：「此有孟檢法乎？」曰：「有。」「有女乎？」

校勘記

【一】登科　涵芬樓本注，明鈔本多一「第」字。

曰：「一女，號花不如。近嫁某人矣【二】。」林驚異，默茹後時之恨。女在夫家，亦夢男子曰：「我林審禮也，願婚之約，如何？」女覺，密訪，得林姓名，竟不曉約婚之語，固不知【三】林之有夢也。纔數日，女夫死。林通媒結信，俟女除服，即成禮。他日，各言所夢，皆駭其無因而然。女歸林三年，故夫來爲祟，遂卒。林後爲西京宗學博士，每與人言，惻楚不已【四】。

崇仁吴四娘

臨川貢士張擽，赴省試，行次玉山道中。暮宿旅店，揭薦治榻，得絹畫一幅，展視之，乃一美人寫真，其旁題「四娘」二字，以問主者。答曰：「非吾家物，比來士子應詔東下。每夕有寓客，殆好事少年所攜而遺之者。」擽旅懷淫蕩，注目不釋，援筆書曰：「捏土爲香，禱告四娘。四娘有靈，今夕同床。」因挂之于壁，酤酒獨酌，持盃接其吻，曰：「能爲我飲否？」燈下恍惚，覺軸上應聲莞爾微笑，醉而就枕。俄有女子卧其側，撼之使醒，曰：「我是卷中人，感爾多情，故來相伴。」於是撫接盡懽，將曉告去，曰：「先詣前途侍侯。」自是夜夜必來。暨到臨安，亦然，但不肯説鄉里姓氏。擽嘗謂之曰：「汝既通靈，能入貢院探題目乎？」曰：「不可。彼處神人守衛，巡察周備，無路可入【五】。」試罷西歸，追隨如初【六】。將至玉山，慘然曰：「明當抵向來邂逅之地，正使未晚，盍弛擔？吾當與子決

【二】有女乎曰一女號花不如近嫁某人矣　涵芬樓本注，明鈔本作「『有女號花不如乎？』曰：『有。』曰：『曾適人乎？』曰：『近嫁某氏矣。』」。

【三】固不知　涵芬樓本注，明鈔本作「女固不知」。

【四】惻楚不已　涵芬樓本注，明鈔本作「猶惻楚不已」。

【五】無路可入　涵芬樓本注，明鈔本作「豈容輒入」。

【六】追隨如初　涵芬樓本注，明鈔本作「復追隨如初」。

我宿緣合。」女曰：「我未曾娶，願要汝同歸，白母以禮婚聘。」暫然而去。擧果下第，尋約婚于崇仁吴氏，來春好合。妻之容貌絶類卷中人，而排行亦第四。一日，戲語妻曰：「方媒妁評議時，吾私遣畫工圖爾貌。」妻未之信。開笥出示，吴門長幼見之，合詞贊嘆，以爲無分毫不似。可謂異矣！

別！」及期，擧執其手，曰：「伉儷，今則未也。君今舉失利，明年授室，爲別不久，他時當自知。」

王宅宣借兵

王左丞家在姑蘇，值建炎胡暴，奔泊近村。宣借兵施榮不及追隨，竄出城。虜逢人輒殺，有數百尸聚一處。榮入伏其間，陽爲死者。至夜，望車馬隔河來，明燭照道，以爲虜也。俄浮水而過，審爲鬼神。須臾悉集其所，官人踞床坐，吏從傍持簿，指姓名叫呼，尸輒起應。迨呼竟，獨己不預。官人曰：「有婦人阿李，係合死之數，何得不見？」吏對曰：「他腹中帶一人來，未應同死，姓名乃四字番語。李明日辰時方命盡。」點訖，呵道去。榮自知可免，冥行小徑，入竹林小憩。逢一婦人，皤其腹，以帕裹首，先在焉，蓋已受撾而未死者。天甫明，謂榮曰：「我姓李，懷身八月，遭此禍難，今將産矣。」榮乃扶持之，未食頃，聞兒啼聲，已生男子。婦了無痛楚，抱之滌於河。既畢，登路【七】，解裹首之帛拭之。指顧之次，爲風所中，暈死。一胡媪乘馬適過【八】，喜曰：「何處得個孩兒？我未有子，

【七】登路　涵芬樓本注，明鈔本作「登路傍」。

【八】適過　涵芬樓本注，明鈔本作「適過前」。

此天賜也。」顧從騎下馬，挾以去。榮望其去遠，方敢出林。

謝侍御屋

邵武軍城内謝侍御家，有别宅三間，極寬潔。爲邸舍，僦直纔百二十千。人言中有物怪，多不敢居。乾道三年八月，武翼郎孫肇，赴添監酒税，以無官廨，欲居之。先與三少年往宿，相語曰：「屋如是，而賃費不及半，豈可失？吾何畏鬼哉！」時猶未黄昏，忽青光一道從後起，揮之以刃，即散去。俄頃，婦女七八輩，歌笑而出，撼堂上二空轎，出没其間。肇心動，捨而之他。明年，陝西人李統領解鄂州軍職來，自言無所怖，挈家徑入。坐甫定，而十婦人已出，李仗劍逐之，至廁，入於溺瓮而滅。李斫瓮，咄駡。待旦，命僕掘其處，乃白金數百錠，充塞於中。李邀謝氏子弟，訪上世有無窖藏。曰：「無之。」賂以三百千。乃子弟曰：「此非我家物，義不當受。」但請就鬻此宅，增爲七百千，立券。李遂成富室。謝氏子弟臨財不苟【九】，知無望之物，固冥冥之中有主張者。孫肇非其有，故遇怪而懼。謝氏子弟臨財不苟，亦可謂賢矣！

田畝定限

温州瑞安縣木匠王俊，自少爲藝，工製精巧，如老成。年十七八時，夢入府【一〇】，見

【九】不苟　涵芬樓本注，明鈔本作「不苟得」。

【一〇】夢入府　涵芬樓本注，明鈔本作「夢入官府」。

吏抱案牘而過，俊問之，答曰：「吾所部内生人禄壽籍【一一】。」問其郡邑，則瑞安在焉。俊拜祈再四，願知己【一二】身所享。檢示之曰：「田不過六十畝，壽不過八十歲。」俊時有田三十畝，自謂己技藝之精，既享上壽，何得不富？不以此夢爲然。後數歲，田至六十畝，又被縣帖爲都匠，所入甚厚。然纔得錢，即有他事，隨手費之。如是四五十年，其産竟不復進。方悟神人所告，乃止不復營業。年至七十九卒。温人朱焕叟説。

魏十二嫂

睢陽劉槳夫婦，年皆四十餘，屢得子不育，唯一幼女。劉調官京師，女在家亦死。將出瘞，母望送之，哭甚苦。倦憩椅上，遂昏睡。及醒，見高髻婦人立于側，曰：「無庸過悲惱，便毓貴子矣。官人已得差遣，朝夕歸。但往城西魏十二嫂處，覓一故衣。俟生子，假大銀合，藉以衣，置子於中，合之少時而出，命之爲合住，或蒙住，可也。」語畢，忽不見。後五日，劉調滁州法曹掾。歸，妻告之故。次日，既出西門，尋魏氏。行二里，無此姓者。還及門，偶駐茶肆，與主人語其行第【一三】，則魏十一也。問其弟，曰：「正爲十二弟。所娶弟婦，生十子，皆不損折。共居同食，殊非貧舍所宜。」劉聞言喜甚，以情語之。魏入告其弟，持婦所衣絹中單與客。劉酬以錢二千，不肯受。既而妻娠。越五月赴官，時宣和庚子歲也。夫婦因對食，相與語：「生男似有證，顧何處得銀合？」適被郡檄，兼委公帑，閲

【一一】吾所部内生人禄壽籍　涵芬樓本注，明鈔本多一「也」字。

【一二】己　涵芬樓本注，明鈔本作「將來」。

【一三】與主人語其行第　涵芬樓本注，明鈔本作「與主人語，詢其行第」。

器皿，乃有大銀合二。滁固荒州蕭索，他物不相副。當【一四】巨瑫譚積使浙西，所過州，必薦土物，盛以合，而併歸之。滁亦爲備。積從他道去，故留庫中。至六月生男，如婦所教，而字之曰蒙住。方在南京語時，合猶未製，一何神也。男後名孝韙，字正甫，位至兵部侍郎。正甫於淳熙庚子，守當塗，爲通判吴敏叔説。

朱天錫

朱景先銓，淳熙丙申，主管四川茶馬。男遜，買成都張氏女爲妾，曰福娘。明年娶于范氏，以新婚不欲留妾。妾已娠，不肯去，强遣之。又明年，朱被召。以十月【一五】旦離成都，福娘欲隨東歸，不果。後四十日，生一子，小名爲寄兒。朱居姑蘇，吴、蜀杳隔，彼此不相知聞。庚子歲，遜亡，范婦無出，朱又無他兒，悲痛殊甚。乙巳歲，朱持母喪。後茶馬使者王渥少卿，遣駛卒賫書致唁。卒乃舊服役左右者，方買福娘時，其妻實爲牙儈。因從容言：「福娘自得子之後，甘貧守節，誓不嫁人，其子今已七八歲。從學讀書，眉目疎秀，每自稱官人，非里巷羣兒比也。」朱雖喜而未深信。其與卒偕來者，巡檢鄒圭亦故吏，呼扣之，盡得其實。即令圭達書王卿及制帥留尚書，祈致其母子。會蜀士馮震武舟東下，遂附以行。未至，而朱遇南郊恩，當延賞，乃以此孫剡奏。朱以爲得之於乖離絶望之中，實天所賜，名之曰天賜。及其至也，首問其曾命名與否。母曰：「從師發蒙日，命爲天錫。」

【一四】當　涵芬樓本注，明鈔本作「蓋」。

【一五】十月　涵芬樓本注，明鈔本作「六月」。

吁，萬里之遥，脗合若此，何其異哉！景先說。

二呂丞相

呂正愍公大防，紹聖初，南遷循州，道出虔之信豐縣，感疾，語其子景山曰：「吾不復南矣！」遂薨。公身長七尺，縣吏爲訪棺具，皆不中式。或言近村富民家有之，乃往叩焉【一六】。翁云：「昨夜夢偉丈夫來通，爲呂相公。急著衫出迎，則一貴人昂昂而前，稱欲暫借宅子居止。吾矍然驚寤，念嘗辦周身之具甚大，必是物也，今而果然。」遂遣僕舁至驛舍，訖用以斂云。紹興九年，呂忠穆公薨於天台。陳國佐侍郎爲經營棺具，得於海上一富家，木極堅緻，有朱漆三字，曰呂安浩，題於蓋上。蓋其主人姓名與公名纔差一字。兩呂公皆名宰相，其終也，魄兆如此，異哉！《呂公逢辰記》載後一事。

周瑞娘

撫州霞山民周十四郎，女瑞娘年二十一，未嫁。慶元二年中夏，抱疾伏枕五六旬，至七月二日不起。至十三日正午，忽從門外入，遇家人皆含笑相呼揖。父母見而唾之，曰：「爾不幸夭歿，天之命也。乃敢白晝爲怪，當明以告我【一七】。」對曰：「不須怕，十一娘之死，盡是爺娘做得。」問其故，曰：「去歲九月，林百七哥過門，見我而喜，歸白百五郎，欲

【一六】乃往叩焉　涵芬樓本注，明鈔本作「乃往叩請」。以下多「俄有老翁出曰：『得非呂相公欲壽木耶？吾願奉命。』吏問其故」二十三字。

【一七】當明以告我　涵芬樓本注，「當」明鈔本作「盍」。

求婚聘。及媒人來議，父母不從。林郎因此悒怏成病，五月十九日身亡。憑訴陰司，取我爲妻。今相隨在門首。記我生時，自織小紗三【一八】十三疋、絹七十疋、紬一百五十六疋，速取還我。」父母惻然，如其言，搬置堂上，貯以兩大籠。女出，呼林郎，洋洋自如，無所畏怯，然後拜別二親，曰：「便與林郎入西川作商，莫要尋憶！」隨語而没【一九】。周父邀林百五郎，道其事。林云：「理屬幽冥，何由窮究？」約至初冬，各舉柩一處火化。啟木之次，二柩俱空。

楊三娘子

青州人韋高，避靖康亂，南徙居明州。紹興初，詣臨安赴銓試。因事出崇新門，逢青衣前揖問，曰：「君得非韋五官人，字尚臣者乎？」高曰【二〇】：「是也。何以知吾字？」曰：「楊三娘子欲相見，憑達家書。適在簾間望見君，亟使我相邀。願移玉一往【二一】。」高之舅氏楊僉判，時寓新安，知其女三娘嫁李縣尉，而彼此流落，久不相聞，乃先叩其故。曰：「李尉死已三年，楊家原未知也，娘子用是欲寄聲甚切。」高惻然愍之，遂同往。至一小宅，三娘出拜，具訴孀居孤苦之狀。且言：「所以獨處自守，不爲骨肉羞者，東鄰桑大夫，與西鄰王老娘之力也。二人皆山東人，拊我如父母。今當邀致之。」俄頃偕來，遂具酒共坐。桑翁兖州人，王媪單父人，皆年七十餘。日暮，高辭退，曰：「吾今出江下，訪新

【一八】三　涵芬樓本注，明鈔本作「六」。

【一九】隨語而没　涵芬樓本注，「没」明鈔本作「隱」。

【二〇】高曰　涵芬樓本注，明鈔本作「高驚曰」。

【二一】亟使我相邀願移玉一往　涵芬樓本注，明鈔本作「亟使我來領，勿惜一往」。

安客旅，報舅家。」後日，又過此。王媪詢高妻族，曰：「吾妻鄭氏亡已久，家唯二老婢。見謀婚配，以貧未辦耳。」媪喜曰：「姑舅兄弟，通婚甚多。三娘子勢須適人，與其倩行媒，淹歲月，孰若就此成夫婦哉？今日之會，殆非偶然者。」高曰：「雖然，吾當白舅氏以俟命。」三娘愠曰：「五哥以妹爲醜惡，則在所不言。不然，則吾父母經年無音信，吾朝夕不能活，正使歸他人，亦無可柰，況於邂逅相遇，得外兄乎？」桑翁亦贊襄，以爲不可失。高遂許諾。三娘自【二二】取縑帛之屬，付王媪備禮納采。是夕，成嘉好。留六七日，高入市，遇有荷先牌過者，曰「楊僉判宅二承務」，視之，乃舅子也，相携入酒肆，具以事告，具述不告而娶之罪。楊生駭曰：「三妹同李尉赴官，到此暴卒。李恐違限，急之任，姑藁葬崇新之野，以書報吾家。吾父使我來挈其柩，安得有此？」高猶疑未判，率楊詣其處，不見居室，但叢塚間傑然一木標曰「李縣尉妻楊三娘子」墓，左曰「兖州桑大夫」，右曰「單州王老娘」。二子泣嘆良久。高曰：「諺云：『一日共事，千日【二三】相思。』吾七日之好，義均伉儷，豈以人鬼爲間哉？」爲之素服哭奠，與楊生同護其喪。行過嚴州，夢三娘立岸上相呼，高招使登舟。不肯曰：「生平無過惡，便得托生。感君恩意之勤，今懇祈陰官，乞復女身，與君爲來生妻，以答大貺。」泣而别。高調定海尉、衡陽丞、容州普寧令，歷十七八年。謀娶婦，輒不偶。既至普寧二年，每見縣治側一民家女，及笄矣，貌絶妍，非流俗比。數數窺之，女亦出入，無所避。遂遣人求婚，女家力拒之曰：「我細民，以賣酒爲活。

【二二】自　涵芬樓本注，明鈔本作「自起」。

【二三】千日　涵芬樓本注，明鈔本作「百日」。

女又野陋，不堪備妾侍，豈敢望此！」高意不自愜，宛轉開諭，且以語脅之，竟諧其約。洎解印，乃聘之以歸。女步趨容止，絶似三娘，初不以爲異也。後詢其年命，蓋嚴州得夢之次日。其爲楊氏後身，無疑矣！高年長於妻，幾三十歲。

夷堅志補卷第十一 八事

姑蘇顛僧

沈端叔，姑蘇人也。年過三十【一】，未有子。其家頗豐腴，求嗣之意彌切，數招道士設醮，禱於天帝【二】。有僧以顛得名，癡狂亡賴，飲酒食肉。每見必笑，曰：「此家要子嗣，何不求我？是豈泛泛道流能辨耶【三】？」他日，別命梵侶齋供，其語亦然。或勸之，試邀致求之【四】，族黨皆云：「怪妄不足信。」而其婦意尤急，鋭意召之。方縱步外廡，值其過門，延以入，叩請殷勤。僧曰：「一子不難得，當使孺人月内便成孕。然須夫婦下階禮拜，乃可。」婦如其言。又令遍拉姻戚畢集，幕巒正堂，當中設榻，不掛帳，請夫且避舍，而約諸親共觀，相爲證明，看我施法。但不可笑，笑必誤事。使婦卸冠釵，脱上服仰卧。僧相去丈許，咄咄持念，忽踴身而起，翻背一躍，若優人所謂打筋斗者，徑跳登婦榻，跨腹而過之。四坐不覺失笑，僧嘆曰：「幸好一個男兒，可惜笑害了，不得全具，然尚可整理。」遂去，婦果有娠，生男而上唇缺。始悟僧前説，復延致敬禮，如仙佛。僧曰：「君家只合招一兒。俟缺者夭折，然後可再求。」不數月，兒亡。僧至，曰：「如前法式可也。」時

校勘記

【一】年過三十　涵芬樓本注，明鈔本作「年高五十」。

【二】帝　涵芬樓本注，明鈔本作「市」，屬下。

【三】能辦耶　涵芬樓本注，明鈔本作「所能辦耶」。

【四】求之　涵芬樓本注，明鈔本作「謀於」，屬下。

觀者滿坐，皆屏息注視。事畢出賀主人曰：「極喜，極喜！」及期，婦生子，了無破相。今已二十餘歲。其生時，蓋淳熙初也。

黄鐵匠女

袁州城内鐵匠黄念四一女，以慶元三年春入市買鹽，逢道人在鋪，伸扇乞錢，其容止殊倨傲。鋪人怪之，不與。女先繫兩錢於衣帶，乃解以贈之，即去。是夕，夢此道人來謝日間之惠，付之藥一粒，曰：「亟服之，令爾化作男子。」女遂服之而寤。小腹痛甚【五】，已而無恙。時正年十六歲，經月後，有來議婚者，女始告母曰：「兒今非女身也。」視之，果然。父母挾往天慶觀，設齋禱謝。鄱陽趙學古，爲宜春宰，聞其事，呼至庭下。見其眉目秀整，勸以讀書。因數從趙求市書錢，趙給之不靳。數月間，即能誦《孟子》。性識通敏。趙導使從師學舍，料異日或有成立【六】。此饒士董禮説【七】。

盧忻悟前生

代州崞縣，有盧氏子忻者，生三歲，能言。告其母曰：「我前生乃回北村趙氏子，年十九，牧牛于山下【八】，因秋雨草滑，墜崖下。奮身而起，但見一人卧于傍，意謂同牧者，大呼之，不應。久而視之，乃自身也。欲投之，無從入。欲捨之，又不忍，盤旋於左右。翌

【五】小腹痛甚　涵芬樓本注，明鈔本作「覺腹痛甚」。

【六】料異日或有成立　涵芬樓本注，葉本作「科冀其成立」，從明鈔本改。

【七】饒士董禮説　涵芬樓本注，明鈔本作「饒吉重祝説」。

【八】山下　涵芬樓本注，明鈔本作「山上」。

日，父母來慟哭，我投身告之，略不答，遂舉火焚之。我告之曰：『不可燒我。』又不應。父母大慟，我亦哭。焚畢，收骨而去。我欲隨之，見父母身皆丈餘，遂懼不敢往，彷徨無歸。月餘，忽見一老人曰：『趙小大，我引爾歸。』遂隨行。至一家，老人指曰：『此汝家也。』方以爲非是，已爲老人推赴【九】，即生於此，今身是也。我昨夜夢中，往告前身父母，明日當來看我。我家有一白馬，必須騎來。」盧氏母異之。明日，候於門，果有馳白馬來者。兒望見，欣躍曰：「吾父來矣！」既見大哭。詢其舊事，無不知者。趙父以樂迎歸。自是，二家共養其子云。孫九鼎說。

錢生見前世母

乾道二年，豫章錢某赴省試，館於貢院前姚氏店，試罷即歸。臨出門，姚媪忽持其手而泣，錢不勝驚訝。須臾，鄰里【一〇】聚觀塞途，至數十百人。媪曰：「非有他也。此官形貌，絶似吾亡兒，故不覺慟哭耳！吾兒亦讀書，曾補國學。不幸以某年月日去世，今十八年矣。有遺文一册尚在。」錢時正年十八，問其亡日，又與己生日同，悚然而嘆。請媪入取書，乃《周禮》義六篇，展讀之，蓋已發解及省闈程文，不差一字。相對感愴，爲留數日始歸。約曰：「若獲科第，當再來。」是歲登科。調官後，迎姚媪至家，事之如母。建陽劉懋亦同時待試，在彼店，親見之。

【九】推赴　涵芬樓本注，明鈔本作「擊昏」。

【一〇】鄰里　涵芬樓本注，明鈔本作「往來者」。

宣城葛女

成忠郎王貴，寓居宣城，與娼葛秀家相近。貴妻出入必過秀門，秀妹年五歲，每見，必曰：「吾母也。」秀家以爲兒語，不經意。一日，戲門外，王嫗適來，女挽其衣，秀望見延之入，女隨拜曰：「母不憶兒邪？乃建康朱家鐵郎也。」嫗淚下如雨，爲秀言：「吾元嫁朱氏，生一子，長而放蕩。本以販糴爲業，貲力稍贍，皆爲此子蕩析。年三十一而死，死後貧益甚，吾不能自存，挈其女以嫁王氏。今所言良是。」女問：「我女何在？」命呼以來，既至，迎而拊惜之。王女時年十一歲矣，怒之。葛女笑曰：「汝不得無禮，我乃汝父也。」又問嫗曰：「此兒幼時嘗倩舅家女相伴，今在否？」雖貓犬之屬，亦歷歷咨訪。且言：「舊愛一磬，曾書數十字於中，今復何如？」取至，洗視，果然。平生嗜畫，自頗能爲之。嫗悉取所存者，並雜他軸以示，皆擲於地。遇故物，則留玩不已。生前凡兩娶婦，後妻狡獪，密説朱盜金帛【一二】爲私藏。夫死，盡攜以去。嫗雖知之，而不能舉其名也，故不克訟。乃問曰：「兒昔爲新婦所誘，多竊家中物以行，尚能憶乎？」即面發赤，不肯對。嫗曰：「汝已隔世，而了了若此，能復回我家乎？」曰：「心中戀戀，正所願也！」嫗歸舍，搜篋中，得金六兩，持與葛氏，討之。葛不可曰：「自此女之生，我家日以稱遂。」嫗意雖甚【一二】，不能從也。」嫗慟哭而歸，悲心益切【一三】，感愴【一四】，不數月而死。朱生存日好以諢語標

【一一】金帛　涵芬樓本注，葉本無二字，從明鈔本補。
【一二】嫗意雖甚　涵芬樓本注，「甚」明鈔本作「苦」。
【一三】益切　涵芬樓本注，明鈔本作「更切」。
【一四】感愴　涵芬樓本注，明鈔本作「益感愴」。

榜，建康諸娼皆畏而惡之，其後身竟墮娼類。但朱死纔三年，而葛女已五歲，人以爲疑。蓋朱之未死，卧疾再歲，而葛女繦褓間，亦多病，過二歲始無恙。然則朱病時，精魂已受生矣。時乾道元年，王宣子爲郡守，家人呼葛氏婦及王嫗一一扣之，得其詳如此。女至十餘歲，漸忘前事，不復能説【一五】。宣子説。

李員外女

忻州定襄縣李員外家，生女三歲能言，曰：「我秀容縣牧兒村張二老也，死後在五臺縣劉家作男，年十六身回。今復來此，可遣人至張村，呼吾兒來相見。」李使人至張氏，有張資者，年已六十四，聞之即往。方及門，衆訝其貌相似。既見，詢其家事，無一不答者。資欲迎歸，李不可。資既歸，李欲令女出家。女曰：「我不能作小豬兒女【一六】。」問其故曰：「今之女尼，戒行不精，死罰爲豬，使食不潔。」且曰：「我年十四即歸矣。」後不復言，李氏亦祕其事。孫九鼎説，有書記【一七】。

滿少卿

滿生少卿者，失其名，世爲淮南望族。生獨跅弛不羈，浪遊四方。至鄭圃，依豪家。久之，覺主人倦客，聞知舊出鎮長安，往投謁，則已罷去。歸次中牟，適故人爲主簿，賙之，

【一五】不復能説　涵芬樓本注，明鈔本作「不復爲人言矣」。

【一六】女　涵芬樓本注，明鈔本作「母」。

【一七】有書記　涵芬樓本注，明鈔本作「有普記」。

不能足。又轉而西，抵鳳翔。窮冬雪寒，饑卧寓舍。鄰叟焦大郎見而惻然，飯之旬日不厭。生感幸過望，往拜之。大郎曰：「吾非有餘，哀君逆旅披猖，故量力相濟，非有他意也。」生又拜，誓異時或有進，不敢忘報。自是，日詣其家，親昵無間，杯酒流宕，輒通其室女。既而事露，慚愧無所容。大郎叱責之，曰：「吾與汝本不相知，過爲拯拔，何期所爲不義若此！豈士君子之行哉？業已爾，雖悔無及。吾女亦不爲無過，若能遂爲婚，吾亦不復言。」生叩頭謝罪，願從命。曁成婚，夫婦相得懽甚。居二年，中進士第。甫唱名，即歸，緑袍槐簡，跪於外舅前。鄰里爭持羊酒往賀，歆豔誇詫。生連夕燕飲，然後調官。將戒行，謂妻曰：「我得美官，便來取汝，並迎丈人俱東。」焦氏本市井人，謂生富貴可俯拾，便不事生理【一八】，且厚賮厥婿，貲産半空。生至京，得東海尉。會宗人有在京者，與相遇，喜其成名，拉之還鄉。生深所不欲，托辭以拒。宗人罵曰：「書生登科名，可不歸展墳墓乎？」命僕負其囊裝先赴舟，生不得已而行。到家逾月，其叔父曰：「汝父母俱亡，壯而未娶，宜爲嗣續計。吾爲汝求宋都朱從簡大夫次女，今事諧矣。汝需次尚歲餘，先須畢姻，徐爲赴官計。」叔性嚴毅，歷顯官，且爲族長，生素敬畏，不敢違抗，但唯唯而已，心殊窘懼。數日，忽幡然改曰：「彼焦氏，非以禮合，況門户寒微，豈真吾偶哉！異時來通消息，以理遣之足矣。」遂娶于朱。朱女美好而妝奩甚富，生大愜適。凡焦氏女所遺香囊巾帕，悉焚棄之，常慮其來，而杳不聞問，如是幾二十年。累官鴻臚少卿，出知齊州。視印

【一八】便不事生理　涵芬樓本注，「便」明鈔本作「漫」。

三日，偶攜家人子散步後堂。有兩青衣自別院右舍出，逢生輒趨避。生追視之，一婦人著冠帔褰幃出，乃焦氏也。生惶懼失措。焦泣泫然，曰：「一别二十年，向來婉孌之情，略不相念，汝真忍人也！」生不暇扣其所從來，具以實告。焦氏曰：「吾知之久矣！吾父已死，兄弟不肖，鄉里無所依，千里相投，前一日方至此。爲閽者所拒，懇祈再三，僅得托足。今一身孤單，茫無棲泊。汝既有嘉耦，吾得備側室，竟此餘生，以奉事君子及尊夫人足矣。前事不復校也。」語畢長慟。生軟語慰藉之，且畏彰聞于外，乃以語朱氏。朱素賢淑，欣然迎歸，待之如妹。越兩旬，生微醉，詣其室寢。明日，門不啟，家人趣起視事，則反扃其户，寂若無人。朱氏聞之，唤僕破壁而入，生已死牖下，口鼻流血，焦與青衣皆不見。是夕，朱氏夢焦曰：「滿生受我家厚恩，而負心若此。自其去後，吾抱恨而死，我父相繼淪没。年移歲遷，方獲報怨。此已【一九】幽府伸訴逮證矣。」朱未及問而寤，但獲喪柩南還。此事略類王魁。至今百餘年，人罕有知者。

徐信妻

建炎三年，車駕駐建康。軍校徐信與妻子夜出市【二〇】，少憩茶肆。傍一人竊睨其妻，目不暫釋，若向有所囑者。信怪之，乃捨去。其人踵相躡，及門，依依不忍去。信問其故，拱手巽謝曰：「心有情實，將吐露於君。君不怒，乃敢言。願略移步至前坊静處，庶

【一九】此已　涵芬樓本按：此處疑有脱誤。

【二〇】夜出市　涵芬樓本注，明鈔本作「夜閲市」。

其人掩泣曰：「此吾妻也。吾家於鄭州，方娶二年，而值金戎之亂，流離奔竄，遂成乖張。豈意今在君室。」信亦爲之感愴，曰：「信，陳州人也，遭亂失妻，正與君等。偶至淮南一村店，逢婦人敝衣蓬首，露坐地上，自言爲潰兵所掠到此，不能行【二二】。吾乃解衣饋食，留一二日，乃與之俱。初不知爲君故婦。今將奈何！」其人曰：「吾今已別娶，藉其貲以自給，勢無由復尋舊盟。倘使暫會一面，敘述悲苦，然後訣別，雖死不恨！」信固慷慨義士，即許之。約明日爲期，令偕新妻同至，庶於鄰里無嫌。其人懽拜而去。明日【二三】，夫婦登信門。信出迎，望見長慟，則客所攜，乃信妻也。四人相對悽惋【二三】，拊心號咷。是日，各復其故，通家往來【二四】，如婚姻云。

【二二】不能行　涵芬樓本注，明鈔本作「以不能行見棄」。

【二三】明日　涵芬樓本注，明鈔本作「如期」。

【二三】悽惋　涵芬樓本注，明鈔本作「驚惋」。

【二四】通家往來　涵芬樓本注，明鈔本作「後通家往來」。

夷堅志補卷第十二 十三事

回道人

江州太平宫道士，十餘輩集于庫堂，有客自稱回道人，掉臂徑入，傲睨四座。衆怒，相謂曰：「妄人紛紛，多竊此名以自衒，特可紿俗【一】耳。吾曹何取焉？」皆去弗顧。唯胡用宗揖入【二】，坐小軒，雍容款接，奇其風骨，待遇加敬。既而索酒飲，徐顧左右，覓刀刮土，瀝酒漱液，就掌摶和，吹嘘【三】成墨錠，擲之案上，鏗然有聲。語胡曰：「善藏之，餌此，亦能去病。」取視，香氣四發，郁然襲人，殆非蘭麝可比。復邀胡登樓飲酒，辭以日暮，笑而去。明日，胡趨郡，未旦抵城門，逢其自城中出，笑而顧。旋聞閽吏言：「半夜時，回道人已在此候門矣！」胡益異之。歸驗所假刀，半已化金色【四】。稍服所遺之墨，累年後，貌不少改，而酒量日增。異日，道人又至，敝衫破帽，麻鞋草帶，自挑二壺。胡問壺中所有【五】，傾視之，皆藥銀也。始悟爲真吕翁【六】，拜以師禮，虔扣長生之術，密有所付，不以告人。衆道知之，因建遇真室於其處，皆悵恨不遇，追悔無及。胡亦不知所終。

校勘記

【一】紿俗　涵芬樓本注，明鈔本作「紿庸俗」。

【二】唯胡用宗揖入　涵芬樓本注，明鈔本作「唯胡用琛拱揖入」。

【三】吹嘘　涵芬樓本注，明鈔本作「嘘呵」。

【四】半已化金色　涵芬樓本注，明鈔本作「半刃已化金色」。

【五】所有　涵芬樓本注，明鈔本作「何所有」。

【六】真吕翁　涵芬樓本注，明鈔本作「吕先生」。

文思親事官

趙應道監文思院日，有親事官患瘰癧，度不可療，來辭院官，且謂其徒曰：「吾旦夕死矣，老母無托，柰何【七】！」衆强慰勉之，或爲泣下。纔出外，即有道人隨之行，行未遠，語之曰：「瘡易愈【八】。」令買紙二幅，以爪掐其中，爲二方竅，徑可三寸許，以授之，謂曰：「俟夜燒一幅爲灰【九】，調乳香湯塗傅。留其一劑，濟後人【一〇】。」其人既歸，如言貼藥畢，就枕。及寤，已覺【一一】瘡痕蕩盡，痂亦不見。徑走謁院官，談其異。衆悟曰：「兩方竅，吕字也。得非以瀕死念母【一二】，一言【一三】起孝，故仙翁救之邪？」

真仙堂小兒

常州天慶觀真仙堂，塑吕洞賓【一四】象。有小兒賣豆，日過其前，見其儀狀，敬仰之，每盤旋不忍去【一五】。一日，瞻視嘆息間，象忽微動，引手招之，持一錢買豆。兒不取錢，悉以畚中豆與之【一六】。象有喜色，以紅藥一粒授焉，使吞服。即覺恍惚如醉。還家【一七】，索紙筆作文章，詞翰皆美。至於天文地理，無所不通。不茹煙火食，唯飲酒啖棗。如是歲餘。聞市曹決死囚，急往觀。正行刑之際，忽空中有人批其左頰，一小鶴從口吻角飛出，捫其頰，已半枯矣，遂愚俗如初。

【七】柰何　涵芬樓本注，明鈔本作「如之柰何」。
【八】瘡易愈　涵芬樓本注，明鈔本多一「耳」字。
【九】俟夜燒一幅爲灰　涵芬樓本注，明鈔本作「俟夜即燒一幅爲灰」。
【一〇】濟後人　涵芬樓本注，明鈔本作「以濟後人」。
【一一】及寤已覺　涵芬樓本注，明鈔本作「而寢及曉」。
【一二】念母　涵芬樓本注，明鈔本作「戀母」。
【一三】一言　涵芬樓本注，明鈔本作「一念」。
【一四】吕洞賓　涵芬樓本注，葉本無「吕」字，從明鈔本補。
【一五】不忍去　涵芬樓本注，明鈔本作「至暮不忍去」。
【一六】悉以畚中豆與之　涵芬樓本注，明鈔本作「且盡畚中所貯之豆悉付之」。
【一七】還家　涵芬樓本注，明鈔本作「兒遂還家」。

呂元圭

江夏有道人呂元圭，多遊楊氏書院中，爲人言事多驗。一日，忽告曰：「惡人將至矣，須急避之。」瞥然渡江去。人不知其所指何人也。是日，提點刑獄喻陟自武陵至，鄂人皆不前知，蓋巨舟乘便風徑抵州岸。纔至，即遣吏訪呂。云：「已行。」但得其往還者岑文秀，詰其所得。岑曰：「無有。」喻加以聲色【一八】，將笞之。其言如初。喻命搜其家，乃於神堂壁中見所與【一九】岑長歌一篇，言内丹事。岑方言呂實付此詩，云：「汝今未曉，異日當詳玩之。」喻曰：「此即呂先生也。其名元圭，蓋拆先生二字耳。」衆始悟惡人之説，是恐喻逼迫求之云。張邦基子賢説。

傅道人

江陵傅氏家貧，以鬻紙爲業。性喜雲水士，見必邀迎，隨其豐儉款接，里巷呼爲傅道人。舍後小閣，塑呂翁【二〇】像，坐磐石上，旁置墨籃，以泥裹竹片【二一】，作墨數笏，朝暮焚香敬事。拜畢扃户去梯【二二】，雖妻子不許至。乾道元年正旦【二三】，獨坐鋪中，一客方巾布袍入共語。良久起曰：「吾適有百錢，能過酒罏飲否【二四】？」傅從之。自是，數日一來，或留飲，或與飯【二五】。傅目昏多淚，客教取生熟地黄切焙【二六】，取椒去目

【一八】喻加以聲色　涵芬樓本注，葉本無「以」字，從明鈔本補。
【一九】見所與　涵芬樓本注，明鈔本作「見所遺與」。
【二〇】呂翁　涵芬樓本注，明鈔本作「呂仙翁」。
【二一】以泥裹竹片　涵芬樓本注，葉本無「裹」字，從明鈔本補。
【二二】扃户去梯　涵芬樓本注，明鈔本作「則扃户去梯」。
【二三】正旦　涵芬樓本注，明鈔本多一「日」字。
【二四】飲否　涵芬本注，明鈔本作「飲一杯否」。
【二五】或與飯　涵芬樓本注，明鈔本作「或與之飯」。
【二六】客教取生熟地黄切焙　涵芬樓本注，葉本無「客」字，從明鈔本補。又，「取」字明鈔本作「使」。

及閉口者微炒，三物等分，煉蜜爲丸，每五十丸，空心服【二七】，以鹽米湯飲下之。傳如方治藥，一月【二八】目明，夜能視物。往還半歲，忽別云：「三兩日外，將往襄陽，能與我偕西乎？」叙以累重，不可出。客笑曰：「吾知汝不肯去。」取筆書「利市和合」四字付之，曰：「貼於鋪壁，獲息當百倍。」復拉詣酒肆酌別，袖出紙包，有墨數片，曰：「欲攜去襄陽做人事，暫寄君所，臨行來取之。」酒罷，傳歸，寘墨架上。踰兩月，客不至，試啟視之，乃吕翁像前竹片所作者，探閣内籃中，無有矣。始悟客爲吕翁，深悔不遇。乃貼四字於壁，生意日豐【二九】。享壽八十九，耳聰目明，精力如少年，今尚存【三〇】。

華亭道人

紹興二十八年，華亭客商販蘆席萬領往臨安，巍然滿船。晚出西柵，一道人呼于岸，欲附載。商曰：「船已塞滿【三一】，全無宿卧處，我自露立，豈能容爾【三二】？」道人曰：「與汝千錢，但輟一席地足矣。」商曰：「遇雨柰何【三三】？」道人曰：「更與汝百錢【三四】，買蘆席一領，遇雨自覆【三五】。」商利其錢，使登舟，坐於席上，僅容膝，不見其飲食便溺，在途亦無雨。到北關，乃辭去曰：「謝汝載我，使汝多得二十千以相報。」商殊不曉。適是年郊祀大禮，青城用蘆席甚廣【三六】，臨安府懼乏，凡販此物至者，每領額

【二七】空心服　涵芬樓本注，葉本無「心」字，從明鈔本補。

【二八】一月　涵芬樓本注，明鈔本作「不一月」。

【二九】生意日豐　涵芬樓本注，明鈔本作「自是生計日豐」。

【三〇】今尚存　涵芬樓本注，明鈔本作「聞今尚存云」。

【三一】塞滿　涵芬樓本注，明鈔本作「盈塞」。

【三二】爾　涵芬樓本注，明鈔本作「外人」。

【三三】遇雨柰何　涵芬樓本注，明鈔本作「遇雨將奈何」。

【三四】更與汝百錢　涵芬樓本注，葉本無「汝」字，從明鈔本補。

【三五】遇雨自覆　涵芬樓本注，明鈔本作「遇雨作，則用以自覆」。

【三六】甚廣　涵芬樓本注，明鈔本作「不勝多」。

外【三七】增價錢二文，盡買之，遂贏二萬。搬卸既畢，最下一領，有墨書六大字，曰「呂洞賓曾附舟」，字畫遒勁。好事者爭來觀視，知爲仙翁。明日，商入城，遇衆安橋，逢此道人賣薑于市，揖之曰：「你原來是呂先生，想能化黄金，可多與我！」道人笑曰：「爲我守薑，今還店取金來。」痴守至暮，不復來，乃盡輦薑歸。商庸人也，不復懊恨【三八】，聞者爲之太息【三九】。

仙居牧兒

台州仙居民王三，入市逢乞子，賣泥塑呂先生像【四〇】。買歸供事之，香火甚肅。小兒年十歲許，亦每日敬拜。嘗牧牛山坡，見白衣道人過前，亟從牛背躍下，挽其袍【四一】，呼爲呂先生。道人曰：「汝安得以此見稱？且何爲識我？」兒云：「你便是我家供養的，面目衣裳一般，只是身體【四二】長大不同耳。」道人笑，將一錢寘兒手，戒之曰：「汝要買物喫時，但用此，儘取儘有。惟不得向人説。」兒喜，歸家密白其父，開手示之。纔用一錢畢，又有一錢在手。經月餘，父忽起無厭之心，施竹畚於傍，令兒伸手拂之不已，錢隨而墜下，至三日，所得十餘千。明日，不復有矣。

【三七】每領額外　涵芬樓本注，葉本無「額外」二字，從明鈔本補。

【三八】懊恨　涵芬樓本注，明鈔本作「悔恨」。

【三九】聞者爲之太息　涵芬樓本注，明鈔本作「聞者爲太息而已」。

【四〇】像　涵芬樓本注，明鈔本作「小像者」。

【四一】袍　涵芬樓本注，明鈔本作「裙」。

【四二】身體　涵芬樓本注，明鈔本作「身軀」。

杜家園道人

紹興十六年，王寅祖爲湖北提刑司指使，僦舍于張四官人店。武陵杜昌言家，有小圃雜花正開，以三月六日，邀王、張並外兩三客聚飲。半酣，各摘荼蘼插巾上。俄一道人著青衣道服，披簑背笠，袖中若有物，揖衆曰：「諸君高會，能容我預席乎？」杜延之坐，酌酒巨盃，一飲而盡，大嚼肉胾，不留遺餘。放箸微笑，精神可掬，請借酒爲諸人壽。杜令少待，道人曰：「吾亦有酒在此，便當奉償。」乃付以一觴，聽其滿斟，坐客不敢辭。獨謂王曰：「君氣宇軒昂，有學道之質，但恨世事未除耳。且飲我酒。」即探袖取一錫缾，度可容二升，遍斟客。酒原未嘗煖而熱【四三】，味亦清醇。杜異之，視缾内尚有盞許。道人曰：「能再飲一盃乎？」曰：「正欲之。」杜飲罷，戲言：「此缾有酒幾何【四四】？而斟之未竭，公莫是吕洞賓先生否？」道人曰：「君又不曾見吕翁，云云何也？」復笑曰：「諸君欲見之乎？」遂解背上箬笠，擲起，騰身丈餘，跨一白鶴，躡雲而去，尋錫缾亦亡矣。客主驚嘆如痴，惘然而散。後三十年，王赴辰州守，過武陵，訪杜氏，見昌言之子。云：「父享年至八十五，張四者八十三，與一時同席，皆終身無疾病。」王亦至七十五，蓋享仙醪之所致也。

【四三】熱　涵芬樓本注，明鈔本作「自熱」。

【四四】此缾有酒幾何　涵芬樓本注，「有」明鈔本作「能貯」。

簑衣先生

何簑衣先生，淮陽朐山人。祖執禮，官朝議大夫，家素富盛，爲鼎族。遭亂南來，寓姑蘇。紹興初，其父主簿爲近郭翁通判館客。既亡，何與母及乳媪入城中僦居。一日，自外歸，倏若狂疾，久而益甚，家人知不可療，且畏其生事累人，潛避他邑。何遊行暮返，則室廬已空。亦不問，但求丐度日，衣裾漫漫不整，只以簑笠蔽身。處葑門城隅土窟中，人竊窺之，唯見大蟒踞坐。繼遷于社壇，又爲守兵斥逐，自是無定跡【四五】。人與之錢，或受或擲。半歲後，漸出語【四六】，説災祥。吴人傳其得道，云：「因在妙嚴寺，臨池見影，豁然有悟。」又云：「昨劉拐子作無碍大齋，何捨緣在會，負水供衆，遇二道人，引至黄山授道。」然何未嘗自言，竟不測信否也。歷三四十年，一簑一笠，不披寸縷。夏不驅蚊，春不除蚤，冬寒敲冰滌簑，披之以出，歸則解挂于樹，氣出如蒸露，坐之處，雪不凝積。士俗來焚香請問，略不接納。往往譏罵，且發其隱慝，人以是益敬畏之。辛巳歲，於天慶觀東亭後小軒【四七】，以稻稈藉地【四八】，寢處其中。每日不以炎涼陰晴，必一出市中【四九】，或縱步野外，未嘗登人家門。有慕向者，但【五〇】夢見之，或一二語【五一】。李縣丞母病，來致禱，夢之云：「人謂吾爲茅君，非也。汝不必畫我像，但畫世間吕真人即是已。」李奉所戒，母病遂瘳。葉學文林苦耳聵噎塞，肢節煩痛，奉事累歲，夢之云：「授汝一吹火法。」即以手捻

【四五】無定跡　涵芬樓本注，明鈔本作「迹無定所」。

【四六】出語　涵芬樓本注，明鈔本作「出談」。

【四七】小軒　涵芬樓本注，明鈔本下多「就插小室」四字。

【四八】以稻稈藉地　涵芬樓本注，明鈔本無「以」字。

【四九】必一出市中　涵芬樓本注，明鈔本作「必出廛市間」。

【五〇】但　涵芬樓本注，明鈔本作「時」。

【五一】或一二語　涵芬樓本注，「或」明鈔本作「得」。

其左耳，按于卓【五二】，吹氣入耳，戰慄不自持。明旦，宿恙如洗。王道運幹妻胡氏，病夢何來，手擘面皮，瑩白如玉，面部方正，碧眼丹脣，著白衣，宛類北斗相。胡氏病篤，何遣之藥，才捧盞，見立于前，使改名德真。詢之傍人，莫見也。亟遣王生往謝，已書二字于壁。其後，德真夢何與灼艾，寤而聞帳中艾香，視灸處，墨瘢赤腫，傅以膏藥亦膿潰。未幾，氣血復初。松江蛟龍壞舟，藍叔成往謁，請爲人除害【五三】。既至，未及言，已大書「龍盡入江湖」五字于壁矣。江行自此安帖。都道籙劉能真，自臨安往京口，舟還次無錫，默禱云：「若簑衣先生有靈，當出相見。」洎至許墅，望見何從南來，劉登岸迎揖。何云：「小道不易出。」出山果十枚贈別。及平江，則何在庵，初未嘗出也。壽皇賜名通神先生，爲造一庵，御扁「通神」二字，並賜簑笠十事。道俗强邀迎入庵，大笑而出，復棲於故處，結草爲衣，掩蔽下體，蓬頭跣足，略無受用。時以竹杖擊地，謳唱道情。或夜誦仙經，達旦未已。或自念歌詩，皆勸世脱塵語。尚方賜沉香銀燭，香霧盈室，終日不散。日啜賜茶兩甌，不飲酒，時以便溺煉泥，捻成孩兒，人求得者，持歸供養【五四】，必獲靈異【五五】。有病者，乞坐處草煎湯，或易草衣焚灰，令撚作丸，服之其病即愈。竊取則不驗。有姓左人，以煎湯草療病【五六】，復緘於合【五七】。一日開視，忽【五八】生粉紅花兩朵。己酉歲正月晦，出城外太和宫，於空野間望東南一拜，稱：「皇帝萬歲！」二月二日未曉，遍呼道侶，令亟起燒香，念長生保命護身天尊。次日，主上登寶位，報至。其所作【五九】歌詩，今録可傳者

【五二】按于卓　涵芬樓本注，明鈔本多一「上」字。
【五三】往謁請爲人除害　涵芬樓本注，明鈔本作「往謁之，欲請爲人除害」。
【五四】供養　涵芬樓本注，明鈔本作「供事」。
【五五】靈異　涵芬樓本注，明鈔本作「異感」。
【五六】以煎湯草療病　涵芬樓本注，明鈔本多一「訖」字。
【五七】復緘於合　涵芬樓本注，「復」明鈔本作「或」。
【五八】忽　涵芬樓本注，葉本無「忽」字，從明鈔本補。
【五九】作　涵芬樓本注，明鈔本作「哦」。

於後。其一曰：「不梳頭，不澡浴，免得堂前妻兒哭。或吟詩，或唱曲，富貴榮華無所欲。身貧道不貧，六根常具足。」其二曰：「活得三千歲，仍饒八百年。若交縫合眼，別是一山川。」其三曰：「爲問先生意若何，不論寒夏只披簑。若人會得簑衣意，一路相將入大羅。」其四曰：「白雲山下去，山下强人多。强人雖説話，拍手笑呵呵。」其五曰：「五雲樓閣在煙霞，萬里嵯峨是我家。莫道太平無一事，自然平地有丹砂。」其六曰：「水緑山青好去遊，花紅酒醉幾時休？轉頭不覺無常到，萬古惟存一土丘。」其七曰：「寥寥香散緑沈風，野地清閑到處逢。買得四窗今夜月，這回認取主人翁。」其八曰：「夜來斗轉與星移，日出扶桑又落西。自有金丹光落落，千人萬處有誰知。」其九曰：「此寺何年造，問僧僧不知。下馬聞香草，拂塵看古詩。」其十曰：「滿眼紅雲【六〇】花又新，年年香散玉樓春。時人笑我顛狂漢，我更顛狂笑殺人。」其餘語，句可書者尚多。今年八十餘矣，勇健如昔。孝宗將立謝妃爲后，聖意未決，遣藍内侍詣何，不告所問，止令説一兩句來。藍駐留數日，凡所言悉泛濫無根柢。藍敬禱云：「皇帝使某來，必有所謂。不得一語，何以復命？」何大怒，振衣出，直入天慶觀。藍隨之，至門始回首，曰：「爲天下母。」藍即日歸奏，妃遂正位中宫。郭雲大夫之女，擬嫁王氏之子，訪於何。何曰：「君女非王家婦，乃翁主簿妻耳。」既而王議不諧，求所謂翁主簿不可得。後三歲，於銓試榜，見蘇人翁璘姓名，且聞未有伉儷，與家人語，以爲喜。翁果調溧水主簿，竟成婚。王季德爲府守，屏騎衆

【六〇】紅雲　涵芬樓本注，明鈔本作「紅塵」。

入謁【六一】，左右走報【六二】，意必出迎。但厲聲云：「擡棺材來也！」王進前炷香，略不交一談。後五日，王下世。何先有衣寄于郭氏云：「吾死，則以殮。」慶元三年五月二十二日，忽來索衣，明日趺坐而化。太皇太后先兩夜夢其求衣，亟命侍臣持賜，以二十四日至，遂易之以殮云。

梁野人

梁野人，名戴，長沙人。父兄皆業儒【六三】，戴獨不事業，慕尚逍遥，得鉛汞修煉之術，自稱野人。所居近天慶觀，嘗【六四】盛暑晝寢於三清殿後銅像之側，夢金人長丈餘，提其左手於掌中，以一金錢痛按之，戒曰：「汝欲錢時，但縮左手，袖中振迅，則錢隨所須多寡而足。然勿妄用，勿漏言。若妄用漏言，則不復出矣。設用以養生，周人之急【六五】，取十百則十百應，取千萬則千萬應，無有窮矣！」戴拜受命【六六】，恍然而寤。覺左掌心猶微痛，視皮膚中隱隱有錢文。頂謝訖，試之，果然。自是數年間，雖所親不以告，益放曠歌酒自娱，咸以爲狂。其母責之曰：「吾生平育二子，冀以終身，況兄弱冠登科，汝乃落魄如此【六七】，吾何所望乎【六八】！今雨寒彌旬，薪粒告罄，佃僕皆遠不可唤，汝將柰何！」戴曰：「敢問所需若干？」母曰：「多多益善。」黎明，出津次，引柴米數十擔歸。母訝曰：「狂哉此兒，多得固好，安所爲償？」曰：「母幸無慮！」振其袖，錢出如涌，一一隨直付

【六一】入謁　涵芬樓本注，明鈔本作「潛入謁」。
【六二】左右走報　涵芬樓本注，明鈔本作「左右或走報」。
【六三】父兄皆業儒　涵芬樓本注，明鈔本作「父兄皆以儒傳家」。
【六四】嘗　涵芬樓本注，明鈔本作「嘗以」。
【六五】周人之急　涵芬樓本注，明鈔本作「舍施周人之急」。
【六六】戴拜受命　涵芬樓本注，明鈔本作「戴拜曰：『謹受命。』」。
【六七】汝乃落魄如此　涵芬樓本注，明鈔本作「汝乃落魄爲游手」。
【六八】吾何所望乎　涵芬樓本注，明鈔本無「乎」字。

之，無欠無餘。母大駭異，未暇扣所以。俄白母，欲遊方外，留之不可，遂去，十二年無消息。兄顔守廬州，戴過謁之。投刺於典客曰「梁野人」。兄一見，且悲且喜，曰：「吾弟辭家一紀，意謂流落江湖，久在鬼録。今之相見，實更生也。」友愛如初，飲之酒。酒數行，謂之曰：「吾爲此邦伯，而弟藍縷若此【六九】，得無羞辱乎？」爲具沐浴，令換衣冠【七〇】。正色言曰：「弟山林風致，唯事内觀。兄何索我於形骸之外？」拒不肯受，亦不入室，奮袂而起，曰：「暫出即來。不審用錢否？」兄笑曰：「汝狂態尚爾！」忽不見。使人四出【七一】於市，求之不得。迨晚，乃泊旅邸醉卧。館人夜半聞穿錢聲【七二】，驚起曰：「此道人必偷兒也！何錢聲之多！」穴隙窺之，一無所睹【七三】。旦而伺其出，至午寂然無人。望錢緡堆垛半壁，走告郡。郡遣官監蒞，啟户，見錢上有書貽太守，曰：「弟野人，以煙蘿侶久俟，不奉辭，唯冀珍重。有少錢，煩賙卹貧乏。」仍遺下所著敝衣，異香襲人，殆非世所嘗聞。驗其去蹤，撥屋瓦少偏，乘虛而升，後不知所往。

保和真人

潼川【七四】王藻，不知何時人。爲府獄吏，每日暮歸，必持金錢與妻，多至數十貫。妻頗賢，疑其鬻獄所得【七五】。嘗遣婢往餽食，藻歸，妻迎問曰：「適饌豬蹄甚美，故悉送十三臠，能盡食否？」藻曰：「止得十臠耳。」妻怒曰：「必此婢竊食，或與他人，不可不

【六九】而弟藍縷若此　涵芬樓本注，「若此」明鈔本作「如乞丐」。

【七〇】令換衣冠　涵芬樓本注，明鈔本作「且令換新衣冠」。

【七一】四出　涵芬樓本注，明鈔本作「交馳」。

【七二】穿錢聲　涵芬樓本注，明鈔本作「穿排錢聲」。

【七三】一無所睹　涵芬樓本注，明鈔本作「室暗無睹」。

【七四】潼川　「川」，原作「州」。李按：宋無潼州，當是潼川府之誤。潼川府，徽宗重和元年以梓州升。據改。

【七五】疑其鬻獄所得　涵芬樓本注，「所得」明鈔本作「受賄」。

鞫【七六】！」藻喚一獄卒，縛婢訊掠，不勝痛，引伏，遂杖逐之【七七】。妻始言曰：「君爲推司久，日日持錢歸，我固疑鍛煉成獄。姑以婢事試汝，安有是哉？自今以往，願勿以一錢來。不義之物，死後必招罪咎。」藻矍然大悟，汗出如洗。取筆題詩於壁，曰：「枷栲追求只爲金，轉增冤債幾何深。從今不復顧刀筆，放下歸來遊翠林。」即罄所儲散施，辭役棄衆學道。後飛昇【七八】，賜號保和真人。

赤松觀丹

婺州金華赤松觀，相傳爲九天玄女煉丹之所。云丹始成時，凡三粒，以一祭天，一祭地，皆瘞於隱所，一以自餌，蓋不知幾何世矣。宣和間，某道士獨坐竹軒，見所養善鳴雞，啄龍眼於竹根下，甚大而有光彩【七九】，急起奪得之，香氣襲人，重於鐵石【八〇】，意其所謂神丹也。未敢服，密貯以器，寘三清殿前。願見者，則焚香啟鑰，以示之。既期年矣！後爲遊士攫取，以像前供水吞之。奪不可得，亟呼衆擒之，已飄飄然行池水上，運步如飛。明日，或見其坐水底，水皆涌沸。旬日方去，莫知爲何人，何所之也。道士悵然自悔，猶汲水滌盛丹器飲之，自是面如童顏，唇赤如硃，右手軟如綿，年九十尚强健無恙。雞亦活三十年。南城丞浦江何叔達說。

【七六】鞫　涵芬樓本注，明鈔本作「鞫治」。

【七七】遂杖逐之　涵芬樓本注，明鈔本作「遂逐去之」，下多「將出門」三字。李按：《輿地紀勝》卷一五四《潼川府·仙釋·保和真人》有此三字。

【七八】後飛昇　李按：上引《輿地紀勝》，多「今府西有觀奉事。政和間」十字。

【七九】有光彩　涵芬樓本注，明鈔本多「異焉」二字。

【八〇】重於鐵石　涵芬樓本注，「於」明鈔本作「如」。

新鄉酒務道人

鄧州新鄉縣【八一】，宣和中，嘗有一道人求買酒。監務趙某每見輒喜之，必勑酒吏倍數給與。或唤入坐，命之飲。道人積感其意。趙夙苦羸疾，時證候方危，累日不食【八二】。道人入語之，曰：「君病狀殊不佳，遠不過一年，近則半歲，恐無生理。」趙應曰：「吾固甚苦此，自念無策，唯厭厭待盡而已。先生既言之，當有神術能生我。」曰：「是事非吾所能辦也。感君相愛，非不願效力，知復奈何！」趙懇【八三】再三，乃笑曰：「姑爲君謀之。後數日，試邀一髯道人同至此，君宜多設精果妙香，連沃以酒，以大醉爲期，則吾計得施矣！」遂去。越五日，果與一客來，長六尺餘，丫髻美髯，氣貌偉甚。見酒席，俱有喜色。三人同坐，每一舉盃前，道人必令多酌髯，曰：「爾素善飲，今幸勿惜量。」度至斗許，覺跌宕不可支。道人曰：「爾已醉，少憩可也。」令掃地鋪簟，髯徑就枕，鼻息如雷。道人密引趙卧於傍，令聳背緊相挨，且熟睡。少頃，來坐其前，俯身就髯項，吸其氣滿口，即噓著趙頂上。又吸胸腹及臂股，亦如之。僕僕十餘。及趨而出，髯忽寤，見人在側，若有所失。大怒躍起，呼叫曰：「畜生無狀，敢誤我！」持杖將擊道人。道人迎笑曰：「何用如是？只費得爾一年工夫，而救得一個性命，乃是好事。」髯怒稍息，但極口叱駡，良久，不揖主人而行。趙即時氣宇油油然。明日，即嗜食。甫十旬【八四】，膚革充盈，肌理如玉，略無病

【八一】鄧州新鄉縣　李按：宋鄧州無新鄉縣，而有内鄉縣。新鄉爲衛州屬邑。「鄧州」、「新鄉」，必有一誤。

【八二】累日不食　涵芬樓本注，明鈔本作「累日不能食」。

【八三】懇　涵芬樓本注，明鈔本作「懇請」。

【八四】十旬　涵芬樓本注，明鈔本作「不一旬」。

態。趙彦文子遊與之有舊，常憐其疾。及是，適見之，驚問所以，始盡道本末。二客皆不復再見。丫髻者，疑爲鍾離先生【八五】云。

【八五】鍾離先生　涵芬樓本注，葉本無「先生」二字，從明鈔本補。

夷堅志補卷第十三 十二事

曹三香

元祐末，安豐縣娼女曹三香，得惡疾，拯療不痊，貧甚，爲客邸以自給。嘗有寒士來託宿【一】，欲得第一房。主事僕見其藍縷甚【二】，拒之。三香曰：「貧富何擇焉？」便延入。少頃，士聞呻痛聲，甚苦，問其故，僕以告。士曰：「我能治此症【三】。」三香大喜。士以箸鍼其股【四】，曰：「回心，回心！」三香問：「先生高姓？」亦曰：「回心，回心。」是時，殊未曉。門外有皂莢樹甚大，久枯死，士以藥粒寘樹竅中，以泥封之【五】，俄失士所在。是夕，樹生枝葉，旦而蔚然。三香疾頓愈，始悟回之爲呂，遂棄家尋師。邑人於其地建呂真人祠【六】。紹興十四年，三香忽還鄉，顏貌韶秀，邑老人猶有識之者。武翼大夫于澤爲郡守，召問之，不肯深言。後不知所之【七】。

劉女白鵝

汀州寧化縣攀龍鄉豪家劉安上之女，生不茹葷，性慧，喜文墨。年九歲，即能隨羽人

校勘記

【一】託宿　涵芬樓本注，明鈔本作「寄宿」。

【二】甚　涵芬樓本注，明鈔本無「甚」字。

【三】治此症　涵芬樓本注，明鈔本無「症」字。

【四】士以箸鍼其股　涵芬樓本注，明鈔本删「以箸」二字。

【五】以泥封之　涵芬樓本注，明鈔本作「命僕以泥封之」。

【六】祠　涵芬樓本注，明鈔本作「廟」。

【七】不肯深言後不知所之　涵芬樓本注，明鈔本作「不肯深言去後事，未幾不知所之」。

談道【八】，姿美而艷，其光可鑑，以不嫁自誓。及笄，父母奪其志，許嫁處州石城何氏子。卜吉成婚，辭不獲已，乃勉治奩合，首飾簪珥，悉務素潔。玉顔丹臉，不施朱粉【九】。將行，聚族往送之門，導從越境。忽一白鵝從空而下，女出車乘之，飛昇而去。衆駭愕失措，父母痛哭悲悼，莫知所爲。里以告縣，白于州，州聞之朝。土人置祠於其地，詔賜祠名曰「蓬萊」。地據僻左，士大夫枉道訪求遺迹，題詠甚多。陳元輿侍郎詩云：「蓬萊觀下瑞煙飄，劉女曾從此地超。桃圃昔諧王母約，雲霄自赴玉皇朝。白鵝乘去人何在？青鳥飛來信已遥。若使何郎有仙骨，也應同引鳳凰簫。」其觀介於寧化、石城兩境之間。

台州蛇姑

台州後嶺，忻解元所居，山林深邃，人跡罕及。嘗有樵者，採薪到山巔，見小草庵【一〇】，一道姑坐其中，不知從何來，疑其爲異物也，以告所主。忻即策杖訪焉。佇立良久，俟出定開目，乃前作禮，問：「先生何處人？何年至此？」不答。又曰：「欲蓋小屋與先生蔽風雨，可乎？」亦不答。忻自召匠，剪薙榛莽，就舊舍作屋三間，且築土臺以供宴坐，並薪水之具【一一】皆備。既流傳四遠，好事者瞻敬不絶，遂穴地爲爐，儲宿火，擬爲來者爇香之用。或持錢米布施，則寘土臺前地窟内。庵畔常有一蛇，蟠踞護守。善人至，蛇隱不出。不善人至【一二】，必逐之。偷兒知有物，乘夜來盜【一三】，蛇纏糾至旦，幾死。

【八】隨羽人談道　涵芬樓本注，「隨」明鈔本作「陪」。

【九】朱粉　涵芬樓本注，明鈔本作「鉛華脂澤」。

【一〇】見小草庵　涵芬樓本注，「見草結小舍」。

【一一】薪水之具　涵芬樓本注，「具」明鈔本作「屬」。

【一二】不善人至　涵芬樓本注，葉本無「至」字，從明鈔本補。

【一三】乘夜來盜　涵芬樓本注，葉本無「乘」字，從明鈔本補。

姑爲洒水【一四】布氣，始甦。郡士張得一，年方弱冠，欲棄家學道，齋香拜謁，啟云：「得一妄意修真，未知前程，可以達道否？」欣然應之曰：「汝當逢至訣，宜速離此。吾授汝數語，能寶持受行之，不可勝用矣！」語云：「心湛湛而無動，氣綿綿而徘徊，精涓涓而運轉，神混混而往來。開崑崙於七竅，散元氣於九垓。鑿破玉關，神光方顯。寂然圓廓【一五】，一任去來。」張矍然有悟，歸告家人，捨去遠遊，不復還故里。道姑無姓字，土俗以蛇護之異，因目爲「蛇姑」。後不知所終。每歲八月【一六】，祥光見焉，亦間有仙鶴飛鳴【一七】。遠近甚敬事云。

鄭明之

鄭明之，字晦道，彭城人，脩敏公瑾之仲子。少時有神降於室，白晝接膝，相與如伉儷，笑語不避人。時元符季年，脩敏爲大府卿，懼其爲妖所累，令其兄顧道侍郎切責之，曰：「汝少年不自愛，以淫泆妄想而迷惑天常之性，爲鬼物所誘。豈唯性命是憂，使父母何所望【一八】？且汝所接者何人【一九】？」對曰：「世俗所謂紫姑仙也。但常人唯能箕召之來，而我則真見之。乃娟然一美女子，容儀端秀。衣碧霞之衣，綰堆雲之髻，貫白玉搔頭，光豔照人，殆不可正視。異類中安能有此？」又出李廷珪墨一餅，云：「是所遺。」顧道試使召之，既至戲云：「何故與吾弟綢繆，而某不得見？」即書曰：「顧道是心硬人，不

【一四】洒水　涵芬樓本注，明鈔本作「灌水」。

【一五】圓廓　涵芬樓本注，明鈔本作「圓朗」。

【一六】每歲八月　涵芬樓本注，明鈔本作「惟每歲八月」。

【一七】飛鳴　涵芬樓本注，明鈔本作「飛鳴其上」。

【一八】使父母何所望　涵芬樓本注，明鈔本作「將若父母何」。

【一九】何人　涵芬樓本注，明鈔本作「何人也」。

可入。」時宰相章申公欲去位，試問他日代者爲誰，乃大書「布」字。已而，曾子宣名布，果相。又書曰：「更數日，天有大號令，可仰瞻之。」如期，而星文示變。凡所詢休咎，無不奇驗。問：「大卿何似？」曰：「貴人。」問：「顧道。」曰：「貴而壽考。」明之數叩己所至，輒不答。後二十五年，通判武州，北虜陷燕地，全家皆没於賊。顧道之子如宗説。

新城縣賊

陳昌言爲臨安新城尉。邑境惡少，殺一人，傷一人，逋逃未獲，保伍坐繫者十數。陳禱於縣松溪神，又訴于天，曰：「某【二〇】平生不敢私禱，唯父母之疾，則或刲股，或灼臂，於請禱之私，無所不盡。捨是，雖自身及妻子事，亦未嘗敢瀆神。今兇賊手刃兩人，一傷一死，累其鄉黨族姻，故爲百里齊民請命，願上天鑑之！」未幾，弓手有因捕盜而死者，陳語妻曰：「弓兵死於路，吾其可安寢【二一】？」即束裝出郊外，宿于野外道觀。觀有寓客，能召紫姑仙者。陳往敬問，叩曰：「在法，尉不獲大囚五人，止罰一月俸，無甚罪也。吾所以控請，爲民故耳。」仙書曰：「在秀州海鹽縣澉浦鎮。」陳立遣壯兵行。旬日，又請問，仙曰：「已得原惡矣，但我輩力小，不能與公成事，不免轉告上神。今之獲賊，松溪之力也。近已拘至富陽境中矣。」又書一「梓」字，且云：「公只以舟行，見差神兵監護，俟公至取之。」後數日，人從澉浦還，報曰：「始到鎮日，賊已登海船。方嘆恨次，聞外間【二二】人聲喧噪，言富陽

【二〇】某　涵芬樓本注，明鈔本作「臣」。

【二一】吾其可安寢　涵芬樓本注，明鈔本作「吾其可以安寢官舍耶」。

【二二】外間　涵芬樓本注，明鈔本無「外間」二字。

縣東梓徐大夫揭牓，欲取賊，自緑渚一夜至彼，果得之。」他日，問囚所之，曰：「先在澉浦，知追吏到，亟欲航海，因思父母妻子，乃回東梓關【二三】，入禹王廟，遂迷不能出。但見皂衣守門【二四】甚衆，次日即成擒。」陳既歸，首白邑宰，盡釋諸繫，而械囚上府。

鳳翔開元寺僧

蘇東坡爲鳳翔僉判日，好往開元寺觀壁畫。有二老僧出揖之，曰：「小院在近，能一訪否【二五】？」坡欣然過之。僧曰：「吾平生好藥術，得一奇方，以朱砂化淡金爲精金，當傳人，而無可授者【二六】。知公可傳，故願奉【二七】。」坡曰：「吾好此術，雖得之，恐【二八】不能爲。」僧曰：「此方知而不可爲。公若不爲，正可傳也。」時陳希亮少卿守鳳翔，平生溺於黃白，屢從此僧求之，僧不與。坡曰：「陳公求而師不與，吾不求而得，何也？」僧曰：「正以陳公不能不爲，故不與也。昔吾嘗以授人，有爲之即死者，有失官者，有遭喪者，以是不敢輕與以害人。」即出一書，曰：「此中皆名方，其一則化金者。知公不肯輕作，亦【二九】勿輕以傳，如陳卿尤不可也。」坡許諾。歸視其方，每淡金一兩，隨其分數，如不足一分，輒以丹砂一錢，益雜諸藥，入乾鍋中煅鎔，即傾出，金砂俱不耗，但其色深淺斑斑相雜。當再烹之，須色匀，乃止。坡後與陳語，偶及之，曰：「近已得其方矣。」陳驚扣所自，固請焉。不得已，與之，試之良驗。坡悔曰：「軾非惜方，惜負僧耳！願公勿

【二三】東梓關　涵芬樓本注，明鈔本作無「關」字。

【二四】皂衣守門　涵芬樓本注，明鈔本作多二「者」字。

【二五】能一訪否　涵芬樓本注，明鈔本作「能一行相訪否」。

【二六】而無可授者　涵芬樓本注，明鈔本「而」下多一「患」字。

【二七】故願奉　涵芬樓本注，明鈔本作「故願一見」。

【二八】恐　涵芬樓本注，明鈔本作「將」。

【二九】亦　涵芬樓本注，明鈔本作「但」。

復爲。」陳漫應【三〇】曰：「諾。」未幾，坐受鄰郡酒，罷去，旋捐館。後十五年，坡謫居黄州，見其子慥曰：「先人既失官，居洛無以買宅，遂大作此金，竟病指癱而殁。」乃知僧言不妄云。

蔡司空遇道人

蔡元長以司空作相。一日大雪，自省中歸【三一】。道見丐者，偃卧雪裏，氣出如蒸【三二】，心竊奇之。遣侍吏賜以千錢，笑曰：「無用此，正欲一相見爾。」即召至府中，從容訪問【三三】，遂及黄白之術。曰：「此何足言！」探囊出少藥，塗爐間鐵箸，持入火，須臾成銀。又塗藥其上，俄成黄金。飲酒至斗，索去，留之不可。顧謂蔡曰：「無多貪【三四】，享取十五年太師了去。」靖康初，胡騎犯闕退，蔡自雍州還都，欲陳禦戎策，爲諫官御史所攻，謫官分司。隨行十餘舟，泊於瞻雲館下，悉爲排岸司録奪，長物充牣，莫能主持。女妓尚百人，已各有父母輩伺於側，相呼徑去。頃刻【三五】各鳥飛獸散，蔡不能止。慕容夫人在城内，遣招之，以帝姬牽戀爲解。左右惟六七老婢而已。京尹聶山促其行甚峻，從隸僮奴，十去八九，亦無車輿，僅顧一舊竹轎，載往城西。適膝繫中絶，仆於地，主僕相視慟哭，真釋氏所謂五衰相現者。使此老【三六】早入鬼録一年，無此苦辱矣！蓋天實誅之。開封使臣申彦臣，時護其貶，能言所見，爲之惻然。

【三〇】漫應　涵芬樓本注，明鈔本作「强應」。
【三一】自省中歸　涵芬樓本注，明鈔本多「私第」二字。
【三二】蒸　涵芬樓本注，明鈔本作「炊」。
【三三】訪問　涵芬樓本注，明鈔本作「訪道」。
【三四】無多貪　涵芬樓本注，「貪」明鈔本作「談」。
【三五】頃刻　涵芬樓本注，明鈔本多一「間」字。
【三六】此老　涵芬樓本注，葉本無「老」字，從明鈔本補。

復州王道人

淳熙五六年間，有王道人者，來復州，僦店賣卜。荒郡少售，每日所得不及百錢。纔十日半月，輒持麩金半錢或一錢，鬻於肆，專【三七】以供酒炙之費。留止半年，鋪匠訝而扣之。對曰：「頃歲卜於西蜀中，定一貴人前程，以此相酬，今用之垂盡矣。」疑弗信，陰約儕輩，密覘其所爲。郡城南有河，浮橋過之，又少西而南，即往江陵大路。王生一日度橋，直西行十四五里，平常人跡罕至處，穿蘆林，坐岸滸。探懷取絳囊，可三指闊，類醫家貯屠蘇者，縛釣輪上，擲水中，若垂釣然。少焉舉綸，則碎金屑已粘著囊外，遠望如星，旋以鵝翎掃置幅紙上。如是十餘返，乃歸。羣匠匿身叢薄，相視驚訝【三八】。躡踵詣旅店，復問，王對如初，始以向所見告。於是微笑，曰：「吾非挾此技，此蓋吸金藥也。大抵水非得金不能渟滀，故有水處必有金在，於五行子母生旺之理，誠不可誣。但患無術挹取之耳。世之燒煉藥金者，必仗水銀，先結砂子，爐火伏養，積月累歲，然後能成。既真方難值，又坐摩日月【三九】。其摻製之法，以鐵銚或磁盞盛水銀，頓微火上，投刀圭藥末，頃刻即成，固爲神妙，然非伏火硫黄朱砂之屬與神仙大丹，亦不能辨。如我孑孑一身，孤雲野鶴，窮無置錐，安得輕議如許事？唯此段簡而要，所獲雖不多，不啻足矣！然昔年際遇道侶，只以見成藥相付，不曾傳方，今篋中所餘，猶數兩，明日清旦，當分遺諸君。但如我法試之，

【三七】專　涵芬樓本注，明鈔本作「得」。

【三八】驚訝　涵芬樓本注，明鈔本作「驚羨」。

【三九】又坐摩日月　涵芬樓本按：「摩」似「糜」之誤。

仍勿爲婦人雞犬所敗，則愈久愈佳也。」羣匠大喜，買酒共醉。拂明到門，闃其無人。店主曰：「道人五更起，算還僦直【四〇】，策杖去矣。」

燕道人

燕道人者，靜海縣人。幼入州城，被酒宿望仙橋下，怳若有遇。自是率意狂言，浪遊江淮【四一】，麻衣椎髻，不事脩飾。後歸故鄉，有好事者，與之寸帛尺布，必聯綴之衣上【四二】，重疊鬅鬙，雖盛暑不易。一日，忽鮮潔若新浣濯然。市人怪而問之，答曰：「我前月去池州洗衣來也。」皆不之信。已而有客自彼至，見而驚曰：「此道人比在池州，自濯衣，何以得遽來？」由是頗知其異。狼山之軍山，下臨曠野，彌望皆荻葦，蛇虎怪魅，略無人迹，獨燕往結庵【四三】。久而還城南旅店，靜默不語。或與之錢，苟喜其人，雖少必受。所不喜，多亦不視。得錢，但買紙百番，箕坐地上，以次焚之。餘則貫以繩，常常持行。偶不攜以出，二少年戲就其室，將欲取之，未及啟户，望燕凝然坐於床，大愧而返。居累歲，再如豫章，告同行者曰：「某日吾當去矣。」果不疾而逝。州人共爲焚其柩，舁者覺漸輕，發之，惟存二草履，乃悟其尸解也。

【四〇】算還僦直　涵芬樓本注，葉本無「還」字，從明鈔本補。

【四一】浪遊江淮　涵芬樓本注，明鈔本作「浪跡江淮間，多好游池陽」。

【四二】必聯綴之衣上　涵芬樓本注，明鈔本作「悉聯綴衣上」。

【四三】結庵　涵芬樓本注，明鈔本多一「廬」字。

皇城役卒

元豐中，大璫宋用臣監修皇城。有役卒犯令，戮之。俄於其所用斿竿柄書四十字【四四】，云：「百年前無我，百年後無我。生我百年間【四五】，百年不可過。風寒暑濕殃，饑飽勞逸禍。我今金解去，人人始知我。」其字皆入木，削之愈明【四六】。用臣悼悔無及，乃厚葬之。

高安趙生

高安丐者趙生，敝衣蓬鬢，未嘗沐浴。好飲酒，醉輒毆駡市人，斥其過惡。人皆謂之狂，不敢輒近。然其與人遇，雖未相識，皆能道其宿疾，及平生善否，故或指爲有道。元豐三年，蘇文定公謫官於筠時，見之於途，畏其狂，不敢與語。是歲歲暮，忽來見蘇。蘇曰：「生未嘗求人，而見我，何也？」生曰：「吾意欲見爾。吾知君好道而不得其要，陽不降，陰不升，故肉多而浮，面赤而瘡。吾將教君用碗水灌溉百骸，經旬諸疾可去。經歲不怠，雖度世可也。」蘇用其説，信然，而怠不能久。又嘗約會宿，既而不至。問其故，曰：「將與君出遊，度君不能無驚，驚則傷神，故不果來【四七】。」蘇曰：「所遊何處？」曰：「吾嘗至泰山下，所見與世説地獄同。君若見之，歸當不願仕矣。」蘇問：「何故？」曰：「彼多

【四四】書四十字　涵芬樓本注，明鈔本「書」上多「見細」二字。

【四五】生我百年間　涵芬樓本注，明鈔本作「我生百年間」。

【四六】削之愈明　涵芬樓本注，「削」明鈔本作「湔」。

【四七】故不果來　涵芬樓本注，「果」明鈔本作「敢」。

僧與官吏。僧踰分，吏壞物，故耳。」蘇曰：「生能到彼，彼亦相敬乎？」曰：「不然。吾則見彼，彼不見我也。譬如鬼入人家，鬼能見人，人不見鬼爾。」因自嘆曰：「此亦邪術，非正法也。君能自養，使氣與性俱全，則出入之際，不學而能，然後爲正。」蘇曰：「養氣如生説可矣，養性柰何？」生不答。他日遽問曰：「君亦嘗夢乎？」曰：「然。」「嘗夢先公乎？」曰：「然。」「方其夢時，亦知存没憂樂乎【四八】？」曰：「是不可知【四九】也。」生笑曰：「嘗問我養性，今有夢覺之異，則性不全矣。」蘇矍然，異其言。生自言生於周甲寅，今百二十七歲。家本代州，名吉，少事五臺僧，不終，棄之遊四方。與揚州蔣生俱學，爲蔣所忌，毒以藥，其目遂視不明【五〇】。然時能脱翳，見瞳子碧色。自臍以上，骨如龜殻。自心以下，骨如鋒刀。兩骨植其間，不合如指。久之，從蘇求書，往黄州謁東坡，遂留之不去【五一】。坡北歸，從行。至興國軍，知軍楊元素遂留之【五二】。生喜禽畜，常以一物自隨，與同寢食。至是畜一駿騾，爲所踶而死。楊具棺，葬諸野。元祐元年，二蘇公皆召還京師，蜀僧法震來見，言：「震至雲安酒家，逢一丐者，曰：『吾姓趙，頃在黄州，識蘇學士，爲我寄聲。』」聞其狀良是。時興國守朱彦博之子在坐，歸告其父，亟發瘞，視之唯壹杖及兩脛骨在，蓋尸解云。見蘇文定《龍川略志》。

【四八】亦知存没憂樂乎　涵芬樓本注，明鈔本作「亦有存没憂樂之知乎」。

【四九】知　涵芬樓本注，明鈔本作「常」。

【五〇】其目遂視不明　涵芬樓本注，明鈔本作「目遂翳，視物不能明」。

【五一】遂留之不去　涵芬樓本注，明鈔本無「之」字。

【五二】遂留之　芬樓本注，明鈔本作「邀留之」。

韓小五郎

韓小五郎，撫州市人也。淳熙十五年正月某日午間，偃息於榻，至晚而亡。明年二月，有客從岳州來，附其書至家，妻捧玩怖泣。書中云：「聞家中失一銀瓶，不必冤【五三】他人，正在我處。至秋深，我自歸看妻子。」妻久以失瓶爲念，乃啟瘞發棺，將火化，果得瓶，而中空無尸。及九月，忽還家，云：「元不曾死。」即日起居如常。紹熙元年正月，又謀出外，妻勸使且寧居。至夜半，潛起，於廳前自縊，復殮葬之。六月，又在荆南寄信，但言我今番帶去松文劍一口。其家以近怪，慮是妖妄附托，決計火其尸。迨啟棺，惟有劍存。

【五三】冤　涵芬樓本注，明鈔本多一「滯」字。

夷堅志補卷第十四十三事

解洵娶婦

解潛與其弟洵，素相友愛。靖康、建炎之際，潛積軍功帥荆南，洵獨陷北境。其妻歸母家，又爲潰兵所掠。數年後，洵間關得歸，見潛，相持悲慟。潛置酒勞苦而語之曰：「吾弟雖不幸流落，而兄蒙國恩，握兵權，每與虜及羣盜戰，奏功於朝，必爲弟竄名籍中，已至正使，告命皆在此。」即出畀之。洵再拜謝過望。因言頃自汴都過河朔，孤單羈困，或見憐，爲娶婦，奩裝豐厚，不暇深詳其出處。正無以爲活，殊用自慰。偶以重陽日把盞，起故妻之思，不覺墜淚。婦惻然曰：「君豈非欲歸本朝乎？兹事易辦也。」經旬日，來告，曰：「川陸之計已具，惟命是從，我亦俱行。倘君夫人固存，自當改嫁，而分囊橐之半【一】。萬一捐館，當爲偕老。」遂登途。水宿山行，防閑營護，皆此婦力也。今在舟中，未敢輒參謁。潛嗟異，遽命車招迎。見其眉宇秀整，言詞明慧，益加敬重【二】。時荆楚爲盜區，潛屯枝江縣，以天氣尚暑，別創一廬，令洵居止，且贈以四妾。洵始慮婦不容，欲辭之。婦曰【三】：「此正所需，得之誠大幸。當撫視如兒女，君何辭？」然洵武夫，壯年獲【四】媵妾，浸與婦少疎【五】，

校勘記

【一】而分囊橐之半　涵芬樓本注，明鈔本多「相與」二字。

【二】敬重　涵芬樓本注，明鈔本作「敬愛」。

【三】婦曰　涵芬樓本注，明鈔本作「婦甚喜曰」。

【四】獲　涵芬樓本注，明鈔本作「驟獲」。

【五】少疎　涵芬樓本注，明鈔本作「少恩」。

怏怏形於詞色，一夕，因酒間，責洵曰：「汝不記昔年乞食趙魏時事乎？ 非我之力，已爲餓莩矣！ 一旦得志，便爾忘恩【六】。大丈夫如此，獨不愧於心邪？」洵方被酒，忽發怒，連奮拳，毆其腦。婦嘻不動，又唾罵之，至詆爲死老魅。婦翩然起，燈燭陡暗，冷氣襲人【七】有聲，四妾怖而仆。少焉，燈復明，洵已横尸地上，喪其首，婦人並囊橐【八】皆不見。從卒走報潛，潛率【九】壯勇三千【一〇】人出追捕，無所獲。 此蓋古劍俠事，甚與董國度相類云。

郭倫觀燈

京師人郭倫，元夕攜家觀燈。歸差晚，過委巷，值惡少年十輩，行歌而前，聯袂喧笑，睢盱窺伺，將遮侮之。倫度力不能勝，窘甚。忽有青衣角巾道人來責衆曰：「彼家眷夜歸，若輩那得無禮【一一】？」衆怒曰：「我輩作戲，何預爾狂道事？」哄起攻之。婦女得乘間引去，倫獨留。道人勃然曰：「果欲肆狂暴邪？ 吾今治汝矣！」揮臂縱擊，如搏嬰兒，頃之皆顛仆，哀叫相率而遁。道人徐徐行，倫追步拜謝，曰：「與先生素昧平生，忽蒙救護，脱妻子於危難，先生異人乎？ 不勝感戴之！ 私念有以報德，敢問何所欲？」曰：「吾本無心，偶見不平事，義不容已。吾與世了無所欲，豈望報哉？ 能爲一醉足矣！」倫喜，邀至家，買酒痛飲【一二】。辭去，倫曰：「先生何之？」曰：「吾乃劍俠，非世人也。」擲

【六】忘恩　涵芬樓本注，明鈔本多「背德」二字。

【七】冷氣襲人　涵芬樓本注，「襲」明鈔本作「拂」。

【八】囊橐　涵芬樓本注，明鈔本多「中物」二字。

【九】率　涵芬樓本注，明鈔本作「令」。

【一〇】三千　涵芬樓本按：「千」字疑爲「十」字之誤。

【一一】若輩那得無禮　涵芬樓本注，明鈔本作「汝輩那得爾」。

【一二】買酒痛飲　涵芬樓本注，明鈔本多「幾百杯」三字。

盃長揖，出門數步，耳中鏗然有聲，一劍躍出。墜地【一三】，躡之騰空而去【一四】。

眉州異僧

紹興間，眉州一異僧，不知其名。狀貌古怪，長七尺，好以汙穢自晦。衣黄袈裟，執錫持鉢，蓬頭跣足，行於市，誦彌勒佛三字。行住坐卧，不絶口。每出，羣兒擁隨之。郡人王稱，年十三，獨識爲非常人。見而問之，曰：「鄉里何處？」曰：「金州人。不滌面，不濯足，今六年矣。」又曰：「師常誦彌勒佛【一五】，登廁亦誦否？」曰：「我雖不誦，心則然也。」眉有楊畫師【一六】，工畫普賢像，鄉人目爲楊普賢。僧館於其家。楊嘗往成都，僧一日行化，暮歸，持紅紙兩幅，呼楊家人，令具湯濯足，以紙爲蓮花狀，寘兩足下。羣兒譟觀。須臾，僧躍然伸兩指，呼曰：「彌勒下生。」遂兀坐而逝。明日，官驗其屍，頭顱若爲鼠穴者。穴中舍利溢出，觀者異焉。攝郡楊次皐，命闔城僧具威儀引入，荼毗於西郊之外。灰燼之餘，齒牙紺碧，目睛燁然不變，所謂舍利，愈取愈無窮。楊普賢還自成都，見之於新津道上，問何所往？曰：「久叨君家，今化緣已就，且歸矣。」既還，方知其已逝，疑爲彌勒化身云。眉山王稱季舉所傳。

【一三】墜地　涵芬樓本注，明鈔本作「叱之墜地」。

【一四】躡之騰空而去　涵芬樓本注，明鈔本作「足躡而起，掩冉騰空而去」。

【一五】師常誦彌勒佛　涵芬樓本注，明鈔本多「不少置」三字。

【一六】眉有楊畫師　涵芬樓本注，明鈔本多一「者」字。

梅州異僧

宋貺益謙，當塗人。少居村野，門外有湍溪，嘗散步溪畔，遇野僧相語【一七】，不通名字。問其所來，曰：「結庵梅州有年矣。」俄舉目注視，曰：「君他日遭逢貴人，極力成就，富貴功名可談笑拾取。雖中年受災厄，終不爲禍【一八】。」因留坐款語，移時告别，曰：「到梅州【一九】，幸相訪，老僧亦當陰助也。」紹興甲子以後，宋爲秦丞相委用，爲金部右司郎官，提舉贍軍諸庫。一歲得賞不勝多，遂與秦運轉表勳庫酒，每納課息，必以精金。七八年間，至户部侍郎，兼吏部尚書、樞密都承旨、知臨安府，累階正奉大夫。旋坐小失意【二〇】，謫居新安。甫再歲起家鎮江、金陵。秦亡，言者論擊，貶團練副使，安置梅州。追憶僧言，至即訪之。彼人云：「未嘗有。」或曰：「此邦崇事定光佛，庵【二一】在城外，有籤告人，極靈感。」欣然往謁，再拜【二二】仰瞻貌像，乃一化僧真身，與昔溪上所覩【二三】無少異。自是，日往焚香致敬。既而因母老故，恩許自便。作木像僧真，輿以歸。到新安，於宅傍建庵名曰「慈報」，晝設蓮座，夜置禪床，寒暑更衣，嚴奉絶謹。每吉兇憂疑，隨禱輒應，竟盡復故官職。終敷文閣【二四】直學士，壽逾八十，贈開府儀同三司。

【一七】相語　涵芬樓本注，明鈔本作「相與語」。
【一八】終不爲禍　涵芬樓本注，明鈔本作「然終不爲禍」。
【一九】到梅州　涵芬樓本注，明鈔本多「觀經，秉炬以須，如期果」九字，疑尚有脱誤。
【二〇】旋坐小失意　李按：此句欠通，疑有衍文，應作「旋坐小失」，或「旋小失意」。
【二一】庵　涵芬樓本注，明鈔本作「庵舍」。
【二二】再拜　涵芬樓本注，明鈔本多一「起」字。
【二三】所覩　涵芬樓本注，明鈔本多一「者」字。
【二四】敷文閣　涵芬樓本注，葉本無「閣」字，從明鈔本補。

龍虎康禪師

信州貴溪龍虎山福地，有僧康師，築菴其下，年八十九【二五】矣。尋常遊歷村落【二六】，唯杖策獨往。嘗赴齋供於縣市，相去八十里，乃倩二僕肩輿以行。既至，從主人求一密室，閉僕其內，扃户加鑰，戒勿得與食。齋主念僕遠來倦乏，豈應使之忍饑，殊不曉其意。俄聞哮吼騰擲之聲，走視之，皆虎也。驚悸毛竦，爭來言，僧但微笑不答。迨罷坐，自啟鑰，唤出，依然爲人，復執轎僕之役而去。蓋始者以法攝制山中猛虎耳。僧至紹興末年示化，滿百二十歲云。然則伏虎禪師，未足異也。

寶峰張屠

豫章靖安縣寶峰山下，屠者張生，素無賴而貧。每入寺，長老景祥必善視之，親飼以食，或令左右烹茶，待之若上官【二七】。侍僧怪笑，白曰：「此亡賴小人，常以盜狗爲生，何待之過？」祥曰：「非爾曹所解。此人異日必富貴，乃山門大檀越，藉其外護，故我先施恩結之。」僧問故，祥曰：「張生蓋真餓鬼形。他日打破世界，卻是餓鬼出來做事。張定不作碌碌人也。」及建炎末，金虜寇江西，張率里人捍禦，獲七俘，盡得其所掠金寶，因致富。府奏爲上功，得官。後家累鉅萬，豪於一鄉。享年八十。果盡力於寶峰，衆始服祥師

【二五】年八十九　涵芬樓本注，明鈔本作「年八九十」。
【二六】村落　涵芬樓本注，明鈔本作「村樊」。
【二七】烹茶待之若上官　涵芬樓本注，明鈔本作「烹茶而進，待之若上客然」。

之先見。祥南城人，姓傅氏，道行高潔，爲叢林名宿云。

村先生李晟

鄱陽千秋鄉壽山里人李晟，讀書不多，年過五十，猶爲人訓蒙。兩目浸昏，夜不能視一物。嘗晝坐學堂，有僧手持文書，謂曰：「君之厄，不止於目，命數亦不永，大期將近。教君誦此經【二八】，不惟眼明，更可延壽三紀。凡事如意，至不費力【二九】。」晟拱謝。於是展卷示之，乃《金光明經》也。誨之讀【三〇】一再，然後去。晟至誠襲藏，每清旦誦一卷【三一】。久之，目光如初。書館臨溪【三二】，其長子能入水捕小鮮以給膳。偶抄細沙一箕出，覺光彩閃爍，謾汲水淘汏之，得生金屑，可直五百錢，以爲適然耳。自是，日日得之，他人聞而爭效，絶無分毫之獲。晟子累獲利，每四五月尤多，其積遂豐，遂築室買田，貲力漸比中户。四子服儒衣冠。慶元三年，壽八十九矣，强健如壯夫，逮【三三】距神僧三紀之兆已及，尚可支持也。

主夜神呪

予爲禮部郎，日齋宿祠宫，與宋才成、裴侍郎夜語及神異事。宋云：「吾舊苦畏。夢人授一偈，纔數字，覺而憶之，每獨處臨卧，輒誦百過，覺心志自然【三四】，不復恐。」予曰：

【二八】教君誦此經　涵芬樓本注，明鈔本作「我教君誦此經」。

【二九】至不費力　涵芬樓本注，明鈔本作「至老不費力」。

【三〇】讀　涵芬樓本注，明鈔本作「句讀」。

【三一】誦一卷　涵芬樓本注，明鈔本作「必誦一卷」。

【三二】書館臨溪　涵芬樓本注，明鈔本作「書館前臨溪」。

【三三】强健如壯夫逮　涵芬樓本注，明鈔本作「强健聰明，少壯或不逮」。

【三四】自然　涵芬樓本注，明鈔本作「自壯」。

「非所謂婆珊婆演底乎？」宋驚曰：「未嘗言，君何以知之？」予言：「不唯知其名，且能究所出【三五】。」宋請予道本末。予曰：「始讀段成式《酉陽雜俎》，載主夜神呪，曰婆珊婆演底。持之夜行及寐，可卻恐怖惡夢，而莫曉其故。後讀《華嚴經》，乃得其説。」宋即求經於近寺，檢視經之言曰：「善才童子，參善知識，至閻浮提摩竭提國迦毗羅城，見主夜神，名曰婆珊婆演底。神言：『我得菩薩。破一切衆生痴暗法，光明解脱。我於夜暗人静，鬼神盜賊，諸惡衆生，所遊行時，密雲重霧，惡風暴雨，日月星辰，並皆昏蔽，不見色時，見諸衆生若入於海，若行於陸，山林曠野，諸險難處，或遭盜賊，或乏資糧，迷惑方隅，或忘道路，慞惶憂怖，不能自出，我時即以種種方便而救濟之。爲海難者求作船師魚王馬王龜王象王阿修羅王，及以海神爲彼衆生止大風雨，息大波浪，引其道路，示其洲岸，令免怖畏，悉得安穩。一切衆生，於夜暗中，遭恐怖者，現作日月及諸星辰，晨霞夕電，種種光明。或作屋宅，或爲人衆，令其得脱恐怖之厄。爲行曠野稠林、險道藤蘿所罥，雲霧所暗，而恐怖者，令得出離云云。』其神力如此，蓋不止夜眠一事也。」予每見人多疑懼怯魘，於是勸使誦持，多有驗。

【三五】且能究所出　涵芬樓本注，明鈔本作「且能究其所出」。

觀音洗眼呪

台州僧處瑫，中年病目，常持誦大悲呪。夢觀音傳授法偈，令每旦呪水七遍，或四十九遍，用以洗眼。凡積年障翳，近患赤腫，無不痊愈。處瑫跪受而痦，悉能記憶。如説誦持，不踰時平愈，壽至八十八。其偈曰：「救苦觀世音，施我大安樂，賜我大方便。滅我愚痴暗，除卻諸障礙。無明諸罪惡，出我眼識中，使我視物光。我今説是偈，洗懺眼識罪，普放淨光明，願覩微妙相。」

辟兵呪

姑蘇盧彦仁，龍圖閣直學士秉之孫也。宣和中，居鄉，夢與外兄【三六】張元英遊行後圃。方冬摇落，而花卉秀茂，風景不類常日。道左一臺極峻，有男子在傍，持幅紙大書佛呪語，九字爲三行，曰「唵阿遊阿嗟利野婆訶」，以授彦仁，曰：「能持此呪，可免兵難。」是時，天下大寧，殊不以介意。男子作色曰：「此事甚迫，獨不懼邪？」彦仁異之，即跪受，連誦十數遍。既覺，筆蹤歷歷在目。自爾日誦百二十遍。後數歲，中原大亂，胡馬飲江，姑蘇禍最酷。盧氏親黨鄰里，死亡略盡。獨彦仁一家，周旋踰年，雖僮僕婢媪【三七】，無一傷者。紹興二十九年吕丞相孫大年來臨安，與之同邸，日聞其誦呪，問之，具言其事。

范礪無佛論

通直郎范礪，建陽人，寓居樂平。與其友魏康侯著《無佛論》，以排釋氏。已而魏得

【三六】外兄　涵芬樓本注，「外」字，從明鈔本補。

【三七】婢媪　涵芬樓本注，明鈔本作「姨媪」。

惡疾，范始悔懼，然終病瘖而死。建炎三年閏八月，縣人吴翁在村墅，厥子在家，皆夢范以客禮來謁，入於子婦蕭氏房。子覺，聞鐘聲，詢之則范殂矣，蕭遂有孕。明年將產，吴翁父子又同夢如初。蕭自夢紫蛇蟠腹上，未曉生男子。纔數日，發癎，召巫禳治。巫見兒耳旁有疣，曰：「此兒可類范通直也。」及三歲，通身皆瘡。初則其身如粉傅，漸癢不可柰，爬搔至流血不止。一日再易衣，無日不然。吴念其夢之異，知其謗佛獲罪，雖他生亦爾。爲召高僧懺謝，竟不得免，病三年而死。范無子，一女名德靜，頗知書，能詩文，嫁爲邑中程氏婦。邑士吴梓識范，説其事尤詳。

蜀士白傘蓋

范東叔説，蜀士有登科者，因赴調，投宿失道，至暮不遇店。一僕一馬，棲遲怖恐。忽野望次，燈燭甚盛，羅列几案，五六客據案，酒肉狼籍。士往前揖，皆相顧有喜色，曰：「我曹相會，正恨冷落，得官人貺臨，可謂大幸！」遂邀駐鞍同飲。仍請居東向，士辭不敢，往復良久，竟處主席，且使著公服拜神。酌數盃後，一髯者起曰：「敢問尊官所能？」士曰：「本書生，幸科第【三八】，只解作詩賦，他無所長。」固問之，曰：「實然。」與諸公昧平生，遽蒙延款，苟有薄伎，尚敢靳之？」髯者發怒【三九】，語詆突，意若不善狀。士陽爲便溺【四〇】，跨上馬疾馳而去，彼亦不追。行三四十里，漸五更【四一】，見孤寺，叩門。僧出，

【三八】幸科第　涵芬樓本注，明鈔本作「竊科第」。
【三九】發怒　涵芬樓本注，二字明鈔本乙轉。
【四〇】便溺　涵芬樓本注，明鈔本作「便旋」。
【四一】漸五更　涵芬樓本注，「漸」明鈔本作「且」。

問故，即推之出，曰：「切勿相累，事既至此，無可柰何！」士垂淚乞救。僧云：「君於釋道二典中有所習否？」曰：「粗記白傘蓋真言。」僧曰：「足矣！但堅坐金剛背後，僕馬莫相遠，若見異境，但誦此文。」士如其戒。俄頃，刀劍鏗然，飛集無數，士閉目默誦真言。又聞兵器戞擊，甲騎縱橫，而皆不能相近。迨天明愈劇，逼暮方止。士饑渴憂畏，忽見僧來，招入寺，謂曰：「此輩皆習南法，害人極多。每歲必擇日具禮祭神，而餕其胙，然後較藝。或得新法，即彼此傳授。渠見君至，以爲同業，故相待如此。既不如所欲，致謀加害。昨夕吾所以不敢留君者，畏其遷怒也。今不得有所施，彼諸人行且自促釁咎，他日當知之。」留至次日，登途。沿路兵甲矛劍以千萬計，悉剪紙所爲者。白傘蓋呪，三千一百三十字，在諸呪中最爲難讀。頗與《孔雀明王經》相似，僧徒亦罕誦習，故妖魔外道敬畏之。白傘蓋真言，云即楞嚴呪。

莆田處子

紹興二十九年，建州政和縣人，往莆田買一處子。初云以爲妾，既得，爲湯沐，塗膏澤，鮮衣艷裝，置諸別室，不敢犯。在途旬日，飲食供承，反若事主【四二】。所攜唯一籠，扃鑰甚固。每日暮，必焚香啟鑰，拜跪惟謹。女頗慧黠，竊異之。意其有詭謀，禍且不測，遂絕不茹葷，冥心誦大悲呪不少輟。既至縣，其人不歸家，但別僦空屋納女，並囊篋于室中。

【四二】反若事主　涵芬樓本注，明鈔本作「有若事主人翁者」。

過數日，用黄昏時【四三】，至籠前，陳設酒果，禱祀畢，明燈鎖户而去。女危坐床上，誦咒愈力。甫夜半，籠中礫礫有聲，劃然自開，女知死在漏刻，恐慄萬狀，無可柰何。但默祈神力，願冤家解免，諸佛護持而已。良久，一大蟒自内出，蜿延遲回，望【四四】若有所畏，既而不見。女度已脱，始下床，視籠中所貯，獨紙錢在。天未明，破壁走告鄰里。鄰里素知其所爲，相與伺其人至，執以赴縣。時長溪劉少慶季裴爲令，窮治其姦，蓋傳嶺南妖法，採生祭鬼者【四五】，前已殺數人矣。獄成，坐死，而遣女還鄉【四六】。後三年，劉入都，至玉山，與宜黄人李郭同途，言此事。予恨不及質諸劉也。

【四三】用黄昏時　涵芬樓本注，「用」明鈔本作「忽」。

【四四】望　涵芬樓本注，明鈔本下有「女，不敢進」四字。

【四五】採生祭鬼者　涵芬樓本注，明鈔本作「採生以祭鬼者」。

【四六】還鄉　涵芬樓本注，明鈔本作「還其鄉」。

夷堅志補卷第十五 九事

百花大王

韓子師彥古鎮平江，夜間聞鼓笛喧訇，問其故，老兵言：「百花大王生日，府民循年例獻壽。」韓意非祀典之神，僭處【一】郡治，議毀之。雖萌此念，而未下令也。兵馬都監某人，夕夢重客，衣金紫，僕馬入謁【二】。都監曰：「某冗職小吏，不敢與貴人接，尊官何故辱臨？」客曰：「吾非世人，乃所謂百花大王也。久獲血食於府園，非有朝廷爵秩。然自來亦能隨力，量爲人致福捍患，未嘗敢作過。今府主將毀吾居，使血屬老幼暴露無依，實爲深害，願急賜一言勸止。」都監曰：「何不自告？」曰：「吾難輕冒也。」遂寤，疑慮不寐。明日欲言，又恐憚韓之威，不敢啟齒。乃取珓杯禱之，擲得吉兆。乃趨府稟曰：「尚書欲拆百花廟乎？」韓驚曰：「何以知之？」具以告。韓異之，曰：「吾夜起念，未嘗言，而響應如此！」遂寢其議【三】。至夜，都監夢神來謝，又語之，曰：「大王莫須謝尚書否？」曰：「吾今可見矣。渠乃上界天狗星之精，下土小神所當敬畏。前者事未定，故不敢。」明日，都監又白韓曰：「百花大王【四】來謝否？」具以所言告，而隱天狗之說，改稱星宿。

校勘記

【一】僭處　涵芬樓本注，明鈔本作「妄處」。

【二】衣金紫僕馬入謁　涵芬樓本注，前五字，明鈔本作「著紫腰金騎馬」。

【三】遂寢其議　涵芬樓本注，自「吾難輕冒」至此，明鈔本作「『我近他面前不得。』俄而醒寤。疑其茫昧，未足憑，且憚韓之威，難以輕發。命取杯珓於室中，禱而決之，所擲吉。明日，趨詣府稟曰：『尚書欲拆百花廟乎？』韓驚曰：『夜來蓋有此念，初不形言，君何由知之？』具以夢告。韓嘆其英響，遂寢昨議」。

【四】百花大王　涵芬樓本注，葉本無「大王」二字，從明鈔本補。

韓曰：「吾夢治事際，有客呈刺，云：『百花大王立於庭下。』衣冠甚偉，即揖之升廳，不記有何酬答而覺。」兩人相顧嗟異。自是，稍爲整葺祠宇，以時祀之。韓爲人嚴毅有風，所至令行禁止，故神物亦敬之云。

鎮江都務土地

鎮江三酒庫，陳季靈知府日，合於贍軍，每月官課二萬二千緡。數歲後，其入不登。淳熙三年，黄仲秉爲守，别出錢萬緡，付節度推官王正邦，使之更張。於是，舊都務料理，以土地祠先在務後柏徑中【五】，屋久崩圮，乃建一堂於大門側。廡間一室，内有泥像十數，摧折仆地，蓋故時所奉事者。命塑工整治，就置於新堂。且一歲【六】矣。嘗詣務監王佐者，容色倉惶，趨白云：「醅庫近釀酒五十缸，用糯米百五十石。昨日三十缸，忽作臭氣。」邦入視之，皆稠起黄沫，穢不可向【七】。疑酒匠洗米不潔之過。佐曰：「若然，當舉庫皆然。今五而壞三，疑必有異。」邦乃【八】袍笏詣神堂，焚香再拜，正色言曰：「頃以神祠朽敗，故鼎新之，崇奉香火，所冀明靈垂福。今反見怪如此，得非他方不正鬼神【九】，嫉吾務事【一〇】，故示斯孽？神當出威力駈攘，爲人捍患【一一】。不然，則是神自爲妖，陰有所覬，非吾所以敬事本意也。今與神約，三日爲期，返酒如初，當虔賽祀。否則，撤屋毁像，舉而投諸江。二者惟命。」既禱，佐以下多竊笑，或悚慮，謂必無益而反速禍。邦入都

【五】柏徑中　涵芬樓本注，「柏」明鈔本作「邪」。

【六】一歲　涵芬樓本注，「一」葉本作「十」，從明鈔本改。

【七】皆稠起黄沫穢不可向　涵芬樓本注，明鈔本作「皆稠起黄埃，其穢不可向」。

【八】乃　涵芬樓本注，明鈔本作「即具」。

【九】他方不正鬼神　涵芬樓本注，明鈔本作「他處不正之鬼」。

【一〇】嫉吾務事　涵芬樓本注，明鈔本作「嫉吾務成就」。

【一一】爲人捍患　涵芬樓本注，明鈔本作「爲人作主」。

廳未幾，攢司吴琛來告酒臭稍息，願往視之。邦不聽而歸官舍。已而王佐與匠陸新，拜於庭下十數不止。曰：「昨以酒變之故【一二】，自分必死，已與妻子訣別。今早掛索梁間，以俟責治【一三】，便就無常【一四】。不意有脱理，是以感泣來謝。」邦始至務【一五】，視缸中所釀，相蕩作聲，若有人以手掬轉者。少焉，一切與未臭者等。於是具羊豕鵝三牲致奠，仍召僧誦經，以答神貺。正邦説。

陳焕廣祐王

陳焕宣教，建陽人，秉心剛正，處事明敏，爲鄉里推重。乾道三年，待南城丞闕。十二月十九日，夢謁邵武乾山【一六】廣祐王廟。王迎見之，謂曰：「香火久寂，符印當交與公。」陳辭曰：「焕官期不遠，子幼累衆，不願就此職。」王曰：「冥數詎可辭【一七】？」既寤，竊憂之。自知不久於世，不敢爲人説。明年正月二日索酒，獨酌三杯，始告家人以夢，談笑而逝。其日，有二丐者自邵武北樂村來，至其門，聞哭聲，問曰：「此非陳宣教居乎？昨日在驛前方卧，見甲士數百輩，蹴我亟去，云【一八】：『吾迎新廣祐王陳宣教，汝那敢在此！』驚起，不能曉，今乃知之。」於是益驗其爲神【一九】。後歲餘，陳之友王翁夢陳招飲，到一所，荼蘼盛開，延待盡禮，且有旦晚相聚之語。及春時，偕鄉人詣其廟，過東廊，恍憶前飲處，不樂而出。是夜，聞外人誦詩兩句，云：「無可奈何，無可奈何，不如歸去，

【一二】昨以酒變之故　涵芬樓本注，葉本無「變之」二字，從明鈔本補。
【一三】以俟責治　涵芬樓本注，明鈔本作「俟吾官責治」。
【一四】便就無常　涵芬樓本注，葉本無「無常」二字，從明鈔本補。
【一五】邦始至務　涵芬樓本注，明鈔本作「明日，邦始至務」。
【一六】乾山　涵芬樓本注，明鈔本作「大乾山」。
【一七】冥數詎可辭　涵芬樓本注，明鈔本作「冥數既定，詎可辭乎」。
【一八】蹴我亟去云　涵芬樓本注，明鈔本無「亟去」二字，多一「云」字，今從補。
【一九】益驗其爲神　涵芬樓本注，明鈔本多一「云」字。

不如歸去。」纔還家，即死。

榷貨務土地

王傳，慶長之弟也，好學工文辭。紹興末，監行在榷貨務。時劉正夫孝題【二〇】任臨安排岸司，亦攝職榷務。兩人每從遊論文，相得甚驩。一日，傳訪劉於官舍，意色殊不樂，曰：「昨日夢如常日入局，有皂衣吏邀於路，曰：『土地請相見。』即隨詣祠所。覺室宇【二一】寬敞，不類畫所見。堂上設果餚三【二二】卓，揖吾對席，曰：『平時賴庇潤久，某今別有所之。天勑已下，除公爲代。』遂托交承之契，殊以自幸也。吾力拒之。主人曰：『天符已臨，安可拒？此職亦不易得。』俄有美人從中出，左右姬妾捧從圍繞，指曰：『此山妻也，當與交代。』講禮再拜起，徑就中席【二三】。主人徐曰：『某今去此，不復攜妻孥，亦悉以奉贈。』酒數行，遂寤。此夢不祥，傳其死矣【二四】！」明日，務吏報，傳以暴疾謁告。劉愕然，驅車奔視，云：「黄昏後，忽頭痛不可忍。」日中而卒。正夫爲葛楚甫說。

嵊縣神

淇水李邦直【二五】，寓居會稽嵊縣。春日，家人相從出野，女子忽若有覩，茫洋無所知，歸而昏惰困卧。明日始能言，云：「昨在田間，見黄衫老媪從地中出。語我曰：『某

【二〇】孝題　涵芬樓本注，明鈔本作「學韙」。

【二一】室宇　涵芬樓本注，「宇」葉本作「中」，從明鈔本改。

【二二】三　涵芬樓本注，明鈔本作「二」。

【二三】徑就中席　涵芬樓本注，明鈔本作「徑就坐」。

【二四】矣　涵芬樓本注，明鈔本作「乎」。

【二五】淇水李邦直　中華本注，此句疑有脱文。

廟大王，當娶小娘子爲夫人，遣吾作媒，車馬在門矣。王先欲相見，請即行。』方致詞拒却，已瞢騰若醉，行至門首。吏卒滿前，欲喚家人告語，噤不得宣。媪挾我出跨馬，而騎從於後取青羃羅蒙我首，曰：『方爲新婦，詎可令人見！』俄頃，造一大宅，廳事供張華楚，尊俎羅列，絳衣人高帽【二六】玉帶，年可三十許，容狀怪醜【二七】，褰幕細視我面，甚喜。命酒張樂，勸酬至十數行。顧媪曰：『擇定七夕日成昏，汝善護【二八】夫人暫歸，徐當厚謝。』復導我上馬，將跨鞍，王猶眷眷注目。到家，乃蹶然而寤。」李氏先以女許人，良用爲憂。然自是起居飲食如常時，及七夕，果暴亡。自午至酉，遍體尚温，時時微喘息。夜半，方省人事【二九】，云：「適又逢老媪來告報：『吉夕已至，請夫人赴期。』方號哭次，媪笑且駡曰：『豈有處子，終【三〇】不嫁人者乎？』抱我登花轎，奇巧【三一】勝於人間。導哄喧盛，悉如貴族迎婦禮。行至通衢【三二】，觀者環列。俄有健步數輩，皆黄衣，持文牒【三三】示媪曰：『城隍具牒上吾王，稱李氏女不當爲汝王妻。昨日天曹勑下，令别尋訪大限盡者。』見呼城隍在殿下，亦當邀汝王告之。女亦宜一往。』媪與迎者皆不悦。健步呵叱，遂疾驅去。至一處，殿廡肅然，儀衛【三四】尤盛。媪隨我入，至庭，一人金紫，先秉笏立階所。有頃簾捲，大神冠服正坐，招金紫者坐於旁，蓋城隍也。健步聲喏云：『追到李氏女，並媒人。』神令速請某王，欻乘馬至殿，主人降座迎接【三五】。我竊窺之，乃向欲娶我者，顧盼不止。主人云：『王所娶女，乃本朝名臣李清臣之孫。城隍被天勑，以清臣有訴，令王别訪

【二六】高帽　涵芬樓本注，明鈔本作「修帽」。
【二七】容狀怪醜　涵芬樓本注，明鈔本作「狀極怪醜」。
【二八】汝善護　涵芬樓本注，葉本有「之」字，從明鈔本删。
【二九】方省人事　涵芬樓本注，「方」明鈔本作「始」。
【三〇】終　涵芬樓本注，明鈔本作「終身」。
【三一】奇巧　涵芬樓本注，明鈔本作「珠翠奇巧」。
【三二】行至通衢　涵芬樓本注，明鈔本作「徐徐行至通衢」。
【三三】牒　涵芬樓本注，明鈔本作「符」。
【三四】儀衛　涵芬樓本注，明鈔本作「翼衛」。
【三五】迎接　涵芬樓本注，明鈔本作「迎揖」。

良偶。』王勃然曰：『吾奉帝命許娶妻，君何爲意外作難？』主人曰：『此非可强辯也。』王怒，亟索馬，不揖而去。主人微笑，呼媼切責曰：『汝何敢妄致生人，本欲遽加罪，速送女歸家，緩則殺汝【三六】！』媼惶懼再拜，揮吏送我還，於是而免。」女竟嫁元夫。章騶仲駿言：李氏居邑中僧寺，乃文定公家。女之夫爲楊推官，女之兄名宋大，所見略同，其所約則言正月十六日云。

雍氏女

建康酒庫專知官雍璋，妻女以上巳日遊真武廟【三七】，焚香畢，循東廊觀壁畫【三八】，逢少年子，著淡黄衫，繫紅勒帛，儀狀華楚，不知誰氏子。立女旁，凝目注視。母怪，亟趨西廊【三九】。俄亦隨至，母誚之曰：「良家處女，郎君安得如是？」乃從後門出，少年亦尾隨【四〇】不捨。遠行雜沓，始不見。是夜，女揭帳就寢，少年已先在床。笑曰：「汝美好如此，不幸生胥吏家。極不過嫁一市賈爾！吾乃貴家兒，來與汝偶，真可爲汝賀，毋疑我。」遂握手留宿。至旦，而母知之，絶以爲憂。經旬日，謂女曰：「我既爲門壻，當謁【四一】丈人丈母。」於是正衣冠出拜，舉止敘述，如士人。他日，又言：「吾當有所補助汝家【四二】。」遇給米付廚時，當諦視【四三】。」明日視之，米中得北珠數顆。自是每日皆然，轉盼成富人。建第宅，且别起樓，與女居。凡有所需，如言輒至。若會宴親戚，則椅卓杯

【三六】緩則殺汝　涵芬樓本注，葉本有「矣」字，從明鈔本删。

【三七】廟　涵芬樓本注，明鈔本作「祠」。

【三八】壁畫　涵芬樓本注，葉本作「畫壁」，從明鈔本乙改。

【三九】亟趨西廊　涵芬樓本注，明鈔本作「舍而趨西廊」。

【四〇】尾隨　涵芬樓本注，葉本無「尾」字，從明鈔本補。

【四一】謁　涵芬樓本注，葉本作「拜」，從明鈔本改。

【四二】汝家　涵芬樓本注，明鈔本作「丈母」。

【四三】當諦視　涵芬樓本注，明鈔本作「頗加審視」。

梓，悉如有人持攜，從胡梯而下。荏苒數歲，或謂雍生曰：「一女如此，而甘心付之邪鬼乎？且所得財物，未必皆真，久必將爲禍。」雍生心固不樂，即呼道士行法逐治。甫入門，已倒懸於樑。又呼僧誦穢迹咒，正趺坐擊磬，不覺身懸空【四四】，行室中數十匝，懼而趨出。少年蓋自若。時時自稱秉靈王招飲，或言嘉應侯招飲，歸必大醉。人又教雍生，使嫁女以絶之。得一將官子，既納采，少年謂女曰：「知汝將適人，固難阻拒，當爲汝辦資裝。成禮時，却施小戲術，聊奉一笑。」於是縑帛器皿，日致於前【四五】。及壻登床，倏【四六】若爲人舁于地。壻竊怪之，洒濯整齊，復登焉，旋復墜地【四七】，亟奔去。雍氏自此不敢復言攘却事，少年待女如初。但言：「汝父母本無誼【四八】，吾將加以殃禍，不過三年，必使衰替。汝命本不永，然念汝無過，已爲禱冥司，延一紀矣。」久之，有道人楊高尚者，法力甚著，雍氏議延請。少年已前知之，頻蹙顧女云：「此却是真法師，非吾所能抗，將遠引避之【四九】耳。亦緣分有限，知復奈何！」命酌酒話别。徘徊間，楊已至，少年舉足欲竄。楊曰：「吾已設通天網罩汝，豈容越佚！」家人皆見少年立籠中。楊厲色責數之，曰：「人神路殊，汝安得故違天律？今盡法治汝，又懼爲尊公累。苟爲不然，上奏天曹，令汝獲譴【五〇】，入無間獄矣！」少年泣拜謝過，乃與之約，攜手同出【五一】而縱之。雍生詢爲何神，楊曰：「北陰天王之子也。」自是絶不至。女在家，亦無人敢議親。父母繼亡，獨當罏賣酒，每憶疇昔少年之樂，至潸然隕涕。建康南門外十里，有陰山，其下乃北陰天

【四四】懸空　涵芬樓本注，明鈔本作「躡空」。

【四五】日致於前　涵芬樓本注，葉本無「日」字，從明鈔本補。

【四六】倏　涵芬樓本注，葉本無「倏」字，從明鈔本補。

【四七】旋復墜地　涵芬樓本注，明鈔本作「旋一再墜」。

【四八】汝父母本無誼　涵芬樓本注，「本」明鈔本作「大」，疑當作「太」。

【四九】避之　涵芬樓本注，葉本作「且避之」，從明鈔本删「且」字。

【五〇】上奏天曹令汝獲譴　涵芬樓本注，明鈔本作「但奏上帝，汝獲譴」。

【五一】攜手同出　涵芬樓本注，葉本無「同」字，從明鈔本補。

王廟，蓋其神云。

李五七事神

池州建德縣白麪渡，莊户李五七，生計温裕，好事神，里人呼爲郎。慶元二年四月，謁婺源五侯廟，拈八日香。十五日還家，是晚門外金鼓喧訇，旌旗焕赫，繡衫花帽者【五二】，百餘輩，呵導繼來。最後，一貴人，服王者之衣，執紫絲鞭，跨馬直入，至廳堦而下，坐於正席。一家良賤悉見之，知其爲神，列拜拱問曰：「敢問大王爲何處靈祇？」笑曰：「汝乃不識邪？吾即婺源靈順廟五顯宫太尉也。嘉汝香火至誠【五三】，自汝回程，便相衛【五四】至此，擬借汝宅暫駐。」且言已往之事，悉如目覩。李慰喜滿望，汎治一室，淨潔几案奉安。神時時現形，祭饌唯用素蔬麪食。語之曰：「吾在本宫，爲四方信士瞻仰，不得不自齋心報答耳【五五】！今此既非當境，稀接檀信，但隨食葷腥無礙。」於是烹羊炰豕，嘉酒鮮食，婦女歌唱侑飲，夜以繼日，備盡歡昵。李不復治生業，財力漸削。至八月終【五六】，妻與一女暴疾而死，方以爲疑。九月末，躬詣婺源祖殿投牒訴理。焚獻既畢，徘徊大門下，不兩時頃【五七】，見黄衣兩承局，擒一人，服王者衣。李視其狀貌，即家中所供奉飲宴者。遂上鐵枷，付一司鞫治。李拜謝，兼程奔歸。羣婢妾言：「自郎之行，神雖起居飲食如常，而奄奄有愁色。果有兩使來追去。」其後斷治曲折，無從可知矣。

【五二】者　涵芬樓本注，明鈔本作「凡」，屬下。

【五三】嘉汝香火至誠　涵芬樓本注，明鈔本作「嘉汝香火至敬，出於誠心」。

【五四】相衛　涵芬樓本注，明鈔本作「相隨」。

【五五】報答耳　涵芬樓本注，明鈔本作「報達其意」。

【五六】終　涵芬樓本注，明鈔本作「中」。

【五七】兩時頃　涵芬樓本注，葉本無「頃」字，從明鈔本補。

奉化三堂神

奉化縣【五八】大姓家，率於所居旁治小室事神，謂之三堂云。祀之精誠，則能使人順利【五九】，然歲久多能作禍【六〇】。縣之下郝村，富民錢丙奉之尤謹。每三歲，必殺牛羊豕三牲，盛具祭享。享畢，大集親鄰，飲福受胙，若類姻禮。丙以壯歲死，當除服之月，適與祭神同時。侍妾阿全者，忽爲物所憑附，作主公聲，謂其子曰：「我本未應死，蓋三堂無狀，録我去，强爲奴僕。晝則臂鷹，出原野。夜則涉歷市井，造妖作怪。經二年，略無一霎休息，不堪其苦。宛轉告假，得訴於東嶽。適岳帝出遊，過一小殿，呼侍郎召我升殿，我具以告【六一】。侍郎曰：『不須在此理會，但駈邪院【六二】可矣。』我拜懇云：『身是下鬼，安知駈邪院所在？』侍郎遣青衣導我冉冉騰空【六三】，約百餘里，到大門闕。金光亙天，二甲士甚偉，立於門。我以情白【六四】，引入長廊，迥邃無人，遂詣殿下。再拜，望簾幙内，五色炫耀，不可注目，唯時時聞環珮聲。俄捲簾，有人傳呼云：『錢丙何事到此？』乃具告三堂困害事。如食頃，片紙從内飛出，轉盼間，神已攝至庭下。不見有縶縛者，而神跼蹐屏氣，求哀甚切。復有片紙飛出，旋繞神身數匝，化爲烈火爇之，立成灰燼。我拜謝而出。汝可遍告鄉人，自今宜罷此淫祀。」語漸微，阿全方蘇【六五】。

【五八】奉化縣　涵芬樓本注，明鈔本作「奉化鄉俗」。

【五九】順利　涵芬樓本注，明鈔本作「饒益」。

【六〇】多能作禍　涵芬樓本注，明鈔本作「亦多爲害」。

【六一】我具以告　涵芬樓本注，明鈔本作「我具以爲請」。

【六二】駈邪院　涵芬樓本注，葉本無「院」字，從明鈔本補。

【六三】侍郎遣青衣導我冉冉騰空　涵芬樓本注，明鈔本作「願遣一使偕行，即令青衣導我冉冉騰空」。

【六四】白　涵芬樓本注，明鈔本作「控白」。

【六五】阿全方蘇　涵芬樓本注，明鈔本作「阿全蹶然而蘇」。

南安窮神

張子韶謫居南安，多蔬食，間遇一肉，必薦家廟。一日，將享客，作蒸羊，戒庖人必修潔，遂去。故釜創於庭木之陰，薪火既然，芳香暢達，望庖人舉手加額，若有禱然【六六】。須臾，鼎作聲，有巨鷹從空俯首一鳴，鼎汁四溢，流注於地，肉皆狼藉。群鷹翻飛上下，攫搏不已，其狀猛怪。庖人有怒色，囁嚅誚罵。就扣之，乃云：「此地有窮神，適因禱之，旋即致害，意欲先薦也。」張笑曰：「俚諺：鄙陋者爲窮鬼，今乃有窮神耶？」嶺下風俗，逼於蠻陬，故神怪如此【六七】。

【六六】若有禱然　涵芬樓本注，明鈔本作「若默禱者」。

【六七】故神怪如此　涵芬樓本注，「故怪神所爲如此」。

夷堅志補卷第十六 十事

賣魚吳翁

臨安中瓦市賣凍魚吳翁，與一子並婦同居，晚得孫女醜兒，愛之甚。適周晬，翁死。淳熙二年三月，婦在門洗衣，聞人呼聲，舉頭則翁也，死已九年矣。婦昏昏如醉，全不省記【一】。翁問：「小乙何在？」曰：「出市賣魚矣。」翁曰：「我今在湖州市第三閘邊做經紀，將汝治魚刀來。」婦取與之。問醜兒所在，指示之，翁呼其名，隨仆不省，翁亦不見矣。急喚夫歸，醜兒已死。翁元葬於德壽門外，遂舁女柩葬翁墓下【二】。吳生欲驗翁【三】蹤跡，後三日，往北關訪之。入茶肆，問一媪曰：「有吳翁否？」曰【四】：「今日不來。」指涼棚下大紙傘，曰：「是其坐處也，逐日極賣得。此老數日前，却抱得十歲一箇女兒來，央我與他梳掠。」吳云：「其所居何處？望告我。我與有親【五】，欲見之。」媪曰：「不曾詢他住址【六】。但每日拂曉來，過午即去。」吳悵然而返。及北關，門已閉，乃往同行鄭二家，告之故，不覺淚下。鄭曰：「世間安有是理？汝且寬省，莫成狂癡。」留之宿。明旦，復詣茶肆。少焉，望見翁，首戴一盔，左手攜醜兒。醜兒挾三脚木架【七】來。吳趨出叫

校勘記

【一】全不省記　涵芬樓本注，明鈔本多「與之語」三字。

【二】墓下　涵芬樓本注，明鈔本作「墓左」。

【三】翁　涵芬樓本注，明鈔本作「父」。

【四】有吳翁否曰　涵芬樓本注，「否曰」葉本作「責魚」，從明鈔本改。

【五】其所居何處望告我我與有親　涵芬樓本注，明鈔本作「媪倘知其居，幸告我，我與有舊」。

【六】不曾詢他住址　涵芬樓本注，明鈔本作「不曾詢其廛止處」。

【七】木架　涵芬樓本注，明鈔本作「木床」。

爺，翁不答，即攜女去。吳起逐之，行急則翁亦急，行緩則翁亦緩，常相隔十步許。值軍人負草來，隊伍塞塗，遂相失。吳又還茶肆，肆媪云：「吳翁元來是汝爺。適怒告我云，極怪汝，不喜相見【八】，所以走去。」吳還家，與妻言，欲與偕往，幸得再遇。一守一逐，當可及。鄰里止之曰：「汝只爲一女，故如此。安得死人能出賣物？宜一切割斷，勿復爲念。」吳乃止。越兩日，別有軍卒款門語其妻曰：「吾營寨在龍山白塔【九】畔。寨前賣凍魚吳翁倩我來説，令索女孩兒衣服【一〇】，青羅衫、紅絹中衣並紅鞋之屬。」妻記亡女實有之，喜其消息真實，挽卒少駐，俟夫歸。辭曰：「吾身隸兵籍，今日當請糧，不敢留汝家，自送往可也。」卒去而夫歸。迨旦，夫婦詣龍山，逢昨卒，邀與訪翁，於所館張木匠【一一】家尋之。張指小室曰：「在此宿。今日恰北出，似聞欲入城取孫女衣服。」吳問其翁、女狀貌，張言其狀，儼是【一二】，乃【一三】亟由赤山埠尾逐之。過淨慈寺，遇鬻紙盔【一四】者，適相熟，試問之。曰：「一老翁領一小女來，女要紙盔，僕與之。去未半里。」吳亟奔逐，望前竟不見，拊膺而歸。鄰人相勞苦之，又勸焚其骨以絶妖妄。是時寒食，因上冢啟瘞視之，唯存兩空棺，翁、女之屍皆無【一五】矣。其後影響遂滅【一六】，或以爲屍解云。林之才説。

王武功山童

河北人王武功，寓居郢州。乾道六年九月間，雇一小僕，方十餘歲，名山童。王於七

【八】適怒告我云極怪汝不喜相見　涵芬樓本注，明鈔本作「適對我忿怒極多，以不喜見汝面」。
【九】白塔　涵芬樓本注，明鈔本作「雙塔」。
【一〇】衣服　涵芬樓本注，「服」明鈔本作「段」。
【一一】張木匠　涵芬樓本注，明鈔本作「張弓匠」。
【一二】儼是　涵芬樓本注，明鈔本作「儼然」。
【一三】乃　涵芬樓本注，明鈔本無「乃」字。
【一四】盔　涵芬樓本注，葉本闕，從明鈔本補。
【一五】無　涵芬樓本注，明鈔本作「烏有」。
【一六】滅　涵芬樓本注，明鈔本作「寂」。

年四月初一生一子，以賈氏妻爲乳母。未幾，山童忽去，尋訪無跡。是年冬，王赴調臨安，忽遇之於江上。童見王至，邀入茶肆致拜。王好言謂之曰：「汝服事我十個月，備認勤謹，我亦撫息，何爲不告而去？」謝曰：「山童今日不敢有隱，身是鬼【一七】，恰恨後來乳母亦是鬼，怕山童漏泄，百般捃摭，相排陷，所以只得避之。武功到宅時，千萬起居，宜人自管護【一八】小官人爲上。」語訖，辭去。王深憂其子，不俟注擬，遽還家，與妻言其事。即呼乳母抱兒出，嫗意態自若，猶以兒肥腴誇爲己功。王取兒付妻，撫惜之，笑謂嫗曰：「山童説汝是鬼，如何？」嫗拍掌喊忿，急趨入廚，連稱「官人信【一九】山童説我是鬼」。衆【二〇】或欲答言，奄然而没。

蔡五十三姐

徽州歙縣士人李生，惰於講習，淳熙乙巳，年二十六矣，不勝父母之責，捨家浪遊。至宣之寧國，行役倦悶，值一笄女於茅岡桑林邊，含笑相迎，自言是蔡承務家小娘子五十三姐，父偏室所生，遭嫡母逼逐，却【二一】帶得金銀數十兩隨身，願陪一男，苟逃性命。不謂邂逅，得遇秀才。倘不曾娶妻，願求匹偶，何如？李既單身徒行，慕其財色，即握手登途。西留漢川縣，開米鋪，歷七年，生一男一女，貿運積【二二】數千緡，漸成富室。忽有道人過門，自稱何法師，望見此女在門内【二三】，去而復還，探袖中幅紙，磨朱砂濡筆書一

【一七】今日不敢有隱身是鬼　涵芬樓本注，葉本作「今不敢隱也，我身鬼也」，從明鈔本改。
【一八】自管護　涵芬樓本注，明鈔本作「加護」。
【一九】信　涵芬樓本注，明鈔本作「却信」。
【二〇】衆　葉本無「衆」字，從明鈔本補。
【二一】却　涵芬樓本注，葉本無「却」字，從明鈔本補。
【二二】積　涵芬樓本注，明鈔本作「溢」。
【二三】門内　涵芬樓本注，明鈔本作「户限内立」。

符，又以水精珠照太陽，取火焚符，拋入門内。女大叫一聲，寂滅無跡。李生悉收貲貨，攜兒歸。經寧國境，訪所謂蔡氏，無有也。泣而回家，至今皆存。

任迴春遊

宣和三年，京師富子任迴，因遊春【二四】，獨行至【二五】近郊酒肆少憩。樂其幽雅，未即去。店姥從中出，回顧呼語曰：「吾夜分乃還，宜謹視家舍。」即去。迴竊望幕内，一女子絶妖冶，心殊慕悦，而難於言。女忽整容出，盼客微笑，服飾雖不華麗，而潔素可愛。迴招與坐，以言挑慰【二六】。女曰：「吾母赴村中親舍宴席，家無一人，止妾獨身耳【二七】。」迴心神流蕩不禁，遂縱言調謔，命酒同飲，相攜繾綣。薄暮而姥歸，入門見迴在内，忿然作色，曰：「吾女良家處子，汝何敢無禮相汙【二八】！」迴無辭以答，但泣拜引罪。久之，姥忽易怒爲笑，曰：「汝既犯吾女，無奈矣【二九】，當遂爲吾壻，則可解。不爾，則縛送官矣！」迴思己未娶，又畏成訟，唯而從之。姥曰：「若爾，無庸歸，少留旬日，吾自遣信報爾父母。」於是遂【三〇】諧伉儷，夫婦間殊愜適。惟防禁甚密，母子更迭守視，不許出中門，但兀坐飽食而已。一夕未寢，連聞扣户聲。姥啟扉【三一】，有男子婦女二三十輩，扶攜而來。有得色，言曰：「城内某坊某家，今夜設大筵，宜往赴約。」姥呼女同行，而指迴告衆曰：「奈此郎何？」或曰：「偕往何害！」乃空室而出。迴深憂疑之，而弗敢問。俄頃到

【二四】遊春　涵芬樓本注，明鈔本作「尋春」。
【二五】至　涵芬樓本注，葉本作「出」，從明鈔本改。
【二六】迴招與坐以言挑慰　涵芬樓本注，明鈔本作「迴與接膝坐，慰藉往返」。
【二七】家無一人止妾獨身耳　涵芬樓本注，明鈔本作「家無他人，獨我居此耳」。
【二八】無禮相汙　涵芬樓本注，明鈔本作「爲非義事」。
【二九】無奈矣　涵芬樓本注，明鈔本作「如未有室家」。
【三〇】遂　涵芬樓本注，明鈔本無「遂」字。
【三一】啟扉　涵芬樓本注，明鈔本作「撤扃」。

城門，門閉已久。衆藉藉謀所以入，姥聳身穿隙而進，衆與迴隨之皆無礙。及至市，燈燭販鬻，與平日不殊。到所謂某家，方命僧施法，食三大斛，衆拱立環繞，爭搏取咨食，至於攘奪。迴駭曰：「吾許時乃爲鬼壻耶！」始大悟，挺身走入佛座下，跧伏不動。望視【三二】同來者，詭形怪狀，皆鬼也。競前挽使回，迴不應。姥與女眷眷不忍釋，至互相詬悔，流涕唾罵乃去。天將曉，此家屏當供器【三三】，見而驚曰：「有奇鬼在此！」取火照之，迴出，具道本末。迨旦，送之歸家。家人相視號泣，曰：「一去半年，無處尋訪，以爲客死矣！」調治數日，乃復人形。徐驗故處，但荒榛蔓草【三四】耳。

横源老翁

紹熙二年十一月九日，予遣饒卒温青往信州，使兼程而進。是日行百里，抵横源，已四更，困倦殊甚【三五】，顧道旁一空屋，姑少入憩。須臾，有一老翁，褐布道服，立門外，呼曰：「夜深矣，料汝當饑渴。吾恰【三六】攜酒食過此，與爾同一飽【三七】。」青愧拜，即出，隨以行【三八】。且行且語，云：「汝往信州通判廳下書邪？」曰：「然。」俄至道左，下田坎，就地偶坐，置酒設肉【三九】。未及舉盃，兩村民過之，望見，初疑爲鬼，欲毆逐。聞其腰有鈴聲，謂是郡鋪駛卒，大呼曰：「是非人所行處，何爲在此？」老翁遂不見。青矍然醒，急登岸。此兩民乃欲往樂平陳狀者，勞之【四〇】曰：「汝必爲鬼所迷，非遇我二人，必陷其

【三二】望視　涵芬樓本注，明鈔本作「回視」。

【三三】供器　涵芬樓本注，明鈔本作「什器」。

【三四】但荒榛蔓草　涵芬樓本注，明鈔本多「了不可識」四字。

【三五】殊甚　涵芬樓本注，葉本無「殊」字，從明鈔本補。

【三六】恰　涵芬樓本注，葉本無「恰」字，從明鈔本補。

【三七】與爾同一飽　涵芬樓本注，明鈔本作「能出同一飽乎」。

【三八】青愧拜即出隨以行　涵芬樓本注，明鈔本作「青愧謝其意，起，隨以行」。

【三九】置酒設肉　涵芬樓本注，葉本作「出酒肉來」，從明鈔本改。

【四〇】勞之　涵芬樓本注，葉本作「詢之」，從明鈔本改。

計，危哉！」遂與偕至縣。別一卒曰胡顯，亦自郡來，以食時到彼，值民還，話所見。詢於土人，乃頃年此屋内一男子縊死，數口相繼疫亡，翁蓋家長也。視昨夕温青坐處，唯牛糞一堆耳。共語里正，亟毁其廬。青雖獲免，後月餘，得大病，幾喪云。

處州山寺

處州鉢雲縣，近村一山寺，處勢幽僻。有閩僧行脚到彼，憩於且過堂。經數日，當齋時，不展鉢開單，寺僧邀茶，語之曰：「堂中獨卧，無恐怖乎？且何以不索食？」曰：「身老矣，不能免食肉。荷小行哥勤【四一】，渠初非舊識，而每夜攜酒炙果實見過。此必諸尊宿相憐，遣來存慰【四二】。既得酒饌飽足，何必又叨齋食【四三】。」寺僧曰：「非也，二三年前，有小童名阿伴，自縊於此堂，常常出惑人。有雲水高人寓此，必出煎湯煮茗，供侍謹飭。前夕，本寺一房内，有壺酒合食忽不見，疑師所享必此也。懼爲彼所禍，今夜倘再來，願斥之，曰：『汝非阿伴乎？何得造妖作怪，不求超脱？』徐察其色相如何。」客僧受教。夕復至，即如所言責之。童面發赤色【四四】，無以對，吐舌長尺餘而滅。後來宿者【四五】，不復有影響矣。僧孚峨説。

【四一】荷小行哥勤　涵芬樓本注，疑有脱誤。

【四二】存慰　涵芬樓本注，明鈔本作「存勞」。

【四三】既得酒饌飽足何必又叨齋食　涵芬樓本注，明鈔本作「既得飽足，故不欲又叨齋饌耳」。

【四四】童面發赤色　涵芬樓本注，明鈔本無「色」字。

【四五】後來宿者　涵芬樓本注，明鈔本無「來宿者」三字。

鬼小娘

福州黄閭人劉監税之子四九秀才，取鄭明仲司業孫女。淳熙初，女卒，越三月，葬於鄭氏先壠之旁。既掩壙，劉生邀送客飲於庵中【四六】。忽一蝶，大可三寸，又似蟬，飛舞盤旋於左右十數匝。劉異之，戲言：「得非吾妻乎？倘冥途有知，當集吾掌上。」蝶應聲而下，集【四七】于右手間，移刻乃去，遺二卵。坐客爭起觀，劉呼一婢，使藏之，且嘆且泣。少頃，一婢來【四八】，舉止聲音，全類鄭氏。衆初以爲狂。至晚還家，亟發鄭篋，取冠裳釵珥被服，如所素有，仍歷數其夫，某事爲非是，某妾有何過，某僕有何失，皆的的不誣。夜則登主榻，如鄭生時。明旦，區理家事，而檢校莊租簿書尤力。親黨目爲鬼小娘。其父蓋田僕也，嘗來視女，女不復待以父禮呼，罵之曰：「汝去年負穀若干斛，何爲不償【四九】？」令他僕執而撻之，如是五年。劉生卒，婢即時洗然如舊。詢所見，皆莫知。黄彜卿婚於劉，方鄭氏之葬，彜卿妻爲客，目覩其事，婢今尚存。

城隍赴會

淳熙初，饒州兵家子張五，持刀入皂角巷劉家，殺其母并二女。先是，張與劉小女通，每爲其母及長女所見，忿而行兇。所通者叫呼，故併罹禍。邏卒將執之，望其刀猶在手，

【四六】庵中　涵芬樓本注，明鈔本作「庵舍」。

【四七】集　涵芬樓本注，明鈔本作「駐」。

【四八】一婢來　涵芬樓本注，明鈔本作「婢復來」。

【四九】何爲不償　涵芬樓本注，明鈔本作「何爲不肯償」。

恐拒捕，或自戕【五〇】，哂之曰：「大丈夫殺人償命，是本分事。今懼怕如此，豈不爲人嗤笑？」乃擲刀於井，束手就擒。獄成，斬【五一】於市。張無父母，唯一兄爲詹氏贅婿。有妹未嫁，忽染祟，嚼啖陶器，拈弄炭火，無所不至，大率如病狂。詹招法師張成乙考召【五二】，其鬼乃作張五聲音，舉止與之絶類，曰：「我既伏法，魂魄無歸【五三】。若能供我，則當屏跡矣！」法師釋其罪，但牒城隍司收管。兄以時節祀之。後二年四月，詹女【五四】復病如故，又考治之。云：「三月十六日，城隍出永寧寺赴會，廟中守者疎怠【五五】，我得逸出。」蓋是日郡人迎諸神，設會於永寧寺山門上也。於是再牒往，女即洒然。後嫁一卒，鬼不復至。

嵊縣山庵

會稽嵊縣某山，有僧結庵其間。山下人家有喪，將出殯，前一夕，請僧作佛事。僧與一行一僕赴之【五六】。日暮下山半，遇日常所與交某客來，問僧何之，以送喪告。客曰：「從縣至此，正擬投宿，奈何？」僧言：「事不可已。」乃取匙鑰付客，使自往啟户，遂别。時月明如晝，客獨步詣庵，徘徊將二更，甫就枕，未寐【五七】。聞扣扉聲。客膽力素勇，無怖畏，知其爲鬼，叱之曰：「汝何物？敢來作怪！」曰：「我乃某甲也。」審聽之，蓋舊知，久聞其死矣，乃不爲起【五八】。鬼曰：「如不延我【五九】，我自能入。」覺

【五〇】自戕　涵芬樓本注，明鈔本多「或從而」三字。
【五一】斬　涵芬樓本注，明鈔本作「㔶」。
【五二】考召　涵芬樓本注，葉本無「考」字，從明鈔本補。
【五三】無歸　涵芬樓本注，明鈔本作「無歸著處」。
【五四】詹女　涵芬樓本注，葉本無「詹」字，從明鈔本補。
【五五】疎怠　涵芬樓本注，明鈔本作「稍疎怠」。
【五六】請僧作佛事僧與一行一僕赴之　涵芬樓本注，明鈔本作「請僧修佛供，僧與行者一人僕一人赴之」。
【五七】未寐　涵芬樓本注，明鈔本作「睡未熟」。
【五八】久聞其死矣乃不爲起　涵芬樓本注，明鈔本作「聞已死數年矣，不肯爲起」。
【五九】延我　涵芬樓本注，明鈔本作「相延」。

門矻矻【六〇】有聲，逕入，踞禪椅而坐，呼客相揖。客曰：「汝死矣，胡爲來此？」對曰：「與君從遊久，我元不亡，安得以死見戲？」客曰：「吾猶憶某年某月日，至汝家【六一】，送汝葬。今若此，謂吾畏鬼邪？」乃笑曰：「毋庸多言，我實已死。所以冒夜相尋者，將有禱於君，幸見聽。我不幸去世，未期年【六二】，妻即改嫁。凡箱篋貨財、田廬契券，席捲而去【六三】。一九歲兒【六四】，弃之不顧，使饑寒伶仃，流於丐乞。幽冥悠悠，無所塑質。願君不忘平生【六五】，爲我言於官，使此子得以自存。吾瞑目九泉，無恨矣！」客瞿然憐納之。因歷歷誦言，家有錢粟若干、布帛若干在妻所，田若干畝在某鄉，屋若干間在某里。客一一傾聽，語話酬答，且四更，心頗動。語之曰：「所托既畢，可以去矣，毋妨吾睡。」忽默默不答，連呼之不應。客暫寐微鼾，鬼亦鼾。客倦而倚壁，鬼亦偃蹇。客揭帳咳唾，鬼亦唾，始大恐，下床疾走。鬼起逐之【六六】，及于堂。客素諳鬼物行步，但直前，不能曲折，乃環繞而走。鬼踉蹌值前，抱一柱不捨。客僅得出門，奔下山麓，天已明，遇僧，告以所見，且誚之曰：「師捨我而赴檀越，終夕飽食，豈知我窘怖如此？」僧曰：「我所遭者，尤爲大奇。昨佛事既終，彼家將舉棺，而輕虛若無所貯，驗之，則棺蓋【六七】已揭動，不見其尸。滿室驚惶，莫測其故。送者懼而去，吾亦奔走至此【六八】。」遂俱還。望庵中一人抱柱自如，仿佛類新死者。亟遣呼其子，並集鄰里同視之。子認是父，拊膺慟哭。前取其尸。抱柱牢不可脱【六九】，至用木支屋，截破半柱，乃得解。蓋舊鬼欲有所憑，借新尸以來，語

【六〇】砊砊　涵芬樓本注，明鈔本作「軋軋」。

【六一】至汝家　涵芬樓本注，明鈔本多「視汝喪」三字。

【六二】未期年　涵芬樓本注，葉本無「年」字，從明鈔本補。

【六三】席捲而去　涵芬樓本注，明鈔本作「悉以自隨」。

【六四】一九歲兒　涵芬樓本注，明鈔本作「惟一九歲兒」。

【六五】平生　涵芬樓本注，明鈔本作「平生之故」。

【六六】鬼起逐之　涵芬樓本注，「起」葉本作「亦」，從明鈔本改。

【六七】棺蓋　涵芬樓本注，葉本無「蓋」字，從明鈔本補。

【六八】奔走至此　涵芬樓本注，明鈔本作「奔波至此耳」。

【六九】抱柱牢不可脱　涵芬樓本注，明鈔本作「而抱持緊甚，不可擘脱」。

竟，魂魄却還。新鬼伥伥無依，故致此怪。里正白其事於縣，爲究實。於是所囑之事，由此獲伸。淳熙十四年九月，張定叟説。

太清宫試論

張勛，字子功。紹興十八年，爲浙東安撫司參議官。寓越之大喜寺，夙興趨府，未半道，亟促從者令還，至家已卒。及百日，命道士設黄籙醮，幼子忽索沐浴，着衣冠，其聲乃勛也。妻孥環泣曰：「君平生多陰功，何爲壯年而夭？且臨終時不以一語分訣【七〇】，使人嗍恨無窮。」勛曰：「爲我召知觀。」知觀適主持醮事，聞之亟來。勛曰：「正在太清宫，承師召請，故暫來相見。曩日之行，蓋急奉上帝詔，不暇與家人訣别，非夭也。」顧語其妻：「汝但强爲善，凡欺人之事，一毫不可爲。倘一善堪録，徑登仙籍。今無問名山洞府，只蓬萊宫自缺三千人，非曰難升，恨世人造惡者多耳。」旋令取几案筆硯，書數百字，皆神仙家語。道士曰：「公今居仙中何官？」曰：「吾掌四時風雨，他非所當知。」坐至中夜，觀行科儀，問：「何時？」報：「已四鼓。」欲去。道士請少留，享斛食。怒曰：「吾非鬼，安用此爲？」道士悚然曰：「固知非所以瀆【七一】公，須公證明，憑仗法力，庶俾鬼神，大霑福利。」曰：「如是則可，願促其期。」取筆於案上，畫圓圈而缺其前，書「達真之路」四字，又書「龍車鳳輦」字，舉手揖衆曰：「努力爲善，今秋再相見矣。」其子遂假寐。既覺，

【七〇】分訣　涵芬樓本注，明鈔本作「相訣」。

【七一】瀆　涵芬樓本注，明鈔本作「浼」。

問之，不知所言【七二】。自是其家揭牌於几筵前【七三】，以「達真堂」爲名。或見兩小青衣出入其間。是秋，果復至。將至時，大風拔木，雨傾如注。幼子者，揮手勑空中，令先行。妻孥泣問所從來，曰：「奉帝命詣東嶽，查刷世間善惡人姓名簿書。」繼而顰蹙曰：「世人造業者，何其多耶？惡簿滿數百萬車，善者纔九百車，深可哀也。」又據案大書頌偈。且去，曰【七四】：「候周祥，吾當復來。」如期亦然，而聲音與之不類。妻曰：「何爲如是？」曰：「吾非參議，乃某真人也【七五】。去秋八月，太上老君集羣仙，試『虚中有實論』於太清宫，公中高等職位已遷，不復可到人間，故遣我來。」迨大祥日，此真人當又來，自後遂絶。其所書，今皆藏於家。

【七二】不知所言　涵芬樓本注，明鈔本作「了不知所言」。

【七三】几筵前　涵芬樓本注，葉本無「前」字，從明鈔本補。

【七四】且去曰　涵芬樓本注，葉本無「曰」字，從明鈔本補。

【七五】乃某真人也　涵芬樓本注，「某」字，明鈔本作「忘此四字」，疑是注。

夷堅志補卷第十七 十一事

季元衡妾

季元衡南壽，縉雲人。既登科，調台州教授。將往建康，詣府尹。家有侍妾，忿主母不能容，常懷絶命之意。及是行，季以情告妻【一】，曰：「吾去後，切勿加楚撻【二】。倘或不測，恐費經護。必不可蓄，俟歸日去之，不難也。」妻曰：「君但安心而行，吾不爲此事。」時方僑寓他處，忘其地名【三】。數日到建康，已解擔，聞耳畔啾唧聲，似其妾音，而不見形。問之，泣曰：「君纔出門，即遭箠。勢迫不可生，已自經而死【四】。」季爲之怨泣解謝。欲回車，念業已至，欲弗信，又不忍，姑遣僕兼程歸，扣其事。且爲家人作牒，經營【五】葬埋之費。自是繼夕來，信宿僕還云：「宅中全無事，某到時，侍人自持飯與我。」季曰：「然則妾鬼假托以惑爾。」是夕，復至，季正色責之曰：「汝是何等妖厲？敢詐妄【六】！不亟去，吾將命道法繩汝矣【七】！」答曰：「我實非君妾，緣君初戒行日，疑心横生，故我因乘間造僞。今但從君丐佛經數卷、薄奠楮幣【八】之屬，當即去也。」季許之，曰：「若爾，當云與誰，且置之何所。」曰：「俟他日歸途，到某處，設之道旁足矣，姓名不

校勘記

【一】季以情告妻　涵芬樓本注，「告」明鈔本作「禱」。

【二】楚撻　涵芬樓本注，明鈔本作「楚虐」。

【三】忘其地名　涵芬樓本注，明鈔本作「不記其地」。

【四】勢迫不可生已自經而死　涵芬樓本注，明鈔本作「勢不可復生，自經死矣」。

【五】經營　涵芬樓本注，明鈔本作「經邑」，下多「仍略疏」三字。

【六】敢詐妄　涵芬樓本注，明鈔本作「顧敢然」。

【七】吾將命道法繩汝矣　涵芬樓本注，明鈔本作「吾將精集道流繩汝以法」。

【八】幣　涵芬樓本注，明鈔本作「鏹」。

必問也。」遂別去。後旬日，府僚十餘人招季遊蔣山，季先至，坐三門外，又聞耳畔語。季怒曰：「吾不汝治罪，又許汝經饌，於汝厚矣！安得復來？」對曰：「感君恩厚，心不忘報。聞今日羣賢畢集，其中兩客，貴人也，故告君。君宜識之，異日當蒙其力。」問：「何人？」曰：「江寧葉知縣及某官也。」曰：「汝何自知之？」曰：「庸賤下鬼，非能測造化。但逐日遊行，鬼與人雜，相逢車馬皆憧憧不相顧。唯此兩官人至，則神鬼皆趨避【九】，見之數矣，是以卜其必貴也。」季頷之。復謝去，終不肯泄姓名。葉宰者，審言樞密也。其一失其名。張仲固堅云，得之於郡士張逢辰，與季爲友，聞季自述，其詳如此。逢辰以淳熙辛丑擢第，當再扣之，庶不爽其實也【一〇】。

青州都監

宣和間，陝西一武官爲京東路分都監，官舍在青州。到任逾歲，忽見照壁後一大青面鬼踞坐，其頭高拄屋棟【一一】。武人膽勇不懼，取弓矢射之，中其腹。笑曰：「着。」又射之，曰：「射得好。」連二十發，矢集其軀，如蝟毛，鬼殊不動。俄二小鬼挾都監母從房出，畏或傷害，乃捨弓箭【一二】奪救之。呼諸子僕妾【一三】爲助，了無一應。回視照壁【一四】下，則一家人盡死，疊尸地上，每身帶一箭，皆適所射者【一五】。老幼二十口，唯母子二人存，驚痛幾絕。廳吏走報府，府帥遣僚屬來視，咸怪愕無策，但爲買棺收殮。留一宿，將出

【九】則神鬼皆趨避　涵芬樓本注，明鈔本作「則趨下田間避之」。

【一〇】庶不爽其實也　涵芬樓本注，「不爽」明鈔本作「可概」。

【一一】其頭高拄屋棟　涵芬樓本注，葉本作「頭高柱屋」，從明鈔本改。

【一二】乃捨弓箭　涵芬樓本注，明鈔本作「乃捨去」。

【一三】僕妾　涵芬樓本注，明鈔本作「與婢妾」。

【一四】照壁　涵芬樓本注，葉本作「屋」，從明鈔本改。

【一五】射者　涵芬樓本注，明鈔本作「用者」。

殯，偶啟便室取物，見一家聚坐其中，元不死，渾如夢寐【一六】。扣其始末，昧無知覺。於是揭棺，乃【一七】各貯箕帚桶杓之類耳。急徙他所而空厥居。

劉崇班

政和初，内殿崇班【一八】劉良士赴河北將官，挈家至村驛。驛舍荒涼，無一人供薪水。呼問亭長，乃在他所，居久之始至。劉叱責之，叩頭對曰：「驛爲怪物所据，不復容人跡。前後過客，亦【一九】無敢居者。」劉笑曰：「吾平生無怖畏，當此炎暑，捨大屋弗居，而棲泊旅邸邪？」使即撤扃，見【二〇】庭階蔓草盈尺，詢怪物所止。曰：「多在西廂小廳下。」劉戒從卒環列中堂，設寢處，使妻孥居之。自置一榻，坐西邊，以弓箭爲衛【二一】。二更後，有白衣老叟荷杖至，曰：「吾爲土地神，每恨妖魅害人，而力不能制，坐視嘆息而已。聞崇班素負膽氣，今夕適羣鬼皆醉卧，欲乘此時，盡執縛以來，請君殺之，以清一方之孽，爲萬人之利。」劉欣然曰：「幸甚！」叟即去。頃之，擒一物至，不甚了了，曰：「請崇班下刀，毋待其覺。」即揮刀斬之，有聲呦然。已而連續擒至，次第斬首。約四更時，斬三十餘級，横尸流血，腥氣逼人。叟再拜遜謝曰：「盡矣！」趨下廊廡間，拊掌大笑而没【二二】。劉始疑焉，呼燭入視，則全家大小盡皆身首異處【二三】，不遺一人。劉驚悔，哭叫【二四】發狂，越日而死。亭長言於官，焚拆此驛，其怪亦絕云。

【一六】元不死渾如夢寐　涵芬樓本注，明鈔本作「全如夢裏，元不死」。
【一七】乃　涵芬樓本注，葉本無「乃」字，從明鈔本補。
【一八】内殿崇班　李按：「内殿」原作「殿中」，據《宋史》卷一六九《職官九》改。
【一九】亦　涵芬樓本注，葉本無「亦」字，從明鈔本補。
【二〇】見　涵芬樓本注，明鈔本無「見」字。
【二一】以弓箭爲衛　涵芬樓本注，「爲衛」葉本作「隨之」，從明鈔本改。
【二二】而没　涵芬樓本注，葉本無上二字，從明鈔本補。
【二三】則全家大小盡皆身首異處　涵芬樓本注，「大小盡」明鈔本作「無小無大」。
【二四】哭叫　涵芬樓本注，明鈔本作「大叫」。

泌陽人殺鬼

唐州泌陽縣平市【二五】鎮，田氏之僕漁於河。白晝有鬼自水中出，挽之入水。同漁者奔赴【二六】救之，以刀殺數鬼，迎刃而解，如切瓜瓠然。明日，報其主人田穀。穀往視，則數鬼積卧水濱，面色黑髮獰然，遍體有毛，色如藍靛，皆長三尺許。逾數日，始不見。

鬼巴

臨川王行之，爲處州龍泉尉。表弟季生，郡人也，來訪之，泊船月明中。夜半有鬼，長二尺，靛身朱髮，倏然而入，漸逼卧席，冉冉騰上其身，行于腹上。季生素有膽氣，引手執之，喚僕共擊。叫呼之聲甚異，頃刻死，而形不滅。明旦，剖其腸胃以鹽腊之【二七】，藏篋中。或與談及神怪事，則出示之【二八】。

崔伯陽

崔公度，字伯陽，自少施食，常以尊勝黄幡徧插地上，率夜半爲節，雖寒暑不廢【二九】。爲館職日，飲於親故家，中夕方歸。道沿蔡河，馬觸酒家帘，驚而逸，崔墜地，迷不知之。夢一婦人至【三〇】，曰：「崔學士也。」急解帕巾幕其首。又招其徒曰：「此乃施食崔學

【二五】平市　「平」原作「早」，據明鈔本、《元豐九域志》卷一《京西路·唐州》條改。

【二六】奔赴　涵芬樓本注，明鈔本作「奔集」。

【二七】以鹽腊之　涵芬樓本注，明鈔本作「以鹽漬爲腊」。

【二八】則出示之　涵芬樓本注，明鈔本作「則出以示焉」。

【二九】雖寒暑不廢　涵芬樓本注，明鈔本作「非大故未嘗廢」。

【三〇】迷不知之夢一婦人至　涵芬樓本注，明鈔本作「迷不知人，醉夢間，一婦人至」。

士，今遭難，不可不救。」俄十餘婦應聲而來，爲之按摩掖扶，似覺稍甦。馭卒亦至，勉扶上馬，迨歸，家人方知【三一】之，但怪暮夜安得有人裹首。崔彷彿能道向來事。數日創愈【三二】，解帕視之，乃二紅纈。有血滲色，中實碎紙甚多，皆所插黄幡也。應手灰飛，方知爲鬼耳【三三】。

湖田陳曾二

饒州景德鎮湖田市，乃燒造陶器處也。有宋二者，以淳熙十六年十月建水陸道場，民董生操舟在河下，出觀闍黎【三四】攝召。見兩鬼立於岸，共説張婆家女子，因吃糍糕，被噎而死，氣尚未斷，可去救他性命。其一曰：「誰向前？」一曰：「只我兩箇同去。」張婆者，與宋二鄰居，女名婆兒，噎死未久，須明日斂送。方守尸悲哭，忽聞擊户聲，問：「爲誰？」曰：「我是河裏住人陳曾二也。」張曰：「何故以深夜相過？」曰：「知道婆兒不幸，但扶策起坐，將箒帚拍打背三下，糕便落腹，可活矣！」張謝曰：「荷爾教我！」乃啟門，欲邀入，飲以酒【三五】，了無所見。試用其法，不食頃，女腹如雷鳴，即時安好。迨曉，尋訪陳曾二，蓋七年前溺河而死者。鬼未受生，猶惻隱存心如是。張婆乃命僧爲薦拔之。

【三一】知　涵芬樓本注，明鈔本作「聞」。

【三二】數日創愈　涵芬樓本注，「創」葉本作「方」，從明鈔本改。

【三三】方知爲鬼耳　涵芬樓本注，葉本作「方知鬼也」，從明鈔本改。

【三四】闍黎　涵芬樓本注，明鈔本作「闍黎僧」。

【三五】飲以酒　涵芬樓本注，葉本無「以酒」，從明鈔本補。

王燮薦橋宅

邢太尉孝陽，初南渡，寓家湖州德清縣【三六】。室湫隘不足容，謀居臨安甚切。得薦橋門内王燮太尉宅，纔爲錢三千緡。或曰：「都城中如此第宅當直伍萬緡，今不能什一，亦知其説乎？是宅久爲妖物【三七】所占，人不堪處，故以相付耳。」邢之内子及姑慶國夫人者，皆唱言不可用，邢患之，稍稍語内子曰：「人言是否，未足信，我將自驗之。然我或云無，汝終不信。盍擇謹厚二婢子偕行，庶可證實。」遂往。凡留半月，中外奥僻，無不臨視。夜則寢於【三八】正堂，寂無所怖。歸家言之，力詆前言之妄【三九】。二妾亦深贊居室之美，始盡室徙居焉【四〇】。徙之日，怪物畢出，家人閨房【四一】密語，輒應於屋上，嬉侮譁褻，無所間斷。至蠱惑姬妾【四二】，恬不避人。於是甚悔其來。時宋安國在德清，亟遣招致，爲作法考攝。獲一鬼，械而囚諸北陰。已而有十鬼出【四三】，又復治之。俄而復然。其明鈔本無「其」字。鬼自述曰：「兄弟四人，又有宗族眷屬，並同儕極多。」宋施術已窮，亦厭倦，乃告邢氏曰：「兹地經兵虜之變，殺人無算，今不可勝治。不若建黄籙大醮拔度之。吾當主行，使超脱受生，不與鬼爲怨府，亦上計也。」邢如其言，捐錢三百萬【四四】，辦醮筵。鍊度之夕，置瓮架上，羃以布，悉召滯魄入於中。宋約邢親舁至前，罄力【四五】不能舉，但覺瓮中索索如蟹行聲。訖事，用八健卒負出門，皆云壓肩甚重，若各荷百斤者。瘞之竹園，深坎下宅，至今平寧。趙彦澤説。

【三六】縣　涵芬樓本注，明鈔本作「驛」。

【三七】妖物　涵芬樓本注，明鈔本作「妖厲」。

【三八】於　涵芬樓本注，葉本無「於」字，從明鈔本補。

【三九】歸家言之力詆前言之妄　涵芬樓本注，明鈔本作「歸家具言，且力詆前言之妄」。

【四〇】徙居焉　涵芬樓本注，明鈔本作「徙焉」。

【四一】閨房　涵芬樓本注，明鈔本作「閨闈間」。

【四二】姬妾　涵芬樓本注，明鈔本作「姬嬙」。

【四三】已而有十鬼出　涵芬樓本注，明鈔本作「已，復一鬼出」。

【四四】邢如其言捐錢三百萬　涵芬樓本注，明鈔本作「邢如其戒，捐錢二百萬」。

【四五】罄力　涵芬樓本注，葉本無「罄」字，從明鈔本補。

西津渡船

紹興【四六】元年三月，鎮江西津發渡船，已載四十四人，太半是茅山道人赴鶴會而回者。此外一丈夫，攜小兒，年十二三歲，不肯登舟。强拽【四七】使上，亦不聽。父怒擊其首，兒不得已，乃云：「待我說。」忽隨聲仆地，手足厥冷。父窮急，扶掖叫呼。衆不肯俟，遂離岸。未到金山，大風作，舟沉洪波中【四八】，並篙工，凡四十六人皆死。兒奮身起，若睡覺。父喜，始問其故。曰：「恰見一船人盡是鬼，形狀可怖，所以不敢往。」方欲說時，一鬼掩我口，便昏昏如夢，元無他也。

會稽學生

會稽張國弼在郡庠，有同席某士，好浪遊，率以夜分踰垣出，五更復入，以爲常。一夕，明當釋奠時，子夜即歸。中途聞撝呵聲，退避簷廡。見四人衣紫窄衫，卷脚幞頭，秉紅紗燭籠，夾列一婦人，着朱衣，無首，乘馬而來。生驚甚，望其去路，蓋同途也，隨至學前。落斜數十步，馳入荒園。秉燭者立四旁，乘馬人居中央，作舞挽勢，良久而滅。歸以語同舍生，皆莫之信。明日，訪諸園，有一大井。問園夫：「此井有何異？」曰：「數日前，外間民女嫁人，歸母家，至井上浣衣，忽悶絶不省。舁歸壻家，喚巫者治之，曰：『犯井中伏尸女傷鬼。』其

【四六】紹興　涵芬樓本注，明鈔本作「紹熙」。

【四七】强拽　涵芬樓本注，明鈔本作「强拽之」。

【四八】舟沉洪波中　葉本作「平沈洪波」，從明鈔本改。

法，用紙畫紫衣四人，持燭籠【四九】，剪乾紅紙，作背子一領，具酒飯【五〇】燒祭之。聞昨夕事畢，三更【五一】後，女病良愈。」問女家所居，云：「蕙蘭橋。」正生所行路也。

段氏疫癘

都昌薦壇段氏，素爲富室。慶元二年，全家染疫，二子繼亡，婢僕多死，夫婦危篤【五二】不能起。鄰里來視，及供承湯粥者，亦皆【五三】傳染以死，雖至親，莫敢窺其門。有子【五四】年甫二十，在鄱陽蓮山院爲行者，新買度牒爲沙彌【五五】。聞家禍之酷，往省問。方至廳下，黑霧如山【五六】，未敢即入，退憩近寺。念父母危殆如此，爲人子【五七】豈可坐視，即邀僧衆誦楞嚴咒而行。沙彌一步一拜，纔及門，妖霧如掃。進至中堂，坐少定，一巨蛇自病房出。羣僧驚懼，亟登高，斂足跏趺，朗誦經卷。未畢，蛇自舉首擊户限數十，流血而斃，病人登時悉愈。人以爲孝心所感。沙彌復歸蓮山【五八】。去饒州八十里太陽埠【五九】地藏院行童方如海，能爲巫，見其事也。

【四九】燭籠　涵芬樓本注，明鈔本作「炬籠」。
【五〇】酒飯　涵芬樓本注，明鈔本作「肴飯」。
【五一】三更　涵芬樓本注，明鈔本作「五更」。
【五二】夫婦危篤　涵芬樓本注，明鈔本作「夫婦皆困篤」。
【五三】皆　涵芬樓本注，明鈔本無「皆」字。
【五四】有子　涵芬樓本注，明鈔本作「有幼子」。
【五五】新買度牒爲沙彌　涵芬樓本注，葉本作「新買祠部牒披剃，往」，從明鈔本改。
【五六】黑霧如山　涵芬樓本注，明鈔本作「黑霧四塞如頹山」。
【五七】爲人子　涵芬樓本注，明鈔本作「既爲之子」。
【五八】蓮山　涵芬樓本注，葉本無「蓮」字，從明鈔本補。
【五九】太陽埠　涵芬樓本注，明鈔本作「太陽步」。

夷堅志補卷第十八 十五事

段承務

宜興段承務，醫術精妙，然甚貪財賄，非大勢力者，不能屈致。翟忠惠公居常熟，欲招接，不可，委平江守梁尚書邀之，始一來。既回，至吴江【一】，適一富人病來請，段至，視之曰：「此病不過湯藥數劑，然非五百千爲謝，不可。」其家許其半【二】，遂拂衣去。竟從其請，別奉銀五【三】十兩爲藥資。段益索至百兩，乃出藥爲治。數日愈，載所獲西歸。至中塗，夜夢一朱衣曰：「上帝以汝爲醫，而專貪財賄【四】，無濟人利物之心，命杖脊二十。」遂叱左右，捽而鞭之。既覺【五】，脊痛，呼僕視之，箠痕宛然，還家即死。

服瘧丹誤

范師厚右司，因晚食麪過飽，呼其姪索食藥，未即至。范性褊急，拊案連趣之。適有他缶在旁，漫撮百粒以進。下咽未久，覺噪惡嘔吐，旋又大渴【六】，疑所服爲非，取缶視之，乃瘧丹也。倉忙磨解毒丸，無及矣，迨夜而殂。趙祖壽者，善治藥，常自矜其方，好與

校勘記

【一】吴江　涵芬樓本注，明鈔本作「平江」。

【二】許其半　涵芬樓本注，明鈔本作「止許半酬」。

【三】五　涵芬樓本注，明鈔本作「三」。

【四】而專貪財賄　涵芬樓本注，明鈔本作「厚取賄賂」。

【五】既覺　涵芬樓本注，明鈔本作「既寤覺」。

【六】渴　涵芬樓本注，明鈔本作「瀉」。

人服。每自詫瘧丹之妙，以爲他方皆不及。後爲分寧丞，邑宰吴君求其方，秘弗傳，而授以成藥一小合，别以八味丸一合送之。吴置室中，嘗正晝治事，天氣不爽，遣小吏入宅，云：「取趙縣丞所送藥一百粒並温酒來。」家人不識何品，但聞取趙縣丞所送藥，誤以瘧丹百粒授之。吴方理文書，不暇審視，遽接吞之。未離座，吐暈欲仆，至夕暴下，詰旦而亡。二人之不幸正同。乃知人儲藥有毒者，當緘封别貯之，勿使致誤，視此可爲鑒戒。

醫僧瞽報

温州醫僧法程，字無枉。少瞽，百端治之不愈，但晝夜誦觀世音菩薩名字，如是十五年。夢菩薩呼之使前，若有物繫其足，不可動【七】。告曰【八】：「汝前生爲灸師，誤灸損人目，今生當受此報難免。吾憐汝誠心，當使汝衣食豐足。」探懷中掬珠寶滿手與之。既寤，醫道大行，衣鉢甚富，壽七十餘。

屠光遠

屠光遠者，舒、蘄間人也。以醫術遊江南，嗜酒落魄【九】，晚寓饒州樂平縣。每赴人邀請，唯飲酒，絶不計財【一〇】，人呼爲屠醉。縣酒官吕生妻，臨蓐五日弗産。或曰：「非屠醉不可【一一】。」吕亟召之，至則醉矣【一二】。徑入室，隔衣略捫撫，即出，曰：「且扶坐，

【七】若有物繫其足不可動　涵芬樓本注，葉本無此九字，從明鈔本補。

【八】告曰　涵芬樓本注，明鈔本作「菩薩歎曰」。

【九】落魄　涵芬樓本注，明鈔本作「落拓」。

【一〇】唯飲酒絶不計財　涵芬樓本注，明鈔本作「唯酒是議，寧不得一錢，不問也」。

【一一】非屠醉不可　涵芬樓本注，明鈔本作「此證非屠醉不可」。

【一二】至則醉矣　涵芬樓本注，明鈔本作「至則已爛醉」。

少頃免身矣。」俄聞嬰啼聲，謂屠不曾施技【一三】，偶值其生爾，無足奇者。屠語呂曰：「君細視兒左手虎口，必有小竅。」視之，果然。問其故，曰：「此非佳兒也，必有宿冤，欲取君夫人【一四】命，故在胎執母腸不放【一五】，無由得生。吾用龐安常法鍼之，故得脫。」呂拜謝，兒亦尋死。又二歲，妻孕如前，仍以前法治之。既愈，乃告之，曰：「事已至再，夫人從此當清居獨處，倘不知悔【一六】，他日不幸復值此，將柰何？吾或不在，必非他人可治【一七】。吾自料年運亦垂盡，不久於世。夫人宜爲性命計，勿忘吾言！」明年，屠果卒。又一年，呂妻竟因産喪命。呂狃於俗説，謂婦懷胎死者，沈淪幽趣，永無出期【一八】，至自持刀剖其腹，取敗胎棄之。呂貌陋而頭偏，號呂匾頭。妻甚美，賦性温柔，族黨相與嗟異，深悼其不幸云。

吴少師

吴少師在關外，嘗得疾，數月間，肌肉消瘦，飲食下咽，少時腹中如萬蟲攢攻，且痒且痛，皆以爲癆瘵也。有張鋭者，名醫，時在成都。吴遣驛召之【一九】。既至，切脈戒云：「明旦，且忍饑，勿啖一物。」俟鋭來，爲之計。」旦而往，天方劇暑，白請選一健卒，趨往十里外行路中黄土取一盤來【二〇】，令廚人旋治麵。時將午，乃得食。纔放箸，取土者適至，於是温酒二升，投土攪於内，出藥百粒，進飲之【二一】。覺腸胃掣痛，幾不堪忍，亟登溷。

【一三】施技　涵芬樓本注，明鈔本作「診脈用藥」。

【一四】君夫人　涵芬樓本注，葉本無此三字，從明鈔本補。

【一五】放　涵芬樓本注，明鈔本作「捨」。

【一六】倘不知悔　涵芬樓本注，明鈔本作「倘躭著袵席，不知悔悟」。

【一七】必非他人可治　涵芬樓本注，明鈔本作「度非餘人可辦」。

【一八】出期　涵芬樓本注，明鈔本作「脱期」。

【一九】吴遣驛召之　涵芬樓本注，明鈔本作「吴遣驛騎招致」。

【二〇】行路中黄土取一盤來　涵芬樓本注，明鈔本作「取行路黄土一銀盆」。

【二一】進飲之　涵芬樓本注，明鈔本作「進於吴，吴飲之」。

鋭先密使別坎一穴，掖吴登之，暴下如注，穢惡斗許。有馬蝗千餘，宛轉蟠結，其半已死矣。吴亦憊甚，扶憩榻上，移時進粥一器，三日平復。始憶【二二】去年正以夏夜出師，中塗燥渴，命候兵持馬盂取水【二三】。甫入口，似有物，未及吐，已入喉矣，自此遂得疾。鋭曰【二四】：「蟲入人肝脾，勢須孳生。常日遇食時，則聚丹田間，吮咂精血。即散遊四肢。苟知殺之，而不能掃盡，亦無益也。故先請枵腹以誘之。此蟲喜酒，又久不得土味，乘饑畢集，故一藥而空之耳。」吴大喜，厚賜金帛，而送之歸。張外舅説。

真州病人

宣和間，真州天慶觀一法師考召極精嚴。有婦人投天樞院，狀稱家病者爲祟所憑。須臾追至，附語云：「非我爲禍，别是一鬼，亦因病人命衰所致。渠今已成形爲蟲，在病者肺中，食其肺系，故令吐血聲嘶。」師訊鞫之，曰：「此蟲畏何物【二五】？」久而不答，再掠之，始云：「唯畏獺爪。爲末以酒服之，則去矣。」如其言而愈。《肘後方》載，治五尸鬼疰變動，至九十九種者，取獺肝一具，陰乾杵末，水服方寸匕，日三服，蓋與此説相類。許叔微家一婦人，夢二蒼頭，一在前，一在後，手中持一物。前者云：「到也未？」後者應云：「到也。」擊一下，爆然有聲，遂魘。而覺後，心一點痛，不可忍，昏悶移時。叔微憶所合神精丹能治此證，取三粒令吞之，不數刻痛止，神醒如初。其方載《千金》中，與晉君景

【二二】憶　涵芬樓本注，明鈔本作「言」。

【二三】取水　涵芬樓本注，明鈔本作「挹潤水」。

【二四】鋭曰　涵芬樓本注，葉本無此二字，據明鈔本補。

【二五】此蟲畏何物　涵芬樓本注，明鈔本作「此蟲還有畏忌否」。

公夢二豎子之比也。

張中書

張中書愨，壯歲時，無日不服丹砂。暮歸福州，身體充腯，飲啖加人十倍，家人困於供億。獨一姪與婦竭力祇事，張命以官【二六】。每中夜苦飢，但擊床屏，亟以饅頭至，非五十枚不飽，茄蔬必十枰。常食羊肉，必五觔。經年之後，姪家爲之枵空。後忽髮際生瘍，浸淫及頂，巍然若高阜，結爲三十六瘡。旬餘暴裂有聲，瘡番而外向，如人口反唇，遂卒。

食掛

朱師古時敏，眉州丹稜人。年二十歲時，得疾，浸不能食，聞葷羶之氣輒嘔。唯用一鐺旋煎湯沃淡飯數匕【二七】，每用鐺，又須先滌十餘過，不然則覺腥穢不可近。食已，鼻中必滴血一點。厭厭瘦削，醫莫能愈。乃趨郡，謁史載之。史曰：「俗輩不讀醫經，而妄欲療人病，可嘆也！君之疾，只在《素問》正經中，其名曰『食掛。』凡人之肺六葉，當舒張如蓋，下覆於脾，則子母氣和，飲食甘美。一或有戾，則肺不能舒，脾爲之敝，故令不嗜食。是以《素問》云：『肺葉焦熱，名曰食掛。』言食不下脾，瘀而成疾耳。」遂授一方，使買藥爲劑。服之三日，聞人食肉，已覺香美【二八】。試取啖之，無所苦。自此益嗜食，宿恙頓

【二六】張命以官　涵芬樓本按：此疑有脱誤。

【二七】數匕　涵芬樓本注，明鈔本無此二字。

【二八】香美　涵芬樓本注，葉本無「美」字，從明鈔本補。

除【二九】。史君名堪，最善醫，登進士第，爲郡守。

侯郎中

魏郡侯栖筠，童幼時，值歲大旱，盡室流徙。中塗，父子相失，獨與母依村民翟翁家。已而母死，身無所歸。翟翁見其姿性聰悟，遂養爲子，教之讀書。大觀元年，擢貢士第三人及第，始請歸宗。宣和中，爲省郎，以未知父存亡，請還鄉。朝廷爲降榜尋訪。栖筠遣所親詣相國寺卜卦影，畫二馬相追逐，一翁一媪一官人拜。卜者云：「恐地名或姓氏有馬字，或歲月在午，皆不可知。」既茫無所向，姑用其言。纔渡河，先次白馬縣。縣人讀所出榜，適有二卜者【三〇】相遇。其一姓馬，其一瞽目，曰：「此處喧閴何也？」馬生曰：「大名府侯郎中，少年失其父，揭榜求之。」曰：「父年幾何？」曰：「七十餘矣。」瞽者曰：「我適到某州某處，有來卜卦者，自云侯先生，恰七十歲。我許以今年方得運，便當横發。莫非【三一】此人乎？」馬曰：「聞其人久已亡，今求其死所耳，安得尚在耶？」乃相揖而别。瞽者去，馬生往彼處訪侯老，且詢失子曲折，亟回縣收榜，懷之入白縣宰。偕造驛舍，報栖筠，遣鞍馬迎取。時侯老已更娶一村媪久矣。與之謀，曰：「我家有兩園棗，儘自可過日，好事不如無，又安知其果吾子否也？」辭不至。宰率丞尉同往，强拉至驛中，未有以辯。宰扣此老：「汝所失子，有何【三二】瘢痕之屬可識乎？」曰：「五六歲時，

【二九】宿恙頓除　涵芬樓本注，明鈔本作「宿恙如洗」。

【三〇】二卜者　涵芬樓本注，明鈔本作「二人者」。

【三一】莫非　涵芬樓本注，明鈔本作「豈非」。

【三二】有何　涵芬樓本注，明鈔本無「何」字。

因弄刀傷中指。」栖筠矍然起拜，相持慟哭，即並媪迎歸京師。徽宗亦甚喜，贈官錫服，皆辭焉。於是賜以兩字處士誥，就養，閲歲而終。

張邦昌卦影

張邦昌，以靖康元年爲少宰，奉使虜營。留頗久，夢一術士爲作卦影，而書十六字於後，曰：「六六三十六，陽數自然足。二二二，不墜地。」明年，南歸京師，受虜命爲楚帝，僭居宫闕【三三】，者三十六日。及謫長沙，賜自盡，正建炎二年，而月日又有兩二字。縊於梁間，所謂不墜地也。

章楫娶妻

金華士人章楫，因至衢州，問卜於劉肆，得一詩，其末句云：「也須再唱新郎曲，王婆開口笑未【三四】熟。」茫不可曉。問劉，劉曰：「吾但據占書如此，亦不可妄解，他日當自驗。」時楫妻在室無恙，頗惡「再唱」之語。未幾，妻病卒。同郡陳秀才娶程衡女兄，陳忽殂。程氏服終，改嫁於楫。嘗拜掃先壟，拉衡兄弟出郊，從容談及婚姻事誠非偶然，取向者卦影告之。衡嘆曰：「豈特如是？家姊姓氏皆見此矣！」蓋程字之右畔，乃王上一口，所謂王婆開口也。左畔從禾，豈非米未熟乎【三五】？其義昭然。

【三三】僭居宫闕　涵芬樓本注，明鈔本多「稱制」二字。

【三四】未　涵芬樓本注，明鈔本作「禾」。

【三五】豈非米未熟乎　涵芬樓本注，明鈔本作「所謂笑禾熟也」。

樂先生

契丹季年，常勝軍校龐太保妻耶律氏，詣燕山樂先生卜肆問命。卦成，樂驚曰：「平生所閱人，無如夫人之貴，非后妃不足以當之！今服飾若此，何也？」耶律笑曰：「吾夫一營卒耳，近以微功，方遷隊首，猶未免饑寒，安望王侯【三六】？」樂曰：「夫人不大貴，吾當焚五行之書。」既而金人滅契丹，首領【三七】兀术至燕，見耶律氏美，納之而殺其夫。後封越國王妃。妃方頤修頷，明眸華髮，權略過男子，兀术敬畏之。先公在燕時，熟識其狀。予奉使日，接伴使曰工部侍郎龐顯忠，蓋耶律在龐氏時所生也。

汴岸術士

何清源丞相，因改秩入都。暑月憩汴河，買瓜欲食，失手墜於水。方獨立徘徊【三八】，適術士過前，共坐旅舍，詢其技。曰：「能論三命。」乃書年月日時示之。驚起，揖曰：「自此便得路【三九】，至宰相封王。」何深以爲過許【四〇】，付之一笑。俄有市井少年繼至，亦問命。術者云：「汝命甚惡，法當死【四一】。」少年大怒，揮拳【四二】毆之，中其脅，即時殞絕，不可救。邸人執以送官，遂棄市。何貴達悉如其言。術士可謂靈於人，而不靈於己矣。

【三六】猶未免饑寒安望王侯　涵芬樓本注，明鈔本作「饑寒之不免，安得封王事乎」。

【三七】首領　涵芬樓本注，明鈔本作「其酋領」。

【三八】方獨立徘徊　涵芬樓本注，明鈔本作「獨立自歎」。

【三九】自此便得路　涵芬樓本注，明鈔本無「路」字。

【四〇】過許　涵芬樓本注，明鈔本作「不然」。

【四一】法當死　涵芬樓本注，明鈔本作「法當刑死」。

【四二】揮拳　涵芬樓本注，明鈔本作「奮拳」。

孫生沙卦

臨安人孫自虛，好談陰陽星術【四三】。於軍將橋【四四】瓦市，僦屋設卜肆自給。初無奇術，俗謂之沙卦是也。最善鉤致客言，然後訣語。有道士年四十餘，來占命，視其顔狀似與歲數合，又恐爲他人假手，先試探之曰：「此是入格好命，若時辰正當，今已通顯，未作侍從，亦須持使節，典大藩。如只沾時初，氣數尚淺，至於時末，則又迥然不同。且年齡將半百，子息不遂，定飄飄如孤雲野鶴，始可安身。更有一説，其人固碌碌，却在公侯將相之前，亦可亢禮，殊非閭閻細民所能及也。」道士諦聽首肯，拱而言曰：「此是貧道【四五】賤命，平生不娶，無由有子，棲遁道門二十載矣。」孫曰：「既是尊師庚甲，請畢其愚，不出今年，當隨分奮發。在常流中便居道職，不爾，則就近主持宫觀。其應不遠，宜早圖之。」道士曰：「吾乃平江天慶觀朱令然【四六】也，適知宫虚席，欲經營住持耳。」孫賀其必獲【四七】，曰：「如此則是角音姓人占事，百發百中，吾言不誣。」道士喜謝而去。又一婦人入拜求卜，少艾而獨行，料其所占，必以厥夫之故。探之曰：「娘子得非占行人乎？」曰：「然。」孫曰：「夫官爻動，如問出行消息，不過五日，其身隨後亦至。道塗平安，多獲財利。上卦也【四八】。」婦人曰：「丈夫出外販江【四九】，一年無信。若道中時，專當相謝。」後經旬日，夫果歸，妻具以告，遂與萬錢。

【四三】陰陽星術　涵芬樓本注，明鈔本作「陰陽之説」。

【四四】於軍將橋　涵芬樓本注，明鈔本多「之東」二字。

【四五】貧道　涵芬樓本注，明鈔本作「泠然」。

【四六】朱令然　涵芬樓本注，明鈔本作「朱泠然」。

【四七】必獲　涵芬樓本注，明鈔本作「必濟」。

【四八】上卦也　涵芬樓本注，明鈔本作「十分好卦象也」。

【四九】販江　涵芬樓本注，明鈔本作「販姜」。

曹仁傑卜術

閩士曹仁傑，淳熙末，預秋榜待補。明年入都，貧無裝資，假賣卜自給。在市售卦，一人來卜，爲畫一官人發怒，一「事」字甚大，而無挑脚，「憂」字半缺，一「喜」字下畫不滿。解之曰：「君恐當官事，其禍大如天。然憂不成，出此月翻有獲財之喜。」客請其說。曰：「官既怒，爲可憂，而事不圓，故知無害。憂去則喜至，以下畫缺，須候改月乃吉。」客曰：「誠如所言，吾必奉謝。」欣然而去。後旬日，持二萬錢來饋。不談曲折，但云：「足下之術通神，都城卦肆滿街，無如公者【五〇】。當廣揚盛名，少效寸力耳！」曹之友叩之，笑曰：「我本不能卜筮，而粗曉相法。認彼是公吏，非有公事不求卜。視其面色，不見有災厄，以是言之。」後訪其人，果是府吏，因治獄受賕，怨家將告之，懼甚。府尹置不理，遂得錢三百千。又一官人發課，數與鄰坐言春班日期。知必改秩者，乃大書升之革。謂曰：「自此當升遷，詳卦名可見矣。」一少年求卜【五一】，自云占和合事。畫一枷一匙，其下有喜。曰：「卦中唯婚姻事最吉。」少年滿意而去。曹留數月，藉此以濟旅塗，直可付一笑也。

【五〇】無如公者　涵芬樓本注，明鈔本作「真所未見」。

【五一】一少年求卜　涵芬樓本注，葉本無「求卜」二字。

夷堅志補卷第十九 九事

謝石拆字

蜀人謝石，紹興八年來臨安，一時占驗尤異。文惠公方赴調，目擊兩事。士人樊將仕妻失真珠冠，書「失」字，命厥夫詣肆【一】。石曰：「吾妻，朱女也。」「有第二十八者乎？」曰：「妻兄也。」曰：「然則從此取之【二】。」樊曰：「此人素持行檢，家貲豐富，豈肯爲竊盜事？」曰：「不然。必因與之交關，誤持去。其物固在，可得也。倘得之，當以十千錢謝我。」樊歸，語妻。妻怒曰：「何爲妄議！吾兄豈若人也【三】？」詢之侍婢。云：「數日前，二十八舅到此，曾借物否？」婢云：「但昨欲出謁，曾借帽子，既而不用就還，原未嘗開匣也。」謾啟視之，冠在帽下，蓋囊因晒帽，誤置其中，久而忘之矣。同邸一選人病，書「申」字以問，中帶燥筆。石對之伸舌，但云：「亦好。」客退，謂坐者云：「丹田既燥，其人必死。」或曰：「應在幾日？」曰：「不過明日申時。」果然。

校勘記

【一】詣肆　涵芬樓本注，明鈔本作「持詣肆」。

【二】從此取之　涵芬樓本注，明鈔本作「從此郎取之」。

【三】豈若人也　涵芬樓本注，明鈔本無此四字。

蓬州樵夫

謝石既以相著名，嘗遊丹陽，見道姑行市中，執巨扇，其上大書「拆字如神」，石笑曰：「此術豈有勝我者，何物老媼敢爾！」呼之入室，書「石」字示之。姑曰：「爲名不成，得召却退。逢皮則破，遇卒則碎。」石視之不樂，然心服其言。明日，訪所在，無識之者，蓋異人也。建炎中，石爲利路一尉，武將王進邀之飲，使拆其名。石曰：「家欲走，若圖事必敗。」時進以謀叛結黨欲發，不以其語爲然。將起亂之夕，乳媼踰垣告官，逮捕下獄，始嘆息曰：「悔不用謝石之言。」郡守疑石同謀，而知反不告，亦逮治。坐削籍，黥配蓬州。後詢王進鄉里，乃滄州南皮，且起於卒伍，悉如道姑言。洎至蓬，因過天慶觀，逢樵夫負薪，憩門左，石兼能相術，熟視之，曰：「神清，骨清，氣清，得非神仙乎？」樵夫驚，爭拂石面。石問：「何爲？」則黥文已滅矣。郡即給據，俾自便。《春渚紀聞》録云：徑前挽髮【四】，罵曰：「汝正緣口多壞了，今日尚敢妄説！」批其頰至再，乃去。旁人相

「石初入京師，以拆「朝」字十月十日【五】。大貴人之故得官。」别一説云：徽宗書「問」字，命一隸持往，石密批于側【六】，緘封之【七】，戒其到家方可發封。隸歸奏，上啟讀，乃曰：「左爲君，右爲君，聖人萬歲。」遂補承信郎。有道士聞其事，亦以「問」字占，石曰：「門雖大，只有一口。」道士愕然。蓋所住觀無他黄冠，唯童僕數輩。猶未以爲奇，復書

【四】挽髮　涵芬樓本注，明鈔本作「挽其鬚」。

【五】以拆朝字十月十日　涵芬樓本注，明鈔本「字」下多一「爲」字。

【六】石密批于側　涵芬樓本注，葉本無「批」字，從明鈔本補。

【七】緘封之　涵芬樓本注，明鈔本作「緘付之」。

「器」字，倩俗人往占。曰：「人口空多，皆在户外。」於是大服之。

朱安國相字

新安術士朱安國，善相字，其源亦出於謝石。紹興三十二年六月，至鄱陽。是歲壬午，當舉場開，士人多在州學，從之占問，巧發奇中，聽者忘疲。段毅夫示以「飛」字，朱書其側，曰「二九而升」。扣其説，對曰：「飛之爲字，從二從九從升。但據筆畫言之，不能知其義，未可便決禍福。」及秋試，以第十九名薦送。朋友賀之，曰：「十九者，第二九也。君必正遇。」已而省試失利。乾道元年乙酉再舉，復中十九名，遂登第。始悟二九而升級者，兩次九方成耳。是時，有老齋僕王明者，少日亦讀書，爲貧所苦，棄業爲隸。試書「慶」字示之，笑曰：「此雖小人，中心作文而不遂，又恨其『必』字勢偏左，主左脚跛躄之疾，旦夕却招婚姻之喜。」坐者云：「所説極切。當其人三十歲，中風溼，故左脚不良。但今已七十【八】，自有妻，安得如後一轉語。」後旬日，爲人家作媒嫁女【九】，頗獲禮謝。趙哲彦通以《周易》應乙酉舉，遭黜，謀改習賦。朱適再來，因書「易」字求相。朱曰：「得非有更易之意乎？此字从且从勿，當且勿易，終必得。」遂仍舊經，獲預貢。此三事，聞之焦書有。文惠公爲參知政事，上章丐去未諧。朱訪予，予曰：「用書信中字可占否？」曰：「可。」即指書中「去」字使觀之。其體帶草，朱捧玩，咨嘆曰：「此尊官已是貴人，今所占

【八】但今已七十　涵芬樓本注，明鈔本作「但今春秋七十」。

【九】爲人家作媒嫁女　涵芬樓本注，明鈔本作「妻爲人家作媒嫁女」。

何事？」予曰：「見任兩府，方力求去。」朱曰：「正鑽頭出天上，將位冠百僚，無庸詢休逸之請也。」後兩月，拜相。

李侍郎龜精

李椿年仲永，爲士人時，於浮梁縣學，值善相者，曰：「君容狀真龜形，非直【一〇】肖似而已，蓋龜精也。在相法，得其真者，極貴。然有一說，最忌爲人窺見。萬一如是，則未來福禄一切消滅矣。」李異而志之。平時不好潔淨，或經歲不沐浴，衣裳垢膩，面目黧黑，常若在泥塗中。爲左司郎中，忽命具浴。一小妾隨直，令伺於外，不許入室。越兩時許，全不聞水聲。妾疑焉，揭簾窺視，不見主人，徐入索之，乃一龜蹙跚桶内，妾驚走徧告家人。李旋出浴，怒其掩己不備，又妄誕惑衆，遂斥還鄉。猶畏其語泄，隕諸中道。後自户部侍郎罷歸，繼守宣城。所用小吏方澤者，本邑廳之隸，李以爲幹僕，從往宣。及奉祠，返故里，過縣，縣令永嘉薛季益治具延款。因如廁頗久，澤候望之，與向來小妾所見同。李極不樂，呼之前，告以區處家務，至纖至悉，始道相者之語，未幾而卒。張子理說。

皇甫世通

皇甫世通，衢州人。言與王廷親昆弟也，其相術略等。予識之久，未嘗親覿其驗，而

【一〇】非直　涵芬樓本注，明鈔本作「非只」。

劉共甫尤延之，王齊賢稱其絶倫。隆興元年，予家文惠公以司農少卿總餉鎮江，世通往謁，一再見，即反衢。劉公爲守，每延入書院，留坐從容。適邸報湯岐公拜左揆，張魏公右揆，劉曰：「二公歸舊廳，從此福禄應未艾。」世通曰：「近屢於馬上覘之，色枯而促，豈宜進步？未必能一年，必有不可諱者【一一】。」劉曰：「陳魯公何如？」曰：「亦數短，正使再入，仍不佳。」劉曰：「若是，則誰可爲？」曰：「有一官員必爲之，但地位尚遠，言之公當弗信，然觀之已熟。公欲知乎？今鎮江洪總領是也。」劉大不以爲然，力詆其妄，曰：「執政侍從甚衆，寧無一人作相，顧反在外一使者邪？」世通拱手曰：「與公立約，自今日以往，捨故相之外，或他貴人先洪公【一二】登庸，吾不復相士。」既而岐、魏皆以次年去位，不旋踵云亡。魯公再當國，纔二月，文惠以乾道乙酉季冬大用，距其説恰二年。張安國帥潭，劉公以書薦往見【一三】。張待之尤厚，數餽緡錢，留累月。世通不能謹語，輒議其府州事，致掇盛怒，逮繫獄。王齊賢爲長沙宰，因訪獄保【一四】，入唁之，且加寬譬，曰：「府主特相苦爾，毋深憂。」世通借鏡自照，喟然曰：「視此形色，如何少得面上五大字！」未幾，張徙鎮荆渚，行有日，齊賢又造囚室，告之故。世通喜，再求鏡以驗，一覽即擲于地，曰：「鑿糟如故，吾定不免。」明日，張呼入府，杖脊黥隸青州，畢乃解印。尤延之提舉江東時，陳彦存損爲轉運副使，陳希顔待次鄱陽守，楊子靜再臨江陵，延之詢諸人休咎，皆言其將入鬼録，悉如其言。

【一一】必有不可諱者　涵芬樓本注，「必」明鈔本作「懼」。

【一二】洪公　涵芬樓本注，明鈔本作「洪卿」。

【一三】劉公以書薦往見　涵芬樓本注，「薦」明鈔本作「俾」。

【一四】獄保　涵芬樓本注，明鈔本作「掾曹」。

蔡州小道人

蔡州有村童能棋，里中無敵。父母將爲娶婦，力辭曰：「吾門户卑微，所取不過農家女，非所願也。兒當挾藝出遊，庶幾有美遇，以償平生之志。」遂著野人服，自稱小道人，適汴京，過太原、真定。每密行棋覘視，自知無出其右者，奮然至燕。燕爲虜都，而棋國手乃一女子妙觀道人。童連日訪其肆，見有誤處，必指示。妙觀懼爲衆哂，戒他少年遮闌于外，不使入視。童憤憤，即彼肆，相對僦屋，標一牌曰：「汝南小道人手談，奉饒天下最高手一先。」妙觀益不平，饒揣其能出己上，未敢與校勝負，擇【一五】弟子之最者張生往試之。張受童一子，不可敵，連增至三，歸語妙觀，曰：「客藝甚高，恐師亦須避席。」未幾，好事者聞之，欲鬭兩人，共率錢二百千，約某日會戰於僧舍。妙觀陰使人禱童曰：「法當三局兩勝，幸少下我，自約外奉五十千以酬。」童曰：「吾行囊元不乏錢，非所望。然切慕其顔色，能容我通衽席之歡乃可。」女不得已，許之。及對局，童果兩敗，妙觀但酬錢而不從其請【一六】。適虜之宗王貴公子宴集，呼童奕戲，詢其與妙觀優劣【一七】。童曰：「此女棋本劣，向者故下之耳。」於是亦呼至前，令賭百千。童探懷出金五兩曰：「可賭此。」妙觀以無金辭。童拱白座上曰：「如彼勝，則得金。某勝，乞得妻【一八】。」坐客皆大笑，同聲贊之曰：「好！」妙觀慙窘失措【一九】，遂連敗。既退，復背約。童以詞訴于燕府，引諸王爲

【一五】擇　涵芬樓本注，葉本無「擇」字，從明鈔本補。

【一六】不從其請　涵芬樓本注，明鈔本作「不肯從寢」。

【一七】優劣　涵芬樓本注，明鈔本作「品格低昂」。

【一八】如彼勝則得金某勝乞得妻　涵芬樓本注，明鈔本作「如此女勝，則得金與錢。某若幸勝，則欲乞此女爲妻」。

【一九】妙觀慙窘失措　涵芬樓本注，明鈔本多「色如死灰」四字。

證，卒得女爲妻，竟如初志。

劉幻接花

宣和初，京師大興園圃。蜀道進一接花人曰劉幻，言其術與常人異。徽宗召赴御苑，居數月，中使詣苑檢校，則花木枝幹，十已截去七八。驚詰之，劉所爲也，呼而詰責，將加杖。笑曰：「官無憂，今十一月矣，少須【二〇】正月，奇花當盛開。苟不然，甘當極典。」中使入奏，上曰：「遠方伎藝，必有過人者，姑少待之。」至正月十二日，劉白中使，請觀花，則已半開，枝萼晶熒，品色迥絶【二一】，一叢數品花，一花數品色。酴醿一本五色，芍藥牡丹變態百種【二二】。池冰未消，而金蓮重臺。繁香芳郁，光景粲絢，不可勝述。事聞，詔用上元節張燈花下，召戚里宗王，連夕宴賞。嘆其人術奪造化【二三】，厚賜而遣之。

李鼻涕

紹興初，劉延仲寓居秀州香華橋下，常見道人過門，丫髻垢衣，或從求藥，則以鼻涕和垢膩爲丸與之，因目爲李鼻涕。劉疑其異人，延坐【二四】良久，曰：「今日適無酒可以爲樂【二五】，柰何？」道人笑曰：「床頭真珠泉一尊，何吝也【二六】？」劉大笑，呼童開尊。道人曰：「不必，但將一空缾來。」索紙覆之【二七】。少頃，香溢於外，成美酒矣。坐者皆醉。

【二〇】少須　中華本注，明鈔本作「少頃」。

【二一】枝萼晶熒品色迥絶　涵芬樓本注，明鈔本作「枝間小雪晶熒，花品色目，悉與常科迥絶」。

【二二】百種　涵芬樓本注，明鈔本作「千種」。

【二三】術奪造化　涵芬樓本注，明鈔本作「力能奪造化」。

【二四】劉疑其異人延坐　涵芬樓本注，明鈔本作「劉疑其異，延與坐」。

【二五】樂　涵芬樓本注，明鈔本作「禮」。

【二六】何吝也　涵芬樓本注，明鈔本作「何不出待客」。

【二七】索紙覆之　涵芬樓本注，明鈔本作「亦得瓶至，索紙覆之」。

明日，劉有他客，乃出所謂真珠泉者啟之，印泥儼然，而中空無滴矣【二八】。劉氏諸妾，每見其來，各與錢，悉納於肘後皮篋中。伸手拍十下，更無一錢。得市人錢，即掘土窟瘞之路旁。小兒伺其去，發土探之，無有矣。一日，詣劉言別，覓鞋一雙【二九】，云：「後二十年某月某日，當於真州相會。」至期，劉死於真州。

豬嘴道人

洛陽李巙，少年豪邁，以財雄一鄉。常薄遊阡陌間，遇心愜目適，雖買一笑，擲錢百萬不靳【三〇】。宣和間，某太守自南郡解印還洛，家富聲樂【三一】，列屋一寵姬最姝秀夭麗，西都人家伎妾以百數，名倡千人，莫能出其右。嘗以暮春【三二】遊名園，玩賞牡丹，偕侶相攜穿花徑。巙望見，兀兀如癡，寄目不暫瞬。姬亦窺其容狀，口雖笑叱，而心頗慕之。兩人遙相注意，俱不能【三三】出言，悵悵而去。明日，又邂逅於別圃，度無由得狎【三四】，方寸憒亂，摇摇若風中懸旌，思得暫促膝，成須臾歡，罄百計不就。時有豬嘴道人者，售異術於廛市，能顛倒四時生物，人莫能識，巙獨厚遇。忽造門求醉，巙欣然接納，深思扣以其事【三五】，或能副所欲。乃設盛饌延款，具以誠告。客初難之，請至再四，乃笑曰：「姑試爲之。」巙拜曰：「果遂願【三六】，不敢忘報！」明日，招往城外社壇【三七】，四顧無人，拈一片瓦呵祝移時，以付巙，曰：「吾去矣，爾持此，於庭【三八】壁間上下劃之，當如願矣。善藏

【二八】無滴矣　涵芬樓本注，明鈔本作「無涓滴」。
【二九】詣劉言別覓鞋一雙　涵芬樓本注，明鈔本作「詣劉言別，問所需，秖覓鞋一雙」。
【三〇】雖買一笑擲錢百萬不靳　涵芬樓本注，明鈔本作「雖銷錢百萬，爲一笑費，非所靳」。
【三一】家富聲樂　涵芬樓本注，明鈔本作「家盛聲樂」。
【三二】暮春　涵芬樓本注，明鈔本多「佳時」二字。
【三三】俱不能　涵芬樓本注，明鈔本作「懼不敢」。
【三四】度無由得狎　涵芬樓本注，明鈔本多「而歸」二字。
【三五】深思扣以其事　涵芬樓本按：此句疑有脱誤。
【三六】果遂願　涵芬樓本注，明鈔本作「果蒙公恩」。
【三七】社壇　涵芬樓本注，明鈔本多「亭上」二字。

此瓦，每念至，則懷以來。」巘謹受教，劃壁，未幾剨然中開，竦身而入，徑趨曲室内，斗帳畫屏，極爲華美。婦卧其中，宿酲未醒，見人驚起，矐顔微怒，曰：「誰家兒郎，强暴至此？輒入房院【三九】，誰引汝來？」巘卻立凝笑，不敢言。熟視良久，蓋真所願慕者。婦人亦悟而笑。略道曩事，即登榻共卧，相與極懽。既而曰：「太守且至，郎宜引避疾回，後會可期【四〇】也。」遂循故道而出，壁合如初。瓦故在手，攜還家，珍秘於櫝。過三日，率一遊。每見愈款昵，經累月杳無人知。會其密友賈生者，訝巘久不相過，意其有奇遇，潛伺所向，迹至社壇側。巘覺而捨去，賈隨詰問，不能隱，具以始末告之【四一】。賈不信，曰：「果爾，吾豈不可往邪？如不吾同，當發其妖幻【四二】，首于官，且白某太守。」巘甚懼，曰：「今日已暮矣【四三】，俟明日，同詣道人謀之。」拂旦往，道人不悦，曰：「機已泄，恐不能神，當作别計。城西某家，有園池之勝，能從吾飲乎？」皆曰：「幸甚。」即具酒殽，偕往小飲。一亭前，有大假山，道人酒酣，振衣起，舉手指劃山石，一峰中分。兩人就視，見樓臺山水，花木靚麗，漁舟從溪上來，碧桃紅杏繽紛【四四】。方注目間，道人登舟，其去如飛。賈引袖力挽，石縫遽合，傷其指。道人杳無蹤矣。它日，兩人復至社壇，用原瓦施之，已無所效。惘然怨悔而歸。後訪乳醫嘗出入太守家者，使密扣姬，云：「夢中恍惚與一男子燕私，今久不復然矣。」

【三八】庭　涵芬樓本注，明鈔本作「亭」。

【三九】輒入房院　涵芬樓本注，明鈔本作「輒入人房院」。

【四〇】後會可期　涵芬樓本注，明鈔本作「後會不難」。

【四一】告之　涵芬樓本注，明鈔本作「告」。

【四二】當發其妖幻　涵芬樓本注，明鈔本作「當以妖幻」。

【四三】今日已暮矣　涵芬樓本注，明鈔本作「今已日暮，去亦不濟」。

【四四】碧桃紅杏繽紛　涵芬樓本注，明鈔本作「碧桃繽紛，飄拂縈棹」。

夷堅志補卷第二十 八事

桂林秀才

樂平向十郎者，爲商往來【一】湖廣諸郡。嘗販茜柸數十篋之桂林。值久雨，憩僧寺中。天乍晴，悉出茜曝于庭【二】俄一人儒衣入門，相揖問勞，委曲如舊交。良久，率爾言曰：「尊客，此物【三】能捐十之一見贈乎？」向笑曰：「鄙人不遠數千里來貿易，以覬錙銖之息，歸養妻孥。不幸困於雨，進退無計，君何爲出此言？且素昧平生，何緣損己以相餽【四】，豈故相戲邪？」其人卑躬下氣，求之不已。向大怒，極口詆之，則熟視微笑而去。少頃，所曝茜皆變白色欲腐。向驚疑莫測。一僧在旁，密語之曰：「此子精於南法，非特能變幻百物，亦能害人。」向愁慘泣【五】曰：「爲之柰何？」僧曰：「吾知之久矣，見之熟矣，彼固不敢犯我。然以其挾妖欺天害人以自利，心惡之。今知客反掌受禍，詎宜忍不言？此子技至精，儕輩莫及。獨此東去十里外，有老僧能制之。而其居隱邃，人所不識。客誠能虔心求訪，盡力哀祈，當轉禍爲福。不然，無濟也。」向拜謝如教，亟往訪之，則荒榛蔽目，絶無人跡，蕭然一草舍，不蔽風雨，老僧瞢騰獨坐。向趨拜致敬，跪以情白。拒之

校勘記

【一】往來　涵芬樓本注，明鈔本作「往來貿易」。

【二】悉出茜曝于庭　涵芬樓本注，明鈔本作「悉發篋曝于庭下」。

【三】尊客此物　涵芬樓本注，「尊客」葉本作「君之」，從明鈔本改。

【四】且素昧平生何緣損己以相餽　涵芬樓本注，明鈔本作「且平生未嘗半面，有何因緣，便令損己以相餽」。

【五】慘泣曰　涵芬樓本注，明鈔本作「慘啜，泣曰」。

甚堅，曰：「吾厭苦世紛，屏跡待盡，安有所謂道術哉？且何人饒舌，爲汝道？」向洒涕悲鳴，拜以百數。乃頷首【六】，呼入室，取丹書小符一紙付之，曰：「汝歸就曝處【七】，以大釘釘之，勿令盡。彼若來悔伏，則取而縱之。」向歸，用其説。未瞬息間，茜色如故。秀才者復來，遍體腫脹，氣息纔屬。令二僕扶持，蹣跚悔謝曰：「昨聊與客戲爾，何至是！所攜貨既無傷，幸舍我！」向爲去釘。其人漸平復如初，鄭重而出。別有告者曰【八】：「彼非真感君賜也。業已相負，釁隙既成，必謀報怨，將何以待之？」向益懼，又奔詣老僧。僧曰：「若果爾，宜重釘此符，令没入地，除妖以寧一方，吾之志也。」向謹奉教，符纔没地，外間爭相傳告云：「秀才暴卒矣！」是事本吾邑向元伯侍郎族黨所致，而鄉人皆不知，後聞何德揚始言之。

潘成擊烏

廣州人潘成，販香藥如成都。弛擔村邸，遇一道人，謂曰：「君每食時，倘有烏鵲及異物登几案剥啄時，切不可食其餘。仍須尾逐之，俟其落處急擊，將有所獲。」越三日，潘方食，有大烏自外飛入，見人不懼，舒徐就器中攫食【九】。潘憶道人語，急擊之。烏突起，潘攜梃奔逐，烏翔飛而去，離地只數尺，終不能高舉，約二十里，力乏墜地，化爲老嫗。又擊之，嫗悲鳴，求納金贖命。乃相隨行，又十許里，到江岸小山下，有茆廬，嫗叩門，一女子

【六】頷首　涵芬樓本注，「頷」葉本作「肯」，從明鈔本改。

【七】就曝處　涵芬樓本注，明鈔本作「就曝茜處」。

【八】曰　涵芬樓本注，葉本無「曰」字，從明鈔本補。

【九】見人不懼舒徐就器中攫食　涵芬樓本注，明鈔本作「見人無懼意，徐就器中攫食」。

年可十五六，出迎置酒相款。其家雖觸事野寂，而酒饌精潔，器用雅素，俱用白金爲之。酒罷，女奉黄金十兩與客。潘甚喜，忘其爲異物也。遽受而辭歸，告其逆旅主人，且將同訪。黎明復往，一無所見。蓋此嫗習幻術者云。

沈子與僕

沈點，字子與，臨安人。徙居會稽，以進取不利，入蜀謁親，因留十年。雇一僕使令，喜其解事，挈之東行。道經巴東，過村市，詣店買麵，坐良久，店傭供他客，食竟而故不及沈。其僕怒，且慮其有他志，白沈作計捨去。行數里，腹忽微脹。僕曰：「已墮他術中，當且住，作計解禳。」乃買錢索十餘條，使沈緊繫其腰，僕亦如之【一〇】。久焉，索皆斷，脹亦隨消。僕賀曰：「我無事矣，彼賊即當奔來告我矣。」復前進，可二十里，果有男女相續汗喘而至，呼拜乞命，曰：「恰不合妄觸尊官，乞恩垂慈赦罪！」沈固不知也，無以答。僕語之曰：「爾家竈已是壞了，不可用。」其衆【一一】復哀祈，乃就地捻土一塊與之【一二】，皆巽謝而去。旋以問僕，僕云：「彼家習妖法，不謂我亦能之。既不獲害我，當自受其殃【一三】。蓋自索斷之後，彼竈不復可然火。雖終日加薪，不能爇。一竈之費，須三四千錢【一四】，聊以困之。其家正被病，竈復不然，唯有死耳。得吾土屑服之，乃可定耳。」沈屢以語人，道路之難，有如此夫【一五】！

【一〇】僕亦如之　涵芬樓本注，明鈔本多「脹不已」三字。

【一一】赦罪沈固不知也無以答僕語之曰爾家竈已是壞了不可用其衆　涵芬樓本注，葉本無上二十六字，從明鈔本補。

【一二】與之　涵芬樓本注，明鈔本作「揉碎付之」。

【一三】當自受其殃　涵芬樓本注，「當自」明鈔本作「則反」。

【一四】須三四千錢　涵芬樓本注，明鈔本作「須三四十千錢」。

【一五】道路之難有如此夫　涵芬樓本注，明鈔本作「言道途之艱難如此」。

梁僕毛公

福唐梁緄，居城中，嘗往其鄉永福縣視田。一僕毛公操舟，半途值暮，望遠岸民家，男女雜沓，若有所營。毛語梁曰：「彼方賽神，當往求酒肉來獻。」即葩茅抛之，微作叱咤，良久寂無應者。毛窘怖失措，亟入舟中，舉一盆覆其首。俄風雲晦冥，異響【一六】嘈囋，小舟摇趯如舞，一物鏗然有聲，墜盆上，若刀劍之臨。已而響止風息，盆碎爲四五片，但有半破蘆管在焉。毛喜而出，曰：「彼伎倆極矣。本只是寄個消息，去覔祭餘酒食【一七】。不料他便起惡意，反要相害。今殺之不難，不欲爲官人作業。且當小報之。」乃拈亂稈一把，置煴火焉。其居應時烟起焰合，轉盼間，焚室廬幾半。主人率徒侣十餘輩，攜酒一壺，豚蹄一雙，奔造水次，見毛遜謝，曰：「若早知是毛公，自當祗奉。何意却成激觸，願恕其罪，納此微物。」毛爲撲滅稈煙，彼家炎炎方熾，隨手頓息，但已焚者不可救耳。永福人大約好奉妖術，而毛技最高，故勝之也。兩下皆洞曉，若外人遇之，危矣！緄乃吾族外孫壻，爲大兒説。

【一六】異響　涵芬樓本注，葉本無二字，從明鈔本補。

【一七】酒食　涵芬樓本注，葉本無二字，從明鈔本補。

董氏子學法

信州貴溪龍虎山，世爲張天師傳正一教籙之地。而後山巫祝所習，謂之南法，乃邪術也。能使平地成川，瓦石飛擊，敗壞酒稼，鼓扇疾疫，其餘小伎作戲，更多有之。吾鄉樂平白石村董氏子，年少輕浮，往求侮惑婦女之術。得一呪訣，能使婦人自脱衣裳，喜而歸。欲驗其信否，先呼妻試之。便覺遍身奇癢，又若蜂蠆入懷，爬搔拂擷，無可奈何，亟脱上衣，已而袴履皆自墮，遂登榻仰臥【一八】。此子詫所學已成，旋取衣使再著，不復可著體，皆滑撻如油。蓋向來貪於亟還家試法，不暇問【一九】其返服之法。窘撓經日，告妻將再往盡其術【二〇】。妻不勝羞愧，自縊而死。

神霄宮醮

林靈素於神霄宮夜醮，垂簾殿上，設神霄王青華帝君及九華安妃韓君丈人位。至三鼓，命幕士撤燭，立簾外。初聞風雷繞簷，若有巡索。繼見火光中，數輪離地丈許，翔走【二一】空中，仙靈跨躡龍鸞，環珮之聲，鏗然可聽。俄聞雲間傳呼内侍姓名者，全類至尊玉音。擲下所書符篆，墨色猶濕。已而寂然如初，始復張燭。先列酒滿大銀盌，至是罄無餘瀝，果柈殼核滿地。是時，都人相傳，靈素神異，雖至尊亦敬嘆，不知所以然【二二】。葛楚輔丞相云：紹興末年，湖州旌村曹巡檢，京師人，故隸名宿衛，能談宣和舊事。嘗言鄭太師家命道士章醮，别有道人來，哂其無術，請鄭掃潔廷宇，先期齋戒，盛具鋪列。明日初夜，家人肅立廷下，内外謦欬不聞。忽仙樂玲玲，從空而來，乘綵雲下至祠所【二三】。伶官

【一八】遂登榻仰臥　涵芬樓本注，明鈔本作「閉户登牀，引被自覆」。

【一九】問　涵芬樓本注，明鈔本作「竟」。

【二〇】盡其術　涵芬樓本注，明鈔本作「盡訪之」。

【二一】翔走　涵芬樓本注，明鈔本多「於内」二字。

【二二】所以然　涵芬樓本注，明鈔本作「其所以然」。

【二三】從空而來乘綵雲下至祠所　涵芬樓本注，明鈔本作「從空垂綵雲　下顧祠所」。

執笙簫合樂於前，女童七八人，履虚而行，歌舞自若，而神官仙衆，逍遥于後【二四】。頃之，雲煙蔽覆，對面不相見。一大聲如淨鞭鳴蹕，隨即寂然。道人不復見，供器皆用金銀，並無一存。鄭氏知墮術士計中，又畏禁中傳説，謂其夜祭神，不敢【二五】誦言。蓋此夕爲奸詐者，盡散樂也。烟雲五色者，以焰硝硫黄所爲【二六】。如戲場弄獅象，口中所吐氣。女童皆踏索踢弄小倡，先繫索於屋角獸頭上，踐之以行，故望見者，以爲履空。其他神仙，悉老伶爲之，巡檢亦箇中人也。然則神霄之事，疑若此云。

章仲駿遊仙夢

章騆仲駿，舊居無錫縣之斗城。年二十五歲時，病傷寒。旬餘，口鼻中如墨，眼陷舌枯，四肢不能伸屈，湯飲俱絶，醫謂必死。家人置棺以俟，命僧候之【二七】，肌冷即斂。是夕，夢皂衣卒【二八】二十餘人來，大略如迎新官，甚謹畏。一吏前揖請行，即隨以往。自所居至前橋，登大黑舫，月明如晝。章憑舷觀玩，迤邐出九曲盤龍港，經獨山門，入太湖，望向北諸山。詢爲何處，吏曰：「宜興張公洞也。」章云：「久聞此洞佳勝，每欲遊未暇，今試一往。」從者皆不可，曰：「彼中候官人甚急，豈宜他之？」章怒曰：「那由汝輩！」叱使行，遂泝山而往。抵岸，已有籠燭火炬，數道士前迎。問觀主爲誰，曰：「趙繼章也。」繼章向住無錫明陽觀，與章善，遂相引入洞。下瞰闌楯詰曲，石岩兩壁，衣冠儼列【二九】，如

【二四】于後　涵芬樓本注，明鈔本作「居後」。

【二五】不敢　涵芬樓本注，葉本無二字，從明鈔本補。

【二六】烟雲五色者以焰硝硫黄所爲　涵芬樓本注，「者以」葉本原無，「所爲」葉本作「之屬」，從明鈔本補正。

【二七】家人置棺以俟命僧候之　涵芬樓本注，明鈔本作「家人莫敢近，置棺於傍，使僧智通伺之」。

【二八】皂衣卒　涵芬樓本注，明鈔本作「皂衣吏卒」。

【二九】儼列　涵芬樓本注，明鈔本作「森列」。

仙人狀。石燕時時飛舞。俯視水一泓，明徹可鑑。一仙人招章云：「與汝兩仙栗，當對我食之。」章止食一枚，欲留一以遺母及兄弟，仙人再迫之，僅留其半。挽仙所着衣，皆軟如泥。又念取此泥作丸，必能益人壽考，遂竊而握之。行數步，回視岩頂有光，一穴如井口。旁人曰：「此乃出洞處。」遂出，趨舟次。羣吏皆喜。既登，又叱回棹。操篙者不從，復怒駡之，不得已而返。及家，大門中門皆閉，以足踢開，徑至房就寢。少頃睡覺，窗户明亮，呼婢取衣。智通驚走報，其兄弟皆來，猶疑其發狂，熟視面色，儼然如常時，兩手猶握拳。即日履地，飲食起居平復。時紹興癸酉二月。後有從張公洞來者，告以夢，與所見皆同，無少差，知觀果繼章也。仲駿自説。

大乾廟

邵武惠應廟，在軍西五十里大乾山，閩士多往祈禱。郡人張鳳，以紹興甲子冠鄉薦。既下第，丁卯再試，欲改賦爲經義。夢僧持鉢，中有詩曰：「賦中千里極歸依，衣鉢成章露翠微。」乃止，用賦得魁薦【三〇】。千里者，重字也。高中，得詩曰：「碧瓦朱簷天外聳，黄花六葉掌中開。」纔及第，娶黄司業女六娘者爲妻。碧瓦朱簷，高字也。建安詹必勝兄弟三人得詩曰：「萬里無雲天一色，秋風吹起鴈行高。」紙上倒書之。紹興己卯秋闈，同預薦。季弟名居上，仲次之，兄最在後。葉堯明【三一】得詩曰：「十日陰泥雨，皇都喜乍

【三〇】用賦得魁薦　涵芬樓本注，明鈔本作「仍用賦，遂復魁薦」。

【三一】葉堯明　涵芬樓本注，明鈔本作「葉克明」。

晴。浪平龍角穩，風細馬蹄輕。」遂登科。延平鄭良臣赴舉，其父祈焉，夢詩【三二】曰：「筆頭掃落三千士，賜與君家一二名。」良臣是年以第三名薦。鄧似愷，乾道戊子祈得詩【三三】，曰：「戊月年逢鼠，水邊少人武。雙劍鬭高飛，萬人看遠舉。」乃更名遠舉，即獲解，遂策名。鄧生沙縣人。季【三四】友直兄弟，夢攜手同行，有人荷鎗連呼，曰：「得了，得了！」果同預計偕。又占省試，夢廊下人出，相揖曰：「不用問，兄弟連標。」皆如其言。曹薦與弟惠赴試，夢殿上人持榜下，問之曰：「解榜也。」薦乞觀，有曹利用、曹利建姓名，乃皆易名以應之，果中選。獨李子和者，將赴太學補試，臨行祈夢，得詩云：「瓊奴耳畔低低語，爭乞釵頭利市花。」覺而與親朋言，良以爲吉。然入太學半年，不幸死，瘞於臨安漏澤園，旁一塚標云：「弟子瓊奴葬此。」

【三二】夢詩　涵芬樓本注，明鈔本作「夢判官送詩」。

【三三】戊子祈得詩　涵芬樓本注，「祈」明鈔本作「歲」。

【三四】季　涵芬樓本注，明鈔本作「李」。

夷堅志補卷第二十一 十四事

鬼國母

建康巨商楊二郎，本以牙儈起家，數販南海，往來十有餘年，累貲千萬。淳熙中，遇盜於鯨波中，一行盡遭害。楊偶先墜水得免，逢一木抱之沉浮【一】，自分必死。經兩日，漂至一島，捨而登岸，信脚行。俄入一洞，其中男女雜沓，爭來聚觀。大抵多裸形，而聲音可辨認。一婦人若最尊者，稱爲鬼國母，侍衛頗衆。駭曰：「此間似有生人氣！」遣小鴉鬟出探，則見楊，遽【二】走報，母令引當前，問之曰：「汝願住此否？」楊自念無計可脱，姑委命逃生，應曰：「願住。」母即分付鬟，爲治一室，而使爲夫婦。約僅二年久，飲食起居，與世間不異【三】。嘗有駛卒持書至，曰：「真仙邀迎國母，請赴瓊室。」即命駕【四】而出。自此，旬日或一月必往。其衆悉從，楊獨處洞中。他日言於母，乞侍行。母曰：「汝是凡人，欲去不得。」如是者累累致懇，忽許之。飄然履虚，如躡煙雲。至一館宇，優樂盤殽，極爲豐潔。至者【五】占位而坐，鬼母導楊伏於卓幃，戒以屏息勿動。移時宴罷，乃焚燒楮鏹，漸次聞人哭聲，審聽之，蓋其妻子與姻戚也。楊從卓下出，喚家人名，皆以爲鬼物，交

校勘記

【一】沉浮　涵芬樓本注，明鈔本作「汎浮」。

【二】遽　涵芬樓本注，明鈔本作「還」。

【三】不異　涵芬樓本注，明鈔本作「無異」。

【四】命駕　涵芬樓本注，葉本無「駕」字，從明鈔本補。

【五】至者　涵芬樓本注，「至」葉本作「主」，從明鈔本改。

口唾罵。唯妻泣曰：「汝没於大海，杳無消息，當時發喪行服，招魂卜葬。今夕除靈，故設水陸做道場追薦【六】，何得在此？莫是别有【七】强魂附託邪？」楊曰：「我真是人，元不曾死。」具道所值遇曲折，方信爲然。鬼母在外招唤，繼以怒駡，然不能相近。少頃寂然。楊氏呼醫用藥【八】調補幾歲，顔狀始復故。乃知佛力廣大，委曲爲之地。楊至紹熙中猶存。

猩猩八郎

猩猩之名，見於《爾雅》、《禮記》、《荀子》、《吕氏春秋》、《淮南子》。又唐小説載焦封孫夫人事。建炎中，李捧太尉獲一牝，自海島攜歸，爲妾，生子，不復有遇之者。金陵商客富小二，以紹興間泛海至大洋，覺暴風且起，唤舟人下矴石，整帆檣以爲備。未訖，而舟溺。富生方立篷頂，與之俱墜，急持之，漂蕩抵絶岸。行數十步，滿目皆山巒，全無居室，饑困之甚。值一林，桃李累累垂實，亟採食之。俄有披髮而人形者，接踵而至，遍身生毛，略以木葉自蔽。逢人皆喜，挾以歸。言語極啁啾，亦可曉解。每日不火食，唯啖生果。環島百千穴，悉一種類。雖在岩谷，亦秩秩有倫，各爲匹偶，不相揉雜。衆共擇一少艾女子以配富，旋誕一男。富夙聞諸舶上老人，知爲猩猩國。生兒【九】全肖父，但微有長毫如毛。時慮富竄伏，才出，輒運巨石窒其竇，或倩他人守視。既誕此男，乃聽其自如。時時

【六】追薦　涵芬樓本注，明鈔本作「資薦」。

【七】别有　涵芬樓本注，明鈔本無「别」字。

【八】呼醫用藥　涵芬樓本注，明鈔本作「呼醫藥」。

【九】生兒　涵芬樓本注，明鈔本作「男兒」。

偕往深山，摘採果實。自料此生無由返故鄉，而妻以韶秀【一〇】頗安之。凡三歲，因攜男獨縱步，望林杪高梔，趨而下，爲主人道其故，請得附行，許之，即抱男【一一】以登。無來追者，遂得歸。男既長大，父啟茶肆於市，使之主持，賦性極馴，傍【一二】人目之爲猩猩八郎，至今經紀稱遂【一三】。小二至慶元時尚存，安國長老了祥識之。

利路知縣女

淳熙五六年間，有官人赴利州路縣宰。自房陵、金州，西上到洋川界，地名石玉子。一女墜轎，墮於棧道崖中，知不復可救，舉家拊膺頓足，慟哭而去，詣傍近隔塘寺招魂追修。後一日，僧早入佛殿，見仙花一瓶在几上，念無所從來，尚未深訝。明日復然，旋着意窺覘，乃笄年女子也。素非檀信，又孑孑獨來，疑之【一四】，遍詢左右數十百家，皆無此女，因隨其所之，抵棧崖而隱，證以爲鬼。而旦旦【一五】供花之勤，未嘗少輟。後三年，厥父官滿，還次其處，寺僧以告。宰垂泣言：「如何使我得一見？」僧曰：「明日伺【一六】於佛殿，恐可值遇。」如期，女果來，置花畢【一七】徑出，其行如飛。宰急步逐之，望其下崖，不可得語【一八】。於是留信宿，雇漁人布網崖口，遂得之。父母抱拊悲痛，未敢喜，徐扣其生死。曰：「初墮落時，不在石，不在水，適處藤盤上，略無所傷，攀緣下草中睡，每日但食花草。數旬以往，不覺寒饑。衣裳漸斷壞【一九】，唯聯木葉自蔽，而身

【一〇】而妻以韶秀　涵芬樓本按：此句疑有脱誤。
【一一】男　明鈔本作「兒」。
【一二】傍　涵芬樓本注，明鈔本作「鈁」，屬上。
【一三】稱遂　涵芬樓本注，葉本作「遂稱」，從明鈔本乙改。
【一四】疑之　涵芬樓本注，明鈔本作「極疑之」。
【一五】旦旦　涵芬樓本注，葉本只一「旦」字，
【一六】伺　涵芬樓本注，明鈔本作「候」。
【一七】置花畢　涵芬樓本注，葉本無「畢」字，從明鈔本補。
【一八】不可得語　涵芬樓本注，「語」明鈔本作「女」。
【一九】斷壞　涵芬樓本注，明鈔本無「斷」字。

體絶輕【二〇】，可飄飄然【二一】升崖上，覩仙花滿棧谷，因采以供佛。今再履人世，蓋冥祐也。」父母與之歸鄉里，及嫁，如常人【二二】。

海外怪洋

大觀中，廣南有海賈，使帆風逆飄至一所。舟中一客，老於海道，起【二三】，四顧變色，語衆曰：「此海外怪洋，我昔年飄泛至此，百怪出没，幾喪厥生。今不幸再來，性命未可知也！」至日没，天水皆黄濁。有獨山峙水中央，山巔大石崩，巨聲振厲，激水高丈餘，黑雲亙山横起，雲中兩朱塔，隱隱然有光。老者趣移舟，曰：「是龍怪也。」令衆持弓矢滿引，鳴鉦鼓叫譟而行。巨人長丈餘，出水面，持金剛杵，稍逼舟次。衆齊聲誦觀音救苦經文【二四】，乃没。老者曰：「此不宜夜泊，盍入怪港！」指示篙師，水迅急，轉盼即到。夜深，矴泊港心，風止月明。老者令摶飯數百塊，以待需索。或問之，曰：「第爲備，勿問也。」二更時【二五】，有大舟峨然來，欲相並，亟擲飯與之，且唾且罵，彼人爭奪而食。頃刻，舟益多，或出或没，擲飯如前。時約四更，始散去。老者曰：「是皆覆舟鬼也。」視舟行月中無影，若無以充其饑，害吾人必矣。」天將曉，張帆盲進，水氣腥穢，大蟒千百，出没波間。又漂至一高岸，隆然如山，多荆棘。少壯三數人，登岸問途。行四五里，見長城横亙，不知藝極，高可百尺【二六】。到一門，兩巨人坐門下，各以一手持衆髻，掛於大木杪。入門

【二〇】絶輕　涵芬樓本注，明鈔本作「漸輕」。
【二一】飄飄然　涵芬樓本注，明鈔本作「飄然」。
【二二】如常人　涵芬樓本注，葉本無「人」字，從明鈔本補。
【二三】起　涵芬樓本注，明鈔本多一「望」字。
【二四】救苦經文　涵芬樓本注，「救苦」葉本作「投」，從明鈔本改。
【二五】二更時　涵芬樓本注，葉本無「時」字，從明鈔本補。
【二六】高可百尺　涵芬樓本注，葉本無「可」字，從明鈔本補。「尺」，明鈔本作「丈」。

攜火盆出，取一人投火中，炙至焦黑，分食之。既，攜盆復入，衆悉畏駭，共議曰：「若再來【二七】，吾屬無噍類矣！」斷髮，沿水疾馳，至舟中，急解維，雖老者亦不知爲何處。幸風便，猶數月到家。

二十夜月圓

慶元二年十月二十夜，三更後，月初出。時臨安、嘉興兩邦【二八】人未寢者，皆見其團圓如望夕。太史奏是爲上瑞，其地【二九】當十歲大稔。其冬不雪，明春無雨，民極以爲憂。下詔惻怛懇祈，中夏雨足，繼此必有望也。婁彥發說。

鬼太保

京師省吏侯都事，一妾懷娠，未及産而死，葬於城外。二年，旁近居人數見一婦人往來，每歸必攜一餅，久而共疑其事，蹤跡所由，知爲侯氏妾，往告侯生。侯從省中歸，適與相遇，妾闊步而走，侯逐之，相去十餘步，不能及。出城訪瘞所，略無隙罅，惘惘然，因爲守冢僧言之。僧曰：「此爲業翳牽纏，未能解脱。當舉焚其骨，使得受生。」會寒食拜掃，遂啟其藏，見白骨已朽，一嬰兒坐於足上食餅。衆大駭，視此兒，蓋真生人，眉目可愛，姨媼輩抱出撫翫，便能呼父母爲爹爹媽媽。侯無子，以爲神貺，鞠養之甚至。年二十時，遭建

【二七】若再來　涵芬樓本注，葉本無「來」字，從明鈔本補。

【二八】邦　涵芬樓本按：「邦」字疑誤。

【二九】其地　涵芬樓本注，明鈔本作「吴地」。

炎亂離，隨駕【三〇】南渡，與親故相失，不復可歸。入省隸兵籍，於御廚爲庖者。後以隨龍恩，得袛事德壽宮，識之者目爲鬼太保。淳熙五年方卒。

童貫咎證

童貫將敗之一年，庖人方治膳，忽鼎釜磔磔有聲。頃之，所烹肉悉化爲蝴蝶，殆且萬數，飛舞自如，直至堂中。貫心怪之，命僮使執撲，皆莫能得。俄兩犬著婦人衣，持梃人立而語，曰：「此易治耳！」各揮梃縱擊，蝶紛紛墮地，盡成鮮血。犬亦不見。已而貫伏誅。

鄱陽六臂兒

鄱陽南鄉民妻，淳熙十年生男子，從頂至足，皆與人無異，而兩肘各有三臂，軒軒可畏。母惡其怪，即漬諸水盆中。俄翻身起坐，又搨入水，加一木欖壓之，復推欖而起。祖母在旁，惻然曰：「此恐是神部中來，且試養育，看長大後如何。」遂沐浴，施襁褓，日以益壯。及八九歲時，放牛於野。他家童稚或與爭忿，則六臂齊舉，奮擊莫能抗敵。今十五歲矣。

【三〇】隨駕　涵芬樓本注，明鈔本作「從駕」。

玉獅子

吕彦升少卿擢，生於戊子，以鼠爲相屬，故不畜貓。乾道三年，爲鎮江總領，當晝坐，偶【三一】坌壤狼藉，掃去又然，累數日。家人言：「使素畜一貓，鼠害必不至是。」吕亦爲信【三二】，親督役夫鋤治焉。糞土既盡，一穴甚大，其中冏然，若有物。探取之【三三】，乃白玉雙獅子，高二寸許，共抱一毬，小臺承之，製作精巧，色雪如也。始悟羣鼠爲報，吕卿寶藏也。

石中龜

桂陽軍書吏温恭，爲小吏，時受差詣潭府，因暫祗役於轉運主管廳。一日，數客來，主人留與飲。話及奇物，自入室發笥取之。既出示，乃一青石，高六七寸，廣半之，清潤光瑩，如試金石。衆爭傳觀，未睹其異也。旋命注水滿一盆，寘石於中，俄有小龜從石腹緩行而上，時時嬌首顧盼。主人戒客勿逼近，恐爲人氣所襲。教授獨不信，趨而前，龜即隱伏不見。覆水尋覓，石原無穴罅，莫竟所以然。主管者，忘其姓名，亦不言得於【三四】何處也。何子楚《春渚紀聞》載，丁晉公屬端守求佳硯，硯工見有飛鷺翹注潭心，意非立鷺之所，因令没水視之，下有圓石，大如米斛，塊處潭中。疑有異，即白守，集漁户維舟出之。

【三一】偶　涵芬樓本注，葉本作「隅」，從明鈔本改。李按：「隅」似是。
【三二】信　涵芬樓本注，明鈔本作「苦」。
【三三】探取之　涵芬樓本注，葉本無「之」字，從明鈔本補。
【三四】於　涵芬樓本注，明鈔本作「之」。

石登岸，轉側有涵水聲。叢手攻剖，果得一石於泓中。又云，徐州護戎陳皋，於田間得瑪瑙硯盂，以貯水注硯。因間視之，中有一鯽，長三寸許【三五】，游泳可愛。意謂偶汲池水得之，不爲異也。後取置缶中，盡出餘水驗之，魚不復見。後酌水滿中，須臾，一魚泛然而起。及取之，終無形體可拘。不知爲何寶也。二者與石龜正同。

鐵鼎甑

乾道三年，北人東路總管李邦也遣間僕持異物數種至楚州，託統領陳涉貨易。一鐵鼎，容一斗，口廣七寸，狀甚粗拙。一鐵甑，形類瓦鼎【三六】，其底廣與鼎口等，口廣一尺七寸。二物之高，皆尺有五寸。甑底有竅，以透濕氣。需錢五千緡。涉問其所以異，曰：「三伏内，炊物於中，經一月不餿腐。」命蒸飯二斗試之，信然。莫知爲何代物。然於用不甚急，無肯售者，復攜歸。朱從龍説。

鳳翔道上石

趙頒之朝散，自京師挈家赴鳳翔通判，子弟皆乘馬，女妾皆【三七】乘車。獨一婦以姙身，用四兵荷轎。秦卒不慣此役【三八】，前者爲石所蹷失肩，轎仆地。婦墜于外。有乳媪跨驢而從，急下扶掖，就石拊摩，少焉稍定。四兵懇拜，乞勿言。婦適愛此石，欲攜去，爲

【三五】三寸許　涵芬樓本注，明鈔本無「三」字。

【三六】瓦鼎　涵芬樓本注，「鼎」葉本作「器」，從明鈔本補。

【三七】皆　涵芬樓本注，明鈔本無「皆」字。

【三八】秦卒不慣此役　涵芬樓本注，明鈔本多「臨入境」三字。

搗衣砧，則諭之，曰：「能爲負此【三九】，當捨汝。」欣然聽命，共雇兩村民舁以行。趙還京日，始見之，亦以石體細膩，取置書室。它日，玉工來售絛環，偶見之，諦翫不釋手。石之闊一尺，厚寸餘，長尺有半。工曰：「是可解爲兩屏，能以一見與，則可。」許之。喚匠攜鋸，攻治幾月，中分焉，玉質瑩潔，卓然可寶也。雲林泉石，飛鴉翅鷺，漁翁披簑棹舟，境象天成，絶類王右丞、李將軍畫山水妙處。工取一歸，又陰析爲二，先持外邊者示貴璫。璫包裹入獻，徽宗大喜，命闞爲硯屏，答賜甚厚。工復言所從來，詔索之於趙。趙不敢隱，亦獻之。兩屏相對，列于便殿燕几，他珍器百種，皆避席。居數月，工徐出其所秘詣璫，曰：「向兩者固盡美矣，奈不過各得一偏，若反覆施之，則爲不類。今吾此物，面背如一，略無鑱削點注之功，非歸之天上不可也。」璫具奏所以，賞賚巨萬，而頒之用此得【四〇】提舉常平官。趙永裔真長説。

蟻穴小亭

淳熙元年，浙江石岸，頽圮數百丈，壞民居甚多。詔殿前步軍、轉運司、臨安府修築。工役迫急，畚臿不停朝暮。殿司偏校湯公輔取土於擂馬嶺，正搬運之際，土忽陷，其下正空，有蟻穴焉，廣幾半畝，聚蟻數斛【四一】，皆赤腰，與常異。一最大者，可數寸。中間宮室樓閣、花木池臺，行列可愛。又有小橋長二三尺，兩旁細草蔚然。公輔取數亭，獻於轉運

【三九】能爲負此　涵芬樓本注，明鈔本作「能爲我負此」。

【四〇】得　涵芬樓本注，明鈔本作「轉」。

【四一】斛　涵芬樓本注，明鈔本作「斗」。

司【四二】。判官呂搢細視之，皆疊土摶成。其椽瓦窗牖，如斵削然。即命掩覆之，而徙工徒於他處。亭至今藏呂家。乃知唐人記南柯太守事，雖爲寓言，亦固有之也。

藍氏雙梅

藍公佐良輔，紹興二十年奉祠，居平江。所居圃中，梅一本，結實皆雙，謂爲嘉祥。未幾，妻王夫人生鬢數莖，長寸許，又以爲壽證。然是歲兩人皆亡，相去纔七十日。予姻家臧德材【四三】愷之，爲徽州祁門宰。紹興二十七年初夏，縣圃有桃著【四四】子矣，一巨枝忽粲然再花，德材嘉之【四五】，繪畫刻石，邀往來文士作詩紀之。三子未有孫，採桃花之瑞，預爲立名。然至次年，乃以非罪爲部民所訟，下憲臺驗治，不能堪，怏怏而卒。地反物爲妖，兹可信矣。

【四二】轉運司　涵芬樓本注，明鈔本無「司」字。

【四三】臧德材　涵芬樓本注，「材」明鈔本作「林」，下同。

【四四】著　涵芬樓本注，葉本作「實」，從明鈔本改。

【四五】嘉之　涵芬樓本注，明鈔本作「喜」。

夷堅志補卷第二十二 八事

侯將軍

天台市吴醫，有女年及笄，方擇壻，忽於中庭見故嫂，恍惚間忘其死，與敘間闊。嫂曰：「當春光澹蕩，鶯花可人，景物如此，姑獨無念乎？」女不答。又曰：「必待媒妁之言，不過得一書生，或一小吏，或富商【一】，或豪子，如是極矣。有侯將軍者，富貴名族，仕御馬院，蒙天子眷寵，得大官，風標態度，魁梧磊落，過餘子百倍。如苟有意，吾當爲平章。」女曰：「唯父母命，我安得專？」嫂曰：「汝謂之可，即可爾，何庸待二親？」言畢而没。女自是精爽迷罔，頓如癡人。正晝昏睡，暮則華裝靚飾，伺夜若有所之。殆一年許，形悴質變【二】，其家莫之測，巫師禳解萬端不效。忽語曰：「我將軍，明日當至，宜延接【三】，不然將降大禍。」父母不敢拒，强爲設盛饌，呼倡樂羅陳於堂。至期，閽外傳呼甚雄，已而高牙大纛，騶從戈戟，絳燭前列，後騎歌吹，軒蓋陸續而來。十餘輩衣巾各殊，或被戎服，或絳綃而冠，或赭黄而帽，大抵皆美丈夫也。吴叟拜之，皆答拜，揖遜就席，觴行酬勸，謔浪盡歡，敬酒【四】，與女同載而出。繼此時一來，吴氏不勝擾費。郡人言：「此地【五】有寧

校勘記

【一】富商　涵芬樓本注，葉本作「富室」，從明鈔本改。

【二】形悴質變　涵芬樓本注，葉本「質」下有「消」字，從明鈔本删。

【三】宜延接　涵芬樓本注，明鈔本作「宜具延接」。

【四】敬酒　涵芬樓本按：此句疑有脱誤。

【五】此地　涵芬樓本注，葉本無「地」字，從明鈔本補。

先生，道法通神，盍往告？」吴即日持牒奔謁。寧書符籙，使置於門首。妖見之，曰：「吾非鬼，何畏此哉？」笑而出。寧聞之大怒，亟訪吴，建壇置獄，皆見騰龍驟虎，神物亂雜，環繞其居。妖正在女室【六】，頗窘懼，呼卒索馬，欲趨小樓而上。既出復入者數四。明日，寧謂吴氏【七】曰：「但見物如飛鳥者，急擊勿失。」吴伏壯僕持梃候門【八】，夜有黄雀入，急捻之，應手化爲鶯，再擊之，已如鷹，少選，大如車輪。見者怖走，寧勑神將擒撲，始仆地死，乃巨猴也。兩翅如蝙蝠。凡三夕，獲三物，其一首若熊。復畫地爲牢，命力士搜捕妖黨，得狐貍、蛇虺、木石、鳥獸之怪，不可計，皆輂致鐵臼内，杵碎之。詰其嫂導誘之狀，即引伏，以親故不治。焚猴尸揚灰江上，竄其魄於海陬。女遂如初。寧辭去，凡賂謝錢帛，分毫不受。女益蘇，白父母曰：「向者明知爲妖類，方肆虐時，正欲上訴於天，亦不可得。蓋其徒千百成羣，往來太空間，縱有章奏，必爲所邀奪。雖城隍里域之神，尚不能制，況於人乎？」寧先生名全真，字立之，京師人。紹興二十一年七月也，赤城趙彦成親見其事，作《飛猴傳》記之。

懶堂女子

舒信道中丞宅，在明州，負城瀕湖，繞屋皆古木茂竹，蕭森如山麓間。其中便坐曰懶堂，背有大池，子弟羣處講習，外客不得至。方盛秋佳月，一舒呼燈讀書【九】，忽見女子揭簾入，

【六】妖正在女室　涵芬樓本注，明鈔本無「正」字。

【七】吴氏　涵芬樓本注，明鈔本無「氏」字。

【八】吴伏壯僕持梃候門　涵芬樓本注，「伏」明鈔本作「使」。

【九】一舒呼燈讀書　涵芬樓本注，「舒」明鈔本作「生」，下同。

素衣淡裝，舉動嫵媚，而微有悲涕容【一〇】。緩步而前，曰：「竊慕君子少年高致【一一】，欲冥行相奔，願容駐片時，使奉款曲。」舒迷蒙恍恍，不疑爲異物，即與語。扣【一二】其姓氏所居，曰【一三】：「妾本丘氏，父作商賈，死於湖南。但與繼母居茅茨小屋【一四】，相去只一二里。母殘忍猛暴，不能見存，又不使媒妁議婚姻，無故捶擊，以刀相嚇，急走逃命，勢難復歸。倘得留【一五】爲婢子，固所大願。」舒甚喜，曰：「留汝固吾所樂，或事泄，奈何？」女曰：「姑置此慮，續爲之圖。」俄一小青衣擕酒殽來，即促膝共飲，三行。女斂袂起，致辭曰：「奴雖小家女，頗能綴詞。」輒作一闋，敘茲夕邂逅相遇之意。顧青衣舉手代拍，而歌曰：「緑淨湖光，淺寒先到芙蓉島。謝池幽夢屬才郎，幾度生春草。塵世多情易老，更那堪秋風嫋嫋。晚來羞對香芷【一六】汀洲，枯荷池沼。恨鎖橫波，遠山淺黛無心掃。湘江人去嘆無依，此意從誰表！喜趁良宵月皎，況難逢人間兩好。莫辭沈醉，醉入屏山，只愁天曉。」蓋寓聲燭影揺紅也。舒愈愛惑。女令青衣歸，遂留共寢，宛然處子爾。將曉別去，間一夕復來，珍果異饌，亦時時致前【一七】。及懷縑帛之屬，親爲舒造衣，工製敏妙。相從月餘日【一八】，守宿僮隸聞其與人言，謂必俠倡優淫昵，他時且累己，密以告老姨媪。展轉漏泄，家人悉知之。掩其不備，遣弟妹乘夜，佯爲問訊，排户直前。女奔忙斜竄，投室傍空轎中。乘燭索之，轉入它轎。垂手於外，潔白如玉。度事急，穿竹躍赴池【一九】，欻然而没。舒悵然掩泣，謂無復有再會期。衆散門扃，女蓬首喘顫，舉體淋漓，足無履襪，奄至室

【一〇】有悲涕容　涵芬樓本注，葉本「悲」下有「泣」字，從明鈔本删。
【一一】高致　涵芬樓本注，「致」葉本作「志」，從明鈔本改。
【一二】扣　涵芬樓本注，明鈔本作「詰」。
【一三】曰　涵芬樓本注，葉本無「曰」字，從明鈔本補。
【一四】屋　涵芬樓本注，明鈔本作「室」。
【一五】留　涵芬樓本注，葉本作「蓄」，從明鈔本改。
【一六】香芷　涵芬樓本注，明鈔本作「白芷」。
【一七】致前　涵芬樓本注，明鈔本無「前」字。
【一八】相從月餘日　涵芬樓本注，「日」上疑有脱字。
【一九】躍赴池　涵芬樓本注，葉本無「池」字，從明鈔本補。

中。言：「墮處得孤嶼，且水不甚深，踐淯而出，免葬魚腹，亦云天幸。」舒憐而拊之，自爲燃湯洗濯，夜分始就枕，自是情好愈密。而意緒常恍忽如癡，或對食不舉箸，家人驗其妖怪，潛具狀請符於小溪朱彦誠法師。朱讀狀大駭，曰：「是鱗介之精，邪毒入肝脾裏，病深矣！非符水可療，當躬往治之。」朱未及門，女慘戚嗟喟，爲惘惘可憐之色。舒問之不對，久乃云：「朱法師明日來，壞我好事矣！因緣竟止於是乎！」嗚咽告去，力挽不肯留。旦而朱至，舒父母再拜炷香祈救子命。朱曰：「請假僧寺一巨鑊，煎油二十斤，吾當施法，攝其祟，令君闔族見之。」乃即池邊，焚符檄數通，召將吏，彈訣噀水，叱曰：「速驅來！」俄頃，水面濆湧，一物露背，突兀如簑衣，浮遊中央，闖首四顧，乃大白鼈也。若爲物所鉤致，跂曳至庭下，頓足呀口，猶若向人作乞命態。鑊油在沸，自匍匐投其中，糜潰而死。觀者駭懼流汗。舒子【二〇】獨號呼追惜，曰：「烹我麗人！」朱戒其家，俟油冷以斧破鼈，剖骨并肉，暴日中，須極乾，入人參、伏苓、龍骨末成丸，托爲補藥，命病者晨夕餌之。勿使知，知之【二一】將不肯服。如其言，丸盡病愈。後遇陰雨於沮洳，聞哭聲云：「殺了我大姐，苦事，苦事！」蓋尚遺種類云。

姜五郎二女子

建昌新城縣人姜五，居邑五里外。淳熙【二二】四年中秋夜，在書室翫月軋箏【二三】。遥

【二〇】舒子　涵芬樓本注，明鈔本作「生」。

【二一】知之　涵芬樓本注，葉本無「知」字，從明鈔本補。

【二二】淳熙　涵芬樓本注，明鈔本作「紹熙」。

【二三】翫月軋箏　涵芬樓本按：「箏」疑是「箏」字。

聞婦人悲泣，穴窗窺之，素衣女挈衣包，正扣其户。姜問：「何人？」曰：「我只是鄆城【二四】董二娘，隨夫作商他處，不幸夫死，又無父母兄弟可依，今將還鄉。乞食趕路不上，望許寄留【二五】一宿。」姜納之，使别榻而卧。明日不肯去，願充妾御，姜復從之。遂荏苒兩月。方夜謳室中，又有女子至，云縣市典庫户趙家婢進奴，爲主公見私，被娘子箠打，信步逃竄，亦丐少留。其人容貌端秀，自言善彈琴弈棋，及【二六】能畫。姜甚喜。兩女同處如一家，相與無間。董氏嗜食雞，進奴密告姜云：「彼乃野狐精，積久非便。他説喪夫，事盡虚僞也。」姜深以爲疑。董婦已覺，愠曰：「五郎今日陡頓不喜歡，莫是聽進奴妄談否？我知渠是蛇妖，切勿墮其計。」姜曰：「何以驗其真相？」曰：「但買雄黄、香白芷各一兩，搗成末，兼用九塌草、神離草各一把，生大蜈蚣一條，共修治爲餅，以半作丸與服，並焚於書院，渠必頭痛。更將半藥置鼻上，立可見矣。」家有大雄雞報曉者，董欲烹之。進奴使姜紿稱出外，潛於暗壁守視，果見董變狐身，攫雞而食，急取刀【二七】刺殺。是夕，進奴服藥，竟亦死，尸化蛇矣。

王千一姐

隆興府樵舍鎮，富人周生，頗能捐貲財以歌酒自娱樂。紹興四年六月，有經過路歧老父，自言爲王七公，挾一女曰千一姐，來展謁。女容色美麗【二八】，善鼓琴弈棋，書大

【二四】鄆城　涵芬樓本注，「鄆」葉本作「軍」，從明鈔本改。

【二五】寄留　涵芬樓本注，明鈔本無「寄」字。

【二六】及　涵芬樓本注，葉本作「仍」，從明鈔本改。

【二七】刀　涵芬樓本注，明鈔本作「刃」。

【二八】美麗　涵芬樓本注，明鈔本作「姝麗」。

字【二九】，畫梅竹。命之歌詞，妙合音律。周悦其貌，且兼負技藝過絶人，謂其老【三〇】云：「我自有妻室，能降意爲側室乎？」對曰：「女子年二十二歲，更無他眷屬，如君家欲得備使令，老身之幸也！」周謝其聽許，議酬以官券千緡。老父曰：「本不較此，但得吾女有所歸，足矣！」呼牙儈立契約，即留女，而受券去，明日告別。女爲妾踰歲，五年八月，有行客如道人狀，過門言曰【三一】：「是家怪氣露現，吾當爲去之。」閽僕入報，周遽【三二】出，將百錢與之，不肯接。與之酒，亦不飲。問曰：「君家有若干人口，無論老少男女，盡教來當前，爲相何人合貴【三三】。」周一門二十七口，悉至廳上，道人熟視一女，只引手掐訣吹氣，喝曰：「速疾！」俄雷火從袖出，霹靂震響，煙氛蔽面，頃之豁然。千一姐化爲白面狐貍，已仆地而隕，道人不見矣。

錢炎書生

錢炎者，廣州書生也。居城南薦福寺，好學苦志，每夜分始就寢。一夕，有美女絳裙翠袖自外秉燭而入，笑揖曰：「我本生於貴戚，不幸流落風塵中。慕君久矣，故作意相就。」炎窮單獨處，乍覩佳麗，以爲天授神與，即留共宿，且有伉儷之約。迨旦乃去，不敢從以出，莫能知其所如。女雅善謳歌，娛悦性靈，惟日不足。自是，炎宿業殆廢，若病心【三四】失惑然。歲月頗久，女懷孕。郡日者周子中，與炎善，過門見之，訝其尫羸，問所

【二九】書大字　涵芬樓本注，葉本無「書」字，從明鈔本補。

【三〇】老　中華本注，「老」下似脱「父」字。

【三一】過門言曰　涵芬樓本注，明鈔本作「造門而言」。

【三二】遽　涵芬樓本注，明鈔本作「遂」。

【三三】盡教來當前爲相何人合貴　涵芬樓本注，明鈔本作「盡數來前，當爲相何人合貴」。

【三四】若病心　涵芬樓本注，葉本「心」下有「多」字，從明鈔本删。

以，炎語之故。子中曰：「以理度之，必妖祟耳。正一宫法師劉守真，奉行太上天心五雷正法，扶危濟厄，功驗彰著，吾挾子往謁，求符水，以全此生。不然，死在朝夕，將不可悔！」炎悚然，不暇復坐，亟詣劉室。劉急索盆水，施符術照之，一巨蟒盤旋於内，似若畏縮者。劉研朱書符，付炎曰：「俟其物至，則示之。」炎歸，至二更方睡，而女來，情態如初。炎曰：「汝原是蛇精，我知之矣。」示以符。女默默不語，俄化爲二蛇，一甚大，一尚小，梭巡而出。炎惶怖，俟曉走白劉。仍卜寓徙舍，怪亦絶跡。

武當劉先生

均州武當山王道士，行五雷法，效驗彰著。其師劉先生，道業頗高。一日，昏暮間，雲霧擁門，幢幡旌節，相望踵至。一仙童持上天詔，召劉上昇。劉大喜。王道士白言：「常聞升天者，多在白晝。今已曛黑，正恐陰魔作奇祟【三五】，切宜審諦！」劉不聽，叱之使去，曰：「吾平生積功累行，時節因緣，至此而集。無多言！」乃沐浴更衣，趺坐磻石上，與衆訣別。將即騰太空。王密反室，敕呼雷部神將。忽霹靂一聲【三六】震起，仙童與幡節【三七】俱不見。俄頃再震，有黑氣一道，長數十百丈，直下岩谷中。道衆遂散。明旦出視，一路血跡班班，窮其所之，有巨蟒死岩下【三八】。

【三五】奇祟　涵芬樓本注，葉本「奇」下空一字，從明鈔本補。
【三六】一聲　涵芬樓本注，明鈔本無「一」字。
【三七】幡節　涵芬樓本注，明鈔本作「幡幢」。
【三八】死岩下　涵芬樓本注，明鈔本作「死於岩下」。

紫極街怪

饒州紫極觀外街，其東南爲天寧寺後園，其西北爲華、趙兩家園，地勢荒寂，稍陰晦，或日將晏，則無人敢獨行。紹興元年三月，趙監廟者遣僕元成添茅蓋牆。至晡時，見一男子背倚牆而坐，一人負空籃，從効勇營外相遇，交互毆擊，皆不作聲。元成顧其爭鬬差久【三九】，趨下勸解，男子捨去，負籃者困卧不能語。成掖起之，其口耳鼻悉爲爛泥窒塞。扶至觀前人家，覓湯與飲，問所爭何事，再求湯一杯。飲畢始蘇，曰：「我是汪有三，居在雙巷。早間擔瓷器出市變賣【四〇】，還穿軍營欲歸。買得油酥雪糕，準擬與娘喫，被男子不相識，須要强討。嗔我不肯，便打我一頓，摶泥塞口，以故做聲不得。」成視其籃，二物俱不見，汪知爲鬼，致謝而歸。明日，成復理茅，偶望路邊大皂角樹突出【四一】一瘤癤，頗似鬼面，有面有眉目，口中猶含糕酥，悟爲昨怪。持刀斫之四五，損處汁流清血【四二】。暮抵家，昏昏感疾。越三日，妻出行，卜曰：「西北方邪神作禍，宜禱求之。」但令買五鐵釘，起詣故處，至樹下，以釘貫其節，血迸如傾，成即愈。樹至今猶存。

鳴鶴山

明州慈谿縣鳴鶴村一山寺，既結夏，有老人約年七八十矣，來寓食，貨藥頗能愈病。

【三九】差久　涵芬樓本注，明鈔本作「良久」。

【四〇】變賣　涵芬樓本注，「賣」葉本作「轉」，從明鈔本改。

【四一】突出　涵芬樓本注，「出」葉本作「兀」，從明鈔本改。

【四二】清血　涵芬樓本注，明鈔本作「青血」。

有錢【四三】不計多寡，必盡買酒，醉狂則歌舞終日，頗類有道者。與新戒一僧遊，甚密，朝出暮歸，莫知所由。同房老宿訝之，屢詰僧。乃曰：「兄非厚善我，我不告。此老神仙也，我有他生契，常招我訪其師。師隱處巖穴間，旦夕偕羽化矣。」同房益訝焉，戲言曰：「能許我同遊乎？」曰：「須同語老人，若無仙分，固不可也。」明旦，備禮扣請。老人曰：「只汝兩人可耳，更勿廣引人，明當同往。」至期呼換【四四】僧襖，短衣製，行深山。隨峭壁捫蘿而上，足躡飛鳥，目眩神怖，幾不可登。半日許，升碧崖。崖頂大松十餘株，偃蹇如龍蛇。仙【四五】曰：「仙師所居近矣。」老人先至松下，持片石扣崖扉，琤然如振金鐵。同房望松杪，見兩大鸛雀，長丈餘，掀舞直下。至崖間，則成羽衣道士形。風動林葉，乍離乍合，老人亦爲鸛雀，久之復故。心驚而不敢言。有頃，傳呼曰：「先生召。」進抵崖扉前，有巨石屹立，二道士坐石上，鬚眉皓然。老人目二僧致敬訖，乃命坐，注視移時，曰：「皆可爲仙人，便當來服丹砂。且命暫歸寺沐浴，毋令人知也。」二僧稽謝而還。老人與同途，到寺已暮。同房欲驗情狀，乃邀坐寮中，置酒並席，潛起，取匕首揕老人胸曰：「汝精怪也！吾向觀汝輩，在山中皆露真形，爲羽族，而反以上仙見紿，謂吾不識邪！」老人驚悸【四六】，不能對，遂被數刃，號呼仆地死，果大鸛雀也。新戒僧猶哀號，曰：「毋傷老先生！」久而方悟。衆聚觀，嗟異。明日率壯健者遍山訪覓故處，蹤跡宛然，但不復見二道士。

【四三】有錢　涵芬樓本注，明鈔本作「得錢」。

【四四】呼換　涵芬樓本按：「換」字似當作「喚」。

【四五】仙　中華本注，「仙」當作「僧」字。

【四六】驚悸　涵芬樓本注，明鈔本作「驚愕」。

夷堅志補卷第二十三 八事

禮斗僧

閩僧道著云，有同參兄弟二人，共寓一寺。兄出遊數歲而歸，見其弟顔狀尫瘦，怪問之。笑而言曰：「吾比者夜禮北斗，若有感遇，今【一】神識所遊，蓋鈞天紫府中，至所受用，乃天漿甘露，其去璇霄丹闕不遠矣。」兄曰：「審如是，汝當容色敷腴，肌體强健。今乃爾，得非墮妖魔境界乎？」弟曰：「明日當謁，兄盍來觀之【二】？」兄甚喜，如期而往。弟設香華几席，拜於庭，至數十。俄有大毛手從空中下，摑其首不已。夜半醒，詢以所見，云：「與昔日同。」兄已證其異，秘而不言。他日再往，預買犬肉，恣食之，而置其汁於缶，挈以入。正拜時，毛手復現，兄自室中挈汁出澆之，倉忙縮去。弟俄頃而覺，謂兄曰：「適將至斗宫，忽爲微雨沾身，故不克進。」兄大笑，始告以實。自是不復有所見。越半歲，乃復初。道著今住持建康草堂寺。

校勘記

【一】今　涵芬樓本注，葉本作「令」，從明鈔本改。

【二】兄盍來觀之　涵芬樓本注，「來」《榕陰新檢》作「面」。

天元鄧將軍

宗室趙善蹈，少時遇九華周先生，傳靈寶大法，行持多顯效。奉化士人董松妻王氏，美而蕩，爲祟所憑。初於黄昏間，見少婦盛飾，從女僕張青蓋，自外來。稍近，則變爲好少年，著皂背子，便出語相嘲戲。王氏傾挹之，自以爲適我願，與之同寢。頃之，松入室，登榻如常夕，然睡覺，率榻【三】牀下，如是幾月。王夢中與此郎同乘寶車，登復嶺，入朱門，華屋苑囿，皆名花節物，長如熙春。是時，淳熙八年暮冬也。其家良以爲苦，人教之備禮，邀致趙君。趙至，王【四】略無懼色，乃以法印印其胸，俄若醉醒，言：「方與少年共飲，忽赤衣使者持劍【五】直前來，少年斂避，遂從使者歸。」是夜，祟不至。越三日，復來。趙始築壇行法，焚香禹步，令董家子弟於香煙起處【六】熟視物象。蓋其術能於煙中【七】攝光景如鏡，漸闊如箕，至極大如卓，鬼神器物悉現，可與通言語。甥郭氏子，年十一歲，見神人火焰繞身，踞胡牀而坐，旁列吏卒，威容凜凜。郭拜請神名位，神曰：「吾天元考召鄧將軍也。」郭啟曰：「此祟已三夕不來，今忽又至，願將軍速治之。」神笑曰：「此非鬼非祟，特一獸爾。吾爲至靈之神，彼乃至穢之物，大抵畜產之死，不當葬埋。況葬之日辰相符，合爲精怪，茲復何疑？」諸董相視失色。趙扣其故，云：「昔有親戚宦遊邕州，還鄉以一黑【八】犬見贈，質狀異於常犬，豢養十餘歲而殂。不忍置諸刀机，用古人蔽蓋不棄之説，

【三】榻　涵芬樓本按：「榻」字疑誤。

【四】王　涵芬樓本注，葉本無「王」字，從明鈔本補。

【五】持劍　涵芬樓本注，明鈔本作「仗劍」。

【六】香煙起處　涵芬樓本注，葉本無「起」字，從明鈔本補。

【七】能於煙中　涵芬樓本注，葉本無「於」字，從明鈔本補。

【八】黑　涵芬樓本注，明鈔本作「烏」。

裹以青纖，埋於屋後，豈其是歟？今已三年【九】矣。」試發土驗視，與初死時不異，皮毛儼然。因白將軍，乞取而臠于壇前。將軍曰：「君是儒流，曾讀《易》否？豈不知精氣爲物，遊魂爲變？既已通靈，戮其尸何益？」董又請滅鬼爽。將軍曰：「此物穢氣觸人，不可近。盍稟法師解穢？」董請於趙，爲之破穢。迨暮，郭甥見武士捽皂衣少年至。將軍叱速復本形，逡巡成大黑犬。將軍又語郭，祈法師奏之上帝。明日拜章，過夜半，黄衣道士騎白鶴冉冉從空下，手執文牘若奏章，後書四字。郭甥見之，問：「所書謂何？」將軍曰：「照條處斬。」旁劍卒即斷犬爲三。董氏乃取原尸剉割，投諸水。婦人頓甦【一〇】。善蹈居於奉化，嘗預薦名，用己酉霈澤，得將仕郎。

比干墓玉

政和間，朝廷訪求三代彝器。陝西轉運使李朝孺、提點茶馬程唐使人於鳳翔，發商比干墓，得大銅盤鏡【一一】二尺，及白玉四十三片，其長三寸，厚一半指，上圓而鋭，下方而闊，玉色明瑩。程、李留玉於秦州軍資庫，而以其盤獻。徽宗曰：「前代忠賢之墓，安得發掘？」罷朝孺而反其盤。真州六合縣境，有山曰方山，四面平直，左右多古坵。紹興十二年，村民耕田穿一墓【一二】，得玉百餘枚，皆長二寸，闊一指，上有小竅，大抵與比干墓物同。爲運司一屬官所得，攜過天長，以示縣尉魏生。魏求其一，屬官不可。識者謂，此古

【九】三年　涵芬樓本注，明鈔本作「三四年」。

【一〇】甦　涵芬樓本注，明鈔本作「蘇」。

【一一】鏡　涵芬樓本按：「鏡」字疑誤。

【一二】村民耕田穿一墓　涵芬樓本注，明鈔本作「村民因耕田穿一墓」。

王公殮尸玉押也。

黃谷蠱毒

福建諸州大抵皆有蠱毒，而福之古田、長溪爲最。其種有四：一曰蛇蠱，二曰金蠶蠱，三曰蜈蚣蠱，四曰蝦蟆蠱，皆能變化，隱見不常。皆【一三】有雌雄，其交合皆有定日，近者數月，遠者二年。至期，主家備禮迎降，設盆水於前，雌雄遂出【一四】，於水中交【一五】，則毒浮其上【一六】，乃以針眼刺取，必於是日毒一人，蓋陰陽化生之氣，納諸人腹而託以孕育，越宿則不能生。故當日客至，不暇恤親戚宗黨，必施之。凡飲食藥餌皆可入，特不置熱羹中。過熱則消爛。或無外人至，則推本家一人承之。藥初入腹，若無所覺。積久則蠱生，藉人氣血以活。益久則滋長，乃食五臟，曉夕痛楚不可忍，惟啜百沸湯，可暫息須臾。甚則叫呼宛轉，爬刮牀席。臨絶之日，眼耳鼻口，涌出蟲數百，形狀如一。漬於水暴乾，久而得水復活。人魂爲蠱祟【一七】所拘，不能託化，翻受驅役於家，如虎食倀鬼然。死者之尸雖火化，而心肺獨存，殆若蜂窠。淳熙二年，古田人林紹先母黃氏，遭毒垂盡【一八】。其家人曰：「若是中蠱，當燒床簀照之，必能自言。」黃氏遂云：「某年月日，爲黃谷妻賴氏於某物内用【一九】，其所事之神，今尚在谷房裹廚中。」紹先即告集都保，入谷家，開廚得銀珂鎖子、五色線环玟及小木棋子，兩面書「五逆五順」四字，盛以七孔合，又

【一三】皆　涵芬樓本注，明鈔本作「各」。

【一四】遂出　涵芬樓本注，明鈔本作「隨出」。

【一五】於水中交　涵芬樓本注，明鈔本作「交於水中」。

【一六】其上　涵芬樓本注，明鈔本作「於上」。

【一七】爲蠱祟　涵芬樓本注，葉本無「蠱」字，從明鈔本補。

【一八】遭毒垂盡　涵芬樓本注，《榕陰新檢》作「患蠱垂絶」。

【一九】爲黃谷妻賴氏於某物内用　涵芬樓本按：此句疑誤。《榕陰新檢》作「置毒食我」。

針兩包，各五十枚，而十一枚無眼，率非尋常人家所用物。既告官，捕谷訊鞫，則佯死，釋之則蘇，類有鬼相助。會稽余靖爲主簿，府帖委治此獄，其奸態如在縣時。靖無以爲計，懼其幸免，不勝憤訶，係於庭下，礪刃斷其首，貯以竹籃，持詣府自劾。府帥陳魏公具以狀聞，詔提點刑獄謝師稷究實，謝與丞尉親到谷家【二〇】，蜈蚣甚大，出現【二一】。謝曰：「此明證也。」攝賴氏還司，自臨考之。三日獄具，亦論死。所謂順逆棋子者，降蠱之時所用，以卜也。得順者客當之，逆者家當之。針之無眼者以眼承藥，既用則去之【二二】，蓋所殺十一人矣。五色綫，凡蠱喜食錦，錦不可得，乃以此代。銀珂鎖者，欲嫁禍移諸他處，寘道傍，冀見者取之也【二三】。谷之罪惡，上通於天。余靖爲民去一兇，士大夫作詩歌者甚衆。

嘉祐中，范兵部師道爲福州守日，揭一方於石，云：「凡中蠱毒，無論年代遠近，但煮一雞卵，插銀釵於内，併含之。約一食頃，取視，釵卵俱黑，即中毒也。」其方用五倍子二兩、硫黄末一錢、甘草三寸，一半炮出火毒，一半生，丁香、木香、麝香各十文，輕粉三文，糯米二十粒，共八味，入小沙瓶内，水十分，煎取其七，候藥面生皺皮爲熟。絹濾去滓，通口【二四】服。病人平正仰卧，令頭高。覺腹間有物衝心者三，即不得動，若吐出，以桶盛之，如魚鰾之類，乃是惡物。吐罷，飲茶一盞，瀉亦無妨，旋煮白粥補【二五】，忌生冷油膩酢醬。十日後，復服解毒丸三兩丸。又經旬日，平復。予所載黄谷事，孫墣又以此方來示，故並録之。丁、木、麝三香之價，嘉祐時十文，以今言之，須數倍乃可耳。

【二〇】親到谷家　涵芬樓本注，《榕陰新檢》多「詰之，少頃」四字。

【二一】出現　涵芬樓本注，《榕陰新檢》作「從穴中出」。

【二二】針之無眼者以眼承藥既用則去之　涵芬樓本注，《榕陰新檢》作「針以眼承毒，既用，則絶去其眼」。

【二三】欲嫁禍移諸他處寘道傍冀見者取之也　涵芬樓本注，《榕陰新檢》作「將分毒他家，則故棄之。見者利而拾去，鬼物憑之矣」。

【二四】通口　涵芬樓本按：二字疑誤。

【二五】旋煮白粥補　涵芬樓本按：疑有脱字。

林巡檢

泉州城内一空宅，數家分僦居。有林巡檢者，秦人也。晚出市，穿小巷中，見當街横置一竹籠頗㪉，戲蹴之，微露花衾，發視，乃銀酒器之屬二百餘兩。時旁無行人，即負之以歸。不曉所謂，良以爲天賜耳。既返室，與衆鄰詫其事。主人愕然曰：「此乃閩俗，所奉金蠶也。彼家厭足，將嫁禍於他人【二六】。君既取其餌，不可悔。今夕定有異物至，宜迎奉敬事之。不然，且獲大咎。」林唯唯。至一更，果有蛇從外來，長丈許，蜿蜒徑入户，如喜悦狀。林執而語之，曰：「汝乃金蠶之精耶？吾不能徇汝意害人以自豐，必爲汝所啖食，均一死，寧我先食汝。」即生嚼而吞之。自首至尾，並骨不遺餘。又唤酒痛飲，徐就睡。明旦，晏然。林方待興化海口場闕，因是小康，衆服其勇。

解蠱毒呪方

蔡人李樞，避建炎之難，同數鄉人入蜀。紹興乙卯，自夔之涪，過上岩，買一大魚，其狀如鯉。命僕治其半爲羹，以半爲鮓。初啜羹，其汁甚苦，意謂膽破，復【二七】嘗肉臠，則一甘一苦，心疑焉。憶其父所書解毒呪，因急誦之，而屏去羹弗食。後三日，至武甯，市無屠肆，僕欲以鮓進，乃洗滌令淨，沸油煎之。至柈桉間，猶盛熱。又誦咒數遍，一小青蜘蛛

【二六】他人　涵芬樓本注，葉本無「人」字，從明鈔本補。

【二七】復　涵芬樓本注，葉本作「彼」，從明鈔本改。

出鮓上，踸踔自如，即殺而屑之，盡投鮓於江。樞乃道父書云：頃有朝官與一高僧西遊，道由歸、峽，程鎮荒遠，日過中，餒甚。抵小村舍，聞其家畜蠱，而勢必就食，去住未剖。僧曰：「吾有神呪，可無憂也。」食至，僧閉目誦持，俄見小蜘蛛延緣盌吻，僧曰：「速殺之。」於是竟食無所損。其呪曰：「姑蘇啄，磨耶啄，吾知蠱毒生四角。父是穹窿窮，母是舍耶女，眷屬百千萬，吾今悉知汝。摩訶【二八】。」是時，同行者競傳其本，所至皆無恙。别傳解毒方，用荳豉七顆，巴豆去皮兩【二九】粒，入百草霜，一處研細，滴水圓如菉豆大，以茅香湯吞下七圓。又泉州一僧，能治金蠶毒，云：「纔覺中毒，先含【三〇】白礬，味甘而不澀。次嚼黑豆，不腥者是已。但取石榴根皮，煎汁飲之，即吐出活蟲。無不立愈。」李晦之云：「以白礬芽茶擣爲末，冷水調服。凡一切毒，皆可治。」併載於此，以貽後人。

奎宿奏事

崇寧、大觀間，蔡京當國，設元祐正人黨籍之禁。蘇文忠公文辭字畫存者，悉毀之。王銘以重刻《醉翁亭記》，至於削籍。由是人莫敢讀其文。政和中，令稍弛其禁，且陰訪求墨蹟，皆以爲大璫梁師成自言，爲公出妾之子，故主張是，而實不然也。時方建上清寶籙宫，齋醮之儀，備極誠敬。徽廟每躬造焉。一夕，命道士拜章伏地，踰數刻乃起。扣其故，對曰：「適至帝所，值奎宿奏事，良久方畢，臣始能達章。」上頗嘆異，問：「奎宿何如

【二八】摩訶　涵芬樓本注，明鈔本多「薩摩訶」三字。
【二九】兩　涵芬樓本注，明鈔本作「四」。
【三〇】含　涵芬樓本注，明鈔本作「吮」。

人？其所奏何事？」曰：「所奏不可得聞，然此星宿者，故端明殿學士蘇軾也。」上爲之改容，遂一變前事。時婺【三一】陳子象，名省之，父爲温州掾曹，傳其説如此。子象説。

趙滎陽【三二】禱雨

淳熙元年夏六月，湖州旱。在城寓公，相率作醮禱雨，滎陽郡王趙禹錫少保爲之主盟。道士談靈悟伏章，趙盛服端坐，不覺如夢寐間，竦身行青碧雲氣中路，氣益清【三三】。一金甲神人持節引至殿闕門外止，令少候，神人獨入。俄復出，導詣廷下，遥望上帝，服黄袍，坐龍椅，儀衛如王者。趙再拜而上，秉笏當前，歷奏下方閔雨之意。皆不答，而首肯數四。乃趍下，再拜而出。神人亦導前，覺青氣繳繞，身輕躡空，不能駐履，内悸不自定。神人語曰：「但亟舉足，無苦也。」逡巡與伏章道士遇，交臂而語，道士曰：「適中途得言，已宣旨，不須到三天門。」繼乃入黑雲中，導者舍去。心絶窘怖，漸睹山川明秀，頗類徑山之陽。又復前進，若抵道場中，驚而寤。見一炬窅然，少頃，燈燭熒煌，始知身立醮席。左右侍者，但見嵲屼逾時，瞑目而不跌，無敢唤醒。神爽氣定，乃顧同列曰：「髣髴有所感，俟至壇前，焚香默謝，方敢説。」於是具以告衆。翌日亭午，膏雨如傾，周匝郡境，過宿而後止。滎陽説。

【三一】婺　涵芬樓本注，葉本空一格。

【三二】滎陽　「滎」原作「榮」，李按：唐宋鄭州郡名滎陽，據改。下同。

【三三】氣益清　涵芬樓本注，明鈔本作「益上氣益清」。

夷堅志補卷第二十四十事

李見鬼

李去僞知通州静海縣，至夜，即入一室判冥，外人皆聞訊問枷鎖聲，因目爲李見鬼。臨受代，與寮佐宴集，呼二子儔、僖出拜縣尉陳噩，噩不敢當。李云：「去僞老矣，不及見君之貴。儔自成立，不能遠大。僖異日與君有恩契，當令今日先識面耳。」坐皆罔測，時紹聖中也。政和初，噩以司勳員外郎主銓試，僖中選。又三年，爲之壻，果符恩契言。儔登科，未及禄而卒。噩終徽猷閣待制。

何侍郎

何侍郎慤，資州人，居心正直剛介。凡在官，有暗昧隱匿事，卒能探究其實，而平理之。後爲瀘南安撫使，正盛服臨聽事，若有冥司使者來迎之，急入告妻子，曰：「陰府請吾斷獄，獄竟當還，無斂我。」遂瞑目而坐。三日乃醒，曰：「有婦人壞胞胎者，前後積數百口，冥官久不能決，故委吾治之。已委令托生畜類，爲豘豬矣。猶記判云：『汝等能懷不能産，壞他性命，太癡愚。而今罪業無容著，可向人間作母豬。』」遂書本末，遍揭於邑里，以示懲戒世人也。趙有光説。

龍陽王丞

王涣【一】，字季光，乾道末年，爲武陵宰。郡邑蕭條，唯王東鄉運使居宅當官道邊，旁有圃，爲士民遨嬉地。季光嘗與教授邢正夫約同遊，未果。夢出迎使，客如常時所行路，至王氏後門而止。及下輿，不見從卒，獨一節級行前，而面長二尺餘，極可怖。又一人負胡床徑入園，由便門過其家，到廳後柱廊。柱廊上列水盆帨巾，堂壁皆金漆涼槅，頗華濟。一吏前揖，衣皂衫，紅帕首。季光問：「汝爲胥吏，何裝束詭異如此？」對曰：「方呈稟公事，於禮當然。」即探懷出一牘，鉗其左，請書案云：「準條令，決脊杖二十。」如言書畢，將退，吏白：「須監斷乃可竟。」俄而東偏門開，一少年可四十許歲，因首而出，顔色紫堂，鬚髯挓挱，自袒其背。四旁無人，而杖從空下，少年號呼痛楚。季光惻然曰：「此是大夫，不應爾。」吏曰：「天旨已定，但當奉行。」曰：「然則稍減杖數，可乎？」曰：「若決行，則唯命。」於是杖至十三而止。出就輿，輿從城上行，若無肩舁者，殊臬兀不安。遥望官府，如郡治，審視之，則蘄州也。拊式欲下，長面持節者曰：「此處無路可下，望之雖近，其實甚遠。」已而，前吏復至，白曰：「更請斷高朝請案。」季光辭焉，曰：「吾與之有中外，不應

【一】王涣　涵芬樓本注，明鈔本多一「彦」字。

治獄。」吏曰：「若是則引嫌可也。」以所持文書插于腰。季光欲取視之，曰：「既已引嫌，自不當問。」遂循城輿下，跌而寤，意緒絶不樂。時七月間也。後兩月，邢君始相率尋前約，入王園，儼然盡夢中境趣。邢曰：「君識其子弟，當令具酒。」拉過其宅，及柱廊，水盆帨巾亦歷歷舊所見。邢入其内，季光彷徨東廂，有小室垂箔，謾啟視之，乃一緑衣人影像，香燈羅陳，蓋受杖少年也。季光凜然，覺如數斛水沃身。少頃，邢攜酒殽來，王氏婦女隨窺客，皆發聲哭。季光益罔測，問邢曰：「少年者何人？」曰：「此運使之子龍陽丞也，下世二年矣。」扣其何如人，曰：「亦謹愨無他過，但暮年一事累德。方在龍陽時，將嫁女，會已受代，從邑令假小吏辦集，怒其遲鈍，箠之至死。小吏臨絶，語其妻曰：『我抱冤以死，汝宜告于官，不可受賂，使我無所憩。如我冤未白，汝勿得嫁，嫁則殺汝。』妻泣應曰：『諾。』既乃受丞錢百千，置不理，未幾，改嫁。成婚之夕，筵上果皆騰起尺餘，不傾倒。不一月，妻無疾而死。冥冥之中，負此冤對，聞其家人頃者同夢君受吏訟，故適望見而悲也。」季光始告以所夢，急趨出，不復再遊。季光説。

賈廉訪

寶文閣學士賈讜之弟某，以勇爵入官。宣和間，爲諸路廉訪使者。後避地入嶺南，寓居德慶府。濟南商侍郎之孫知縣者亦寓焉。商無妻，一女笄，二兒絶幼，唯侍妾主家政。

商死，其女嫁廉訪之子成之。率旬日頃，女輒歸家，拊視二弟，且檢校橐鑰以爲常。他日，歸啟篋笥，凡黄白器皿皆不見，但公牒一紙存，驚扣妾。妾曰：「比者，府牒以赴天申節，盡數關借，當時遣僕馳白姐姐及賈郎，回云：『府命不可不與。』遂悉以付之，望其持還而未可得。」女拊膺大哭，走問其夫，夫亦愕然，曰：「無此事。」乃詣府投牒，立賞捕盜，竟失之。計直踰萬緍，商氏由此貧匱。而廉訪者數使僕以竹節銀鬻於肆，肆主問何處用竹筩鑄銀，僕曰：「廉訪手自坯銷者。」於是，人疑商氏亡金，必其所爲也。後二十年，成之通判横州，商徙居臨賀，長已亡，幼子曰懋，每往謁成之，必得錢十餘萬。未幾，成之終於官。懋挈嫠姊，挾二孤甥偕至臨賀卜葬，遂相依以居。甥非商出，懋經紀其家，掩有財物過半。後病傷寒，惛不知人者數日。忽蘇，而言曰：「憶初入冥，只覺此身飄浮，直出帳頂，又升屋，咨行曠野，更無侶伴。俄爲人録至官府，見一囚荷鐵枷，戴黑帽，絣於獄門，兩人執大扇，對立其側。囚忽舉目呼曰：『商六十五哥，識我否？』懋未應。又曰：『我賈廉訪也，諸事殊未辨得，爾來且可了其一。我昔年取爾家財，所償略盡，猶有未竟者，幸爲我供狀結絶。』懋視執扇者一揮，則囚血肉糜潰滿地，不見人，唯存空枷。須臾，復如初。懋覩其楚毒，不忍視。頓憶曩事，爲供狀而出。囚大哭曰：『今便相别，我猝未脱。』其執扇驅入【二】。懋至門外，一吏持符，引卒徒數百，若迎新官者，白云：『泰山府君，以君剛正好義，抵陰府，不應空回，可暫充賀江巡按使者。』吏導行江上空中，所至廟神參謁，主者呈

【二】我猝未脱其執扇驅入　涵芬樓本按：上二句疑有脱誤。

文簿，懋一一詰責，據案剖判。別一主者前進，曰：「某神奉法不謹，誤溺死人。」懋即判領至原地頭誅戮。迤邐到封州大江口，吏曰：「事已畢，福神來迎，公可歸矣。」懋還賀州所居，從屋飛下，汗浹背而寤。其妻方掛真武畫像於床頭，焚香禱請，蓋福神之應云。

姚錫冥官

姚錫，字與善，筠州新昌人。祖當時奏名第一，錫登科，爲均州判官。時有監京西水寨者，因扞虜立功，並其子及壻四人皆得官，部曲至千餘。會所親告其停藏北人，欲謀叛，朝廷命置獄推鞫。隨問即承，至録問，即翻異。最後遣錫按治於隨州。錫盡閱案牘，窮究端本，了無反叛之狀，遂以身證其不然。朝旨付刑寺看詳，悉從釋放。因家人百數，與部曲懽呼，感涕爭送錫歸筠【三】。後再調汀州判官。淳熙十一年，攝武平宰。夢黄衣卒持牒言：「奉差充某所冥官。」錫以不可去爲辭。明夜，夢如初。錫曰：「吾家皆在郡城，獨居此邑，相去頗遠，幸爲我展限。」黄衣去，明日白晝，立于前，曰：「此太山府君奉上帝命，豈容固違！」錫懇云：「必欲我去，容我區理縣事，分付錢粟，然後歸別妻孥，得乎？」黄衣許之，與期二十日。乃具公牘申郡，乞稟議執事，且移書同僚道所以。郡守聽其來，未至一程，忽索沐浴趺坐而去，距所約之日，恰兩旬云。

【三】爭送錫歸筠　李按：據上文，「筠」當爲「均」之誤。

趙季父進童

趙季父嘗爲湖南路都監，居臨安衆安橋下，有蒼頭曰進童，患疫疾而死。乾道五年春，季父出城，往赤山，過興教寺，見紫袍人行前，面如琢玉，風采照人。一小童相隨，全與進童類。使僕沈貴問之，誠是也。童遽回拜，曰：「向來抱病久，荷公照恤，及賜之棺斂，至今不忘。」季父曰：「汝今在何處？」曰：「服侍這官人耳。」偕至淨慈寺門，密扣之曰：「此人任何官？」摇手曰：「莫問，冥官也。」迤邐入暗門，到清河坊，逢皂衣人交肩過。紫袍者挽其後裾，出剪刀，去尺餘，寘諸袖，其人殊弗覺。季父細視之，衣原無傷，復問童。答曰：「此乃剪福不剪衣也。」隨於大門稠人中，始不見。

賀觀音

海州朐山賀氏，世畫觀音像，全家不茹葷。每一本之直率五六十千，而又經涉歲時，方可得，蓋精巧費日致然。傳至六待詔者，於藝尤工。正据案施丹青，一丐者及門，遍體瘡癩，膿血潰出，臭氣【四】不可。近擕鯉魚一籃遺之，求畫。賀曰：「吾家絶葷累世矣，何以相汙！」其人曰：「君所畫不逼真，我雖貧行乞，卻收得一好本，君欲之乎？」賀喜，洒掃淨室，延之入。至即反拒户，良久呼主人，賀往視，則已化爲觀音真相，金光繚繞，百寶

【四】臭氣　涵芬樓本注，明鈔本作「臭穢」。

莊嚴。賀唤子弟焚香敬禮，遽【五】所在室中，異香芳馥，歷數月不散。由是畫名愈益彰。

沈烏盆

豫章民埏埴爲器，勝於他州，而沈生者藝最精，所售最多，家業甚裕，土人因其實，目曰沈烏盆。平日好善樂施，而奉佛尤謹。上藍寺殿室隳壞，像設不整，沈獨捐錢塑佛三軀，費數十萬弗靳。其後年齒浸高，生計日削，妻子皆先淪亡，姻戚莫顧，因大雪出外，死有城東，僵尸在地無斂。明日雪霽，天宇開明，城人李氏子乘馬過其處而見之，問知爲沈老。李素輕儇好譏弄，指而言曰：「奉佛果報，乃如是乎？」下馬索筆，題詩於其左股云：「洪州沈烏盆，塑佛捨三尊。一朝饑凍死，衣不庇其臀。」觀者皆笑，或誚其淺薄。李即還家，與妻言。妻適懷妊及期，遂就蓐，不移時生一男子。乳醫見左股間書字甚多，不能識，以告李。李視之，乃早來所譏沈老之詞也。喟然悔嘆，且驗其爲己子，亟令爲治棺，斂尸瘞埋。兒至滿月抱浴，字始不現。李氏撫育鍾愛，數歲後，發蒙入學，深識穎悟。年纔弱冠，請鄉舉。或云已登第，但不得其名，蓋受宿世善報也。董埜説。

隆報寺

湖州弁山西南隆報寺，故中書侍郎林彦振功德院也。林没於姑蘇，一子偉繼亡，其後

【五】遽　涵芬樓本按：疑有脱誤。

遂絶。族人擅其利【六】，至於拆屋伐木。及隆興之初，蕩無一椽。有達官方卜築，獨以賤直取寺基之半。主僧法瓊清修持戒行，屢談因果之説，勸止之，恬不以介意。他日，瓊夢遊冥府，主者据案執筆，指壁間一圖示之，曰：「見此圖否？其上所書皆賤買隆報寺木人姓名，朱勾者，已死者也。」瓊即而視之，皆素所往還檀信。亦有已朱勾而尚亡恙者。俄獄卒擁達官至，備受慘毒，顧瓊有祈哀之色，而不得言。瓊覺，急詣其家，則聞以疾服藥數日不起。是時，寺既無孑遺，偶像一切暴露，風日淋爍，或爲人徙去。善神一軀仆地上，圬者吳大爲和泥補葺，且舁施圓證寺。久之，吳大受顧結屋，墜梯折腰，傷勢殊亟。夢神來云：「汝昔嘗救我，我不敢忘。」授以乳香飲方，其法用酒浸虎骨、敗龜、黄芪、牛膝、萆薢、續斷、乳香七品，覺而悉能記。即唤子買藥敬服之，一旬而愈。

張二十四郎

臨江軍曲水橋，富室張二十四郎者，兄弟四人，事母以孝謹著。四人相友愛，每夕迭置酒燕樂，又能施德於鄉閭。里中嘗有水患，道路阻絶，張氏具舟，載薪米，沿門救餉，賴以存者八十家。乾道七年旱，米價騰踊，盗賊四發。它處暴客四十餘輩，聞其富謀劫。近鄰屠酤兒徐八亦盗也，羣兇夜召之飲，賂以錢帛，使爲道地。徐心以爲不可。明日，烹豚釃酒，報其禮，乃白之曰：「彼家行孝施仁，吾一鄉徧受其惠久矣。今若害之，吾人失所

【六】利　涵芬樓本注，明鈔本作「剎」。

依，必填溝壑，願諸君勿以經意。」因歷數張之陰德善事，皆驚悚，曰：「信如爾言，我曹豈可輕發！」遂别去。後二年，徐所使攜豚酒者，始告張。張邀徐入室問故，謝其全護之恩，爲買田築屋，贈遺甚厚。徐由是亦成家。乃知人無不善，徐屠固可嘉，羣兇於一話一言之頃，便能回心自悔，是難能也。

夷堅志補卷第二十五 十三事

李二婆

鄂州民媼李二婆，居於南草市，老而無子，以鬻鹽自給。淳熙乙巳市中大火，自北而南，凡五里。延燒屋廬數千間，雖樓居土庫亦不免。媼之四鄰已焚，媼屋獨存。門外鹽兩席，凡所掛葦薦，緣以青布，略無少損。一郡嘆異。郡守趙善俊、軍帥郭杲呼問之，曰：「天災如此，汝屋何以得免？亦有説乎？」對曰：「無所長，但每日所貨鹽，來買一斤以十八兩與之。所憑以活殘年者，一秤而已。」趙、郭聞而加敬，厚遺錢帛而遣之。

楊長者

無錫東鄉楊翁，家饒於財，而尚禮好義，一意周人之急，得鄉井歡心，稱爲長者。暮歲躭嗜内典，每焚香立誓，但願考終命時，不在暑月。雖一寢一食，必致此禱。年且八十，無疾而殂，適以季夏。棺衾送死之具，固已宿辦，然親姻鄰里皆戚戚相與言：「翁平昔積善如此，而其没正在三伏中，大違素志。天道冥茫，真所弗曉。」及葬日，舉殯，柩重不堪舁，而負荷者倍常數，猶不能轉移。力人以爲疑，請于子弟，唤匠啟視。才發，闔室芬香襲人，窺其中，水銀盈溢，殆與尸等。見者驚嘆致敬，家人且悲且喜，復掩之，用十輩扶舉，安然以行。乃知所以重者，似故欲示人云。

桂林走卒

吕愿忠【一】帥桂林，遣走卒王超入都，與之約，某日當還。過期三日乃至，吕怒，命斬之，一府莫敢言。汪聖錫通判府事，持不可，往見之，曰：「超罪不至死，若加極刑，它日使人或愆期，必亡命不返。脱有急切【二】奏請，將不得聞之，其害大矣。」吕戄然悟，謝曰：「業已爾，難遽改。明日姑引疾，君自爲之地。」明日，吕不出，汪呼超至，但杖而釋之。超感再生恩，誓以死報。録事參軍周生者，與時相秦益公有學校之舊，倚借聲勢，跌宕同僚中。嘗於國忌日，命妓侑酒。汪素惡其人，將糾其事，既而中止。然周啣恨不置，遣一獄典持書與秦。超聞而疑之，曰：「録曹通太師書，必以吾恩公之故。」乃往獄典家訪所以。典愀然曰：「我平生未嘗遠出，況於適京師乎？且吾屬受差，非若州兵，可以貸俸，今行齎索然，方舉室憂之，未知所出。」超曰：「吾力能爲汝辦萬錢，宜少待。」時吕令問攝陽朔令，超嘗爲之役【三】。即往謁，得錢持與典。典喜，買酒共飲，示以書。典先醉卧，超急就火，鎔書蠟，密啟觀，果譖汪者。復緘之，典不覺也。後二日，超復往，謂之

【一】吕愿忠　李按：丁志卷二《小孤廟》條，「忠」作「中」。又《建炎以來繫年要録》紹興二十四年七月乙亥條、二十五年七月辛酉條，作「中」。「忠」字似誤。

【二】急切　芬樓本注，明鈔本作「緊切」。

【三】役　涵芬樓本注，明鈔本作「使」。

曰：「吾忽被命如臨安，行甚遽。汝果憚此役，當以書並錢授我，我代爲持去，汝但伏藏勿出可也。」典大喜，如其言。越三月，超歸，以秦府報帖與典。汪既受代還玉山，明年，超詣其居，出周生書示【四】：「汪常遣信過海，餉遺趙元鎮丞相、李泰發參政【五】。」是時，秦方開告訐之路，數興大獄，使此謗得行，汪必不免。超以一卒能報恩，固已可尚，而用智委曲，終於集事，士大夫蓋有所不若云。

李宗言馬

吉州防禦使李宗言，監樞密院五房門，得省馬棗騮乘騎。嘗至省前驚蹶，李墜地，歸責圉者，以爲餇之不至，故無力而蹶，笞之。圉人解下鞭其馬，曰：「我日具芻秣，豢汝甚謹，乃反爲我累邪？」是夜，李夢一男子，禿首衣赤衣來辭，曰：「我前生爲人，作蜀邑宰，不能自愛，以貪虐濟其私，雖幸逃憲網，而死被陰譴，遂爲公馬。昨因病肺失足，非圉人之罪。既累渠受笞，我亦難處此矣，今與公別拜而去。」李寤，外報馬死，法當赴官估剥，以夢故愍之，爲輸錢有司，埋之城外。時紹興二十年。

符端禮

慶元乙卯夏，淮浙疫癘大作，嘉興城內，至浹日斃百餘人。民蘇軫者，好善樂施，平時

【四】示　李按：「示」似「云」之誤。

【五】李泰發參政　李按：「泰」原作「秦」，據《宋史》卷三六三《李光傳》改。

惟以莊嚴佛【六】刊印經呪爲務。值此惡歲，推不忍之心，擇招老醫，與詣病者家，逐一診視。書其姓名，著所患陰陽二證於其下，歸取藥餌、薑棗、薪炭之屬，持以贈之。甚貧不能自存，則濟之以錢米。賴以安者極衆。郡守糜師旦周卿聞而喜曰：「此亦不易得，未知其人爲誰？」扣之左右，命一吏往詢詳細，將捐官鏹助之。孔目吏符端禮在傍，遽言曰：「其人爲蘇軫，故在縣作典押，醵坊巷衆財，作此役，不唯有意乾没，正欲形迹州府耳。」糜納其語。洎所遣吏還，方誦軫之博施，即應聲曰：「渠要形迹我也。」軫聞之懼，立謝醫棄藥，閉户不出。縱有就求藥者，亦不敢與。慮符之造謗，常惴惴焉。旬日，符病，未幾而死。一邦之人咸謂，天實誅之云。婁彦發説。

陳唐兄弟

南城人陳唐與其弟霆，皆以不善著於鄉里。慶元二年秋，其姪子損夢爲官所逮，及至，則城隍廟也。王冠服正坐，追者抗聲白曰：「追到陳唐。」子損知爲誤，即仰訴曰：「子損是陳唐之姪，恐非合來。」王令説平生蹤跡，且言父祖名字，及今歲書館之處，辯數甚至。王顧左右曰：「此豈細事，誤矣，誤矣！」命放還。子損寤，與友生鄧景文説，爲唐憂。已而唐亦夢到城隍廟，其問略同，就令原追吏押赴張大王廟。唐隨以往。即夢覺，以告妻子，極惡之。張王者，非廣德祠山之神，蓋主瘟部者。越數日，闔門大疫，唐、霆同時

【六】平時惟以莊嚴佛　涵芬樓本注，疑有脱字。

七竅流血死。唐母、妻、霆子及家人、婢僕、姻戚往來、治平寺二尼、巫閻生爲治病者，凡二十輩牽致卒死。

鄱陽雷震

慶元三年六月二十二日晚，饒城大雷震。城下一客舟，載米三百石，客子貪惡無狀，皆以水拌濕，仍雜糠穀夾和，將載往下江，取厚息。是日，震其篷頂，透于艎版，悉穿決【七】，米沈江中，顆粒不存。客幸脱死，哭而歸湖。又，沙棠庵一僧正据案閲算簿書，雷挾下而誅之，腰斷爲二，背上朱刻痕如小斗者十數。此庵素富，度僧七八員，一意牟利。所震者尤貪，專用升斗爲輕重，大入小出，故罹天誅。其徒秘不許泄，而里落徧知之矣。

玉仙觀陳道士，俗家居鐵爐步。舉從家二女子年十八九歲，雨霽失所在。當時訪得少女於隔岸，舉體無傷處，但蒙蒙如癡耳。長女不見，凡三宿，始得之山上。能談所見，云：「被人從空拖起百餘丈，到一山，其中宫殿、屋廬、花竹、園沼，一切如世間【八】。别一處倉廩甚多，主人啟廄使視，或米粟、或麥豆、或布帛、或錢寶，語之曰：『此物皆有所待，隨世人所爲好事惡事，好則撥以付之，惡則掠取以來，分明不錯。今令汝歸，可一一告語鄉俗也。』恍然而寤。」

【七】悉穿決　涵芬樓本注，葉本無「決」字，從明鈔本補。

【八】一切如世間　涵芬樓本注，五字葉本闕，從明鈔本補。

蒙僧首

婺州武義縣了蒙，爲一邑僧首，誦經精專，不飲酒食肉。邑人欲薦福追遠者，不問數十里，必屬蒙僧首焉。坐是不勝應接，獨力不可給，至虚受人施者，反多於所誦。既死十年，同縣人徐師死而復生，云：「過陰府廊廡間，見蒙在大鐵栅中，四面熾炭五層【九】，烈焰洞然，不可嚮邇。蒙手捧經立，見徐大驚，問知當還，懇祝云：『俾告弟子，竭橐貲，請僧多誦經，爲己償債。』且言在栅九年矣。初入時，有炭九層，每填經及一分，則去其一，今尚餘五也。徐又見其側有坑穽，四囚居中，一鬼卒執長篙，蘸染糞穢塗其首面身體。因問蒙，蒙曰：『此事魔不祀祖先者。』」他所見甚多，徐不能記耳。

犂泥獄

衢僧覺闍黎，紹興丙寅歲，病困入冥。見大池百畝，穢泥滿中，浸僧不知其數，自頸以下，皆没於泥，獨露其首出，兩手捧經，若閲讀狀。吏引覺見王，王乃故人陳世則秀才也。謂覺曰：「此獄名犂泥，專治僧之負經債者。若宿世能成誦，則誦足可脱。不然，目無所見，唯時遇電光，能讀十數字，永淪此苦，無有脱期。吾與師厚善，故以相語。」乃縱使回。

【九】層　涵芬樓本注，明鈔本作「積」，下同。

儲祥知宫

豐相之，崇寧中，居建州。有道士來謁，熟視之，蓋京師上清儲祥宫主也。問：「何以至此？」曰：「我已非人，兹竊有所禱，明日將托身爲犬，實在尚書宅，願戒家人善視我。」豐公驚曰：「君平生有道行，何爲爾？」對曰：「某初修道戒，本無隱惡。奈一事獲罪於天何！」豐問其故，慘容而言：「某以朝廷方黜蘇氏學，因建請磨去儲祥宫碑文，坐是受譴。」豐曰：「上帝亦愛重蘇公文乎？」曰：「不專在是，正以迎合時相風指耳。」言訖，失所在。旦而犬生十子，其一首足黑而身黄【一〇】，疑爲黄冠云。

韓蘄王

紹興二十五年【一一】，韓蘄王病篤，詔工繼先往診視，至則已亡。迨暮復甦，言：「爲四卒追去，定知死矣。中塗忽有所思，吾心中三事未了，不料死期遽至，咖恨無窮。行抵大官曹，金釘朱户，監門者冠裳嚴潔，類星官容狀。邀坐飲湯，二卒不得入，别有兩陰吏導立庭下。聞其中贊引之聲，如世間呵殿下者，指揮卷簾。主者盛服据案，威貌肅然，揖吾升廳相見，敘寒温禮。坐定，始認爲晏景初尚書。晏云：『適遣人相迎，時在道有所思，何也？』吾起，拱白曰：『正謂三事未了，而之死地，是以不能忘。一者，世忠久叨將帥，

【一〇】首足黑而身黄　涵芬樓本注，「首」明鈔本作「四」。

【一一】紹興二十五年　李按：「五」當爲「一」之誤。據《宋史》卷三六四《韓世忠傳》，世忠薨於紹興二十一年八月。

殺人至多，雖王事當然，顧安得無枉濫？擬欲建黄籙大齋醮，拔濟之，且解冤釋結。二者，侍妾頗多，未辦分付，欲令有父母歸之，無者嫁之。三者，外間舉債負錢，非慮身没之後，子孫追索，不無擾人。欲悉焚契券，免爲後害。今皆不復可爲矣！』晏公云：『若郡王不起此念，冥間亦不以客禮奉待也。當令郡王且還，不知幾日可了？』吾曰：『一月足矣。』晏云：『容爲奏請，如期却來。』乃得活。」亟命營所願，一月皆畢，遂斃矣。

程朝散捕盜

景德鎮程皐朝散，宣和初爲高郵尉。境内多兇盜，雖間捕獲，輒爲其黨篡取以去，皐用是屢遭上官薄責。他日擒四渠魁於湖草間，即命弓兵當馬前梟首，其徒因此逃散。皐滿秩還鄉，舉室染疫疾。一夕昏昏如逝，旦而豁然，爲家人説：「昨正熟寐，夢兩朱衣吏乘馬至門，直入室，取文書置案上，追我甚急，遂隨以去。到官府，殿宇華焕，金碧奪目，吏押詣庭下。見四人斷首被血在傍，蓋斬首【一二】也。仰望殿上，三人正面而坐，羽服道冠，中衣黄，左右衣青。右坐者叱問：『汝只是一縣尉，何得同日擅斬四人？』對曰：『此等作大惡，殺人至多，才成擒，率被奪去。況於馬前抵拒，固宜殺之。皐手獲四囚，若生致，正刑格，當得賞，亦所不暇恤也。』左坐者大呼曰：『此王法也，程皐無罪，可速押回。』兩吏復導出門，陟峻嶺，足力疲困，擬欲少休，遽顛仆而醒。」汗浹如流，從此平安，家人以此

【一二】蓋斬首　涵芬樓本注，疑有脱誤。

悉愈。

郭權入冥

郭權任金部郎中，因久病入冥府，科首披公服立於庭下。庭前對設大秤兩架，一吏齎文書數沓至。主者令先就東邊秤，秤尾稍高，云：「是平日所作善事也。」次就西邊秤，秤尾低，云：「是罪惡。」郭拱立候命。旋聞堂上厲聲云：「郎官上應列宿，豈可露頭。」不覺已戴幞頭，了不知何自而來，遂放還。一緑衣吏稱録事，引之遊獄，大率如世間所畫變相。聞一囚呼己字，曰：「子鈞救我！」又至一大屋，門楣金字，榜曰「宰相獄」，其間烈焰熾然，一人荷鐵枷。問爲誰，吏不答。旋引詣道院，供三清聖位，及諸仙官。須臾，若墮井中而甦。蓋不知死已數日，其家方以斯夕建醮也。

夷堅志再補目録

種園翁　裴老智數　人中白　天童護命經　姑蘇二異人　謝石拆
字　對簿哦詩　鼠怪　岳珂除妖　道人符誅蟒精　汪忠得
道　□□□□

夷堅志再補十二事

種園翁

《夷堅》己志云：陳元忠少魏，漳州龍溪人，客居南海。嘗赴省試，過南安，會日暮，趨城尚遠，投宿野人家。茅茨數椽，竹樹茂密可愛。主翁雖麻衫草屨，而舉止談對，宛若士人。几案間，有文籍散亂，視之，皆經子也。陳叩之，曰：「翁訓子讀書乎？」曰：「種園爲生耳。」「亦入城市乎？」曰：「十五年不出矣。」問：「藏書何用？」曰：「偶有之。」因雜以它語。少焉，暴風雨作，其二子荷蓑負鋤歸。大兒可十八九，小兒十四五，倚鋤前揖，人物可觀，絶不類農家子。翁進豆羹享客，不復共談。遲明，陳别去。至城，以事留。一日，偶適市，見翁倉黄而行。陳追詰之，曰：「翁云十五年不入城，何爲到此？」曰：「吾以急事，不容不出。」問其故，不肯言，固問之，乃大兒於關外粥果失税，爲關吏所拘。陳爲謁監征，至則已捕送郡。翁與小兒偕詣庭下，長子當杖。翁懇白郡守，曰：「某老鈍無能，全藉其子贍給，渠不勝杖，則翼日乏食矣。願以身代之。」小兒曰：「大人豈可受杖？某願代兄。」兄又以罪在己，甘心焉。三人爭不決。小兒來父耳旁語，若將有所請。

翁叱之，兒必欲前。郡守頗疑之，呼問所以。對曰：「大人元係帶職正郎，宣和間累典州郡。」翁急拽其衣使退，曰：「兒狂妄言。」守詢：「誥敕尚在否？」兒曰：「見作一束，寘甕中，埋於山下。」守立遣吏隨兒發取，果得之。即延翁上座，謝而釋其子。次日，枉駕訪之，室已虚矣。見《賓退録》卷第四。

裴老智數

《夷堅》戊志載裴老智數，謂紹興十年七月，臨安大火，延燒城内外室屋數萬區。裴方寓居，有質庫及金珠肆在通衢，皆不顧，遽命紀綱僕，分往江下及徐村，而身出北關。遇竹木塼瓦蘆葦椽桷之屬，無論多寡大小，盡評價買之。明日有旨，竹木材料免征税抽解。城中人作屋者，皆取之。裴獲利數倍，過於所焚。見《賓退録》卷第九。

人中白

人中白者，漩盆内積起白垢也，亦秋石之類。刮取置新瓦上，火逼令乾，温湯調服，治鼻衄如神。《夷堅志》。

天童護命經

《夷堅志》一卷，載韓椿年於父枕中得《天童護命經》一卷，題云「梁先所授」，凡二百九十二字，校今所行多一百七字，且無言六破句【一】。傳之者，以禦魑魅，極爲靈驗。其文曰：「太上曰：『皇天生我，皇地載我。日月照我，星辰榮我。諸仙舉我，司命與我。太一任我，玉皇詔我。三官保我，五帝衛我。北辰相我，南極祐我。北斗輔我，三臺護我。金童侍我，玉女從我。六甲直我，六丁進我。天門開我，地户通我。山澤容我，江湖渡我。風雨送我，雷電隨我。八卦尊我，九宫遁我。陰陽宗我，五行符我。四時成我，我命著我【二】。太清玄籍，三宫升降。上下往來，無窮不息。金飯玉漿，所求皆至。虚梵日月，與天爲誓。𩴾魒魐魁，魓【三】魡䰳魕【四】。所求者得，所向者亨，所願者合，所爲者成。種種變化，與道合真。何神不使？何令不行？前有朱雀，後有玄武，左有青龍，右有白虎。上有華蓋，下有魁罡。神光通嚴【五】，威鎮十方。愛我者生，惡我者殃，謀我者死，憎我者亡。靈童神女，破邪金剛。三千六百，常在我傍。執節捧符，與我同流。太上攝大京，天大吉昌【六】。金籙玉書，二十四符。與星曆俱，急急如律令。』」以上二則，見舊抄本《志雅堂雜鈔》。

【一】且無言六破句　原注：疑有訛字。

【二】我命著我　原注：粵雅堂本「著」作「者」。

【三】魓　原注：粵雅堂本作「魓」。

【四】魕　原注：粵雅堂本此作「星」字，而移「魁」字於上。

【五】神光通嚴　原注：粵雅堂本作「神通光嚴」。

【六】與我同流太上攝大京天大吉昌　原注：粵雅堂本作「與我同游。上攝大京，皆大吉昌」。

姑蘇二異人

姑蘇有二異人，曰何蓑衣，曰斆道僧，蹤跡皆奇詭。淳熙間，名聞一時。士大夫維舟者，率往訪之。至今吴人猶能言其大略。何本淮陽朐山人，書生也。祖執禮，仕至朝議大夫，世爲鼎族。遭亂南來，寓于郡。嘗受業於父，已能文，一旦焚書裂衣遁去，人莫之知。既乃歸，被草結廬于天慶觀之龍王堂，佯狂妄談，久而皆有驗。卧草中，不垢不穢。晨必一至吴江溲焉。郡至吴江五十里，往反不數刻，人固訝之。會有一瘵者，拜謁乞醫。何命持一草去，旬而愈，始翕然傳蓑可瘉病。亦有求而不得，隨輒不起者。於是遠近稍敬異之。孝宗在位，忽夢有蓑而跣哭而來弔，問之。曰：「臣蘇人也。」詰其故，則不肯言。寤以語左璫，時上意頗崇緇抑黄，弗深信也。居月餘，成恭后上仙，莊文繼即世，璫因進勉釋而及之，意欲以驗前定，寬上心。上瞿然憶昨夢，輟泣而嘆。璫進曰：「臣微聞蘇有何姓者，類其人，它日固未敢言。」因道其所爲。上大驚，有詔諭遣，不至。上嘗燕居，深念以規恢大計累年未有所屬，且坤儀虚位，圖所以膺佐餕承顔之重者，焚香殿中，默言曰：「何誠能仙，顧必知朕意。」遂授璫以香茗，曰：「汝見何，則致贄而已。問所以來，則曰：『陛下自禱，我不及知。』視其何以復命。」璫承命惟謹。何忽掉首，吴音曰：「有中國人，即有蕃人。有日，即有月，不須問。」趣之去。既復呼還，曰：「所問者姓，我猶忘之。但言朱家例子，不可用也。」使者歸奏，上曰：「是能知我心。」遂賜號通神先生，築通神菴於觀之內，親御寶跗書扁以寵之。已而，成肅正中宮歸謝氏。蓋本朝故事，惟欽成本姓崔，後育任氏朱氏，既而惟從朱姓，不復歸。上意嘗欲以爲比，而未決也。北代【七】之議亦少息焉。先是，觀中諸黄冠以殿宇既燬，欲試其驗，羣造其廬拜，且白之。何從求疏軸，主者謾以與。何笑曰：「來日自有施者。」至午，而使者果來。既答，則曰：「我不能入覲，以此累使者。」上聞而益奇之。會浙西趙憲伯驌亦爲之請，遂肆筆金闕寥陽殿額，出内帑緡錢萬，繪事一新，以答其意。上每歲以瑺將命，即其居，設千道齋，合雲水之士，施予優普。一歲，偶踰期，咸訝而請，亟起于卧，摇手瞬目而招之，曰：「亟來，亟來。」瑺是日舟至平望，乃見何在岸滸，招而呼，踵廬言之。衆曰：「何固未嘗出也。」因言所以，其狀良是。

獃道僧者，實本郡人，爲兵家子，□有所遇。何舊與之友狎。不知幾何時，髠而髽，曰：「似道似僧，故曰道僧。」狀不慧，而言發奇中，與何頡頏。好蕩遊市井間，見人必求錢，止於三，隨即與之貧者。何既不趨召，它日，瑺或薦道僧。上欲見之，何挽呼不使去，曰：「是將捉汝，縛汝，監汝，不容汝來矣。」道僧竟來，見於内殿，不拜，所言不倫，上狎之，使出入勿禁，且命隨龍人元居實總管者館之。元懼其逃，猝無以應上命，果日使十人從之，所至不舍。踰年歸，見何，何以杖詬逐之，至死，訖不與接一談。重華倦勤，復使召之不肯就。邀守萬端，三年而致之。紹熙甲寅春，道僧入北内，坐榻前曰：「今日六月也，好大

【七】北代　李按：據文意，「代」當爲「伐」之誤。

雪！」侍璫咸笑。顧曰：「爾滿身皆雪，而笑我狂耶？」相與罔測，亦莫以爲意。至季夏八日，而至尊厭代矣，縞素如言焉。二人勇於啗肉，食至十數斤，獨皆不飲酒，心不言其所以然也。何又能奈寒暑。余兄周伯言：「有元某者，丙午歲七十矣，嘗言自丱角見之，顔色無少異。」蘇有妄道士，日從之遊，將倣其爲。何不怒，獨冒雪馳至，垂虹而浴，道士不能偕，慚而去。余兄往見之，頗能言宦歷所至。酷不喜韓子師，方爲守，千騎每來，則提擊而罵之，亦有人所不堪者。子師素嚴厲，於此不以爲忤也。道僧先數年卒，何慶元年間猶在，相傳百餘歲矣。洪文敏《夷堅》辛志、乙、三志亦雜載其事，雖微不同，要皆履奇行怪，有不可致詰者，故著之。見岳珂《桯史》卷三。

謝石拆字【八】

謝石潤夫，成都人。宣和間，至京師，以拆字言人禍福。求相者但隨意書一字，即就其字離拆，而言無不奇中者。名聞九重，上皇因書一「朝」字，令中貴人持往試之。石見字，即端視中貴人曰：「此非觀察所書也。然謝石賤術，據字而言，今日遭遇，即因此字，黥配遠行，亦此字也。但未敢遽言之耳。」中貴人愕然曰：「但有所據，盡言無懼也。」石曰：「『朝』字離之，爲十月十日，字非此月此日所生之天人，當誰書也？」一坐盡驚。中貴馳奏，翌日，召至後苑，令左右及宮嬪書字示之，皆據字論説禍福，俱有精理，補承信郎。

【八】謝石拆字　李按：《志補》有同題異文者，此與宋何薳《春渚紀聞》卷二文同。薳爲兩宋之際人，或邁抄之。

四方求相者，其門如市。有朝士妻，懷妊過月，手書一「也」字，令夫持問。石曰：「此閨中所書否？」曰：「何以言之？」曰：「謂語助者，焉哉乎也，固知是公内助所書。尊閫盛年三十一否？」曰：「是也。」「以『也』字上爲三十，下爲『一』字。然吾官寄此，當力謀遷動，而不可得否？」曰：「正以此爲撓耳。」「蓋『也』字，着『水』則爲『池』，有『馬』則爲『馳』。今池運則無水，陸馳則無馬，是安可動也？又尊閫父母兄弟近身親人，無一存者。以『也』字着『人』，則一『他』字。今獨見『也』，而不見『人』故也。又尊閫其家物産亦當蕩盡否？以『也』字着『土』，則爲『地』字。今又不見『土』也。」曰：「然。」但此皆非所問者，賤室以懷妊過月，憂而問耳。曰：「是必十三個月也。以『也』字中有『十』字，並兩傍二豎，下一畫，爲十三也。有一事涉奇怪，欲不言，則公所問正決此事，可盡言否？」朝士請其説，曰：「『也』字着『蟲』爲『蛇』字，今尊閫所妊殆蛇妖也。然不見虫蟲，則不能爲害。石亦有藥，可爲公驗之。」朝士異其説，因請至家，以藥投之，果下百數小蛇而體平。都人盡共神之，而不知其竟挾何術也。洪邁《夷堅志》。見唐順之《荆川稗編》卷六十四。

對簿哦詩

張任國，福州人。自太學謁告，館於無錫馮氏家。時省試下第，道出平江，入市樓買酒，就呼一妓佐樽。偶與惡少年數人鄰席，顧一秀才獨坐，奪妓同飲。張有膂力，不勝憤，起毆之，爲廂卒録送府。詣曹供對，張取紙，大書一詩曰：「扁舟一葉下姑蘇，正值春風賣酒壚。欲買一杯澆旺（眊）噪，不甘群小咨揶揄。青衫有分終須著，紅粉無身不受呼。聞得使君明似鏡，不知照得此情無。」府守讀詩激賞，餉以十尊，而盡杖諸惡子。《夷堅三志》。見《榕陰新檢》卷十六。

鼠怪

中山王【九】周南，正始中爲襄邑長，有鼠從穴出，在廳上，語曰：「周南，爾以某月某日當死。」周南不應。鼠還穴，至期復出，更冠幘皂衣而語，曰：「周南汝日中當死。」周南復不應。鼠復入穴，斯須復出，出復入，轉行數語如前。日適中，鼠復曰：「周南，汝不應，我復何道！」言訖，顛蹶而死，即失衣冠。周南使卒取視，乃常鼠也。《夷堅志》。見《稗史彙編》卷一百七十四。

岳珂除妖

岳侍郎珂，武穆王之孫。知嘉興府。譙樓數夜更鼓不鳴，責問直更者，曰：「每夜一更時分，有五人到樓飲酒，皆金銀器皿，羅列珍味，稱係侍郎親眷，所以不敢打更。」太守謂：「今晚若再來，當密通報。」是夜，太守坐清香樓，命提振官兩人攜府印來前，擇精兵

【九】中山王　原作「山中王」，據《晉書》卷二九《五行下》、《搜神記》卷一八、明《新訂增補夷堅志》卷二〇《襄邑鼠妄》乙改。

二十人，各執器械，在樓下伺候。中夜，直更者果來報。守令提振攜印而前，曰：「知嘉興府岳侍郎請相見。」其五人者，即爲驚散。守據中坐，取視器皿，皆真金銀。公使入庫公用，邪魅遂息。《夷堅志》。

道人符誅蟒精【一〇】

南中有選仙道場，在一峭崖石壁之下。其絶頂石洞穴，相傳以爲神仙之窟宅，時有雲氣蒙靄。常有學道之人筑室於下，見一神人現前曰：「每年中元日，宜推選有德行之人祭壇，當得上昇爲仙。」于是學道慕仙之人，咸萃於彼。至期，遠近之人，賫香赴壇下，遥望洞門祝禱，而後衆推道德高者一人，嚴潔衣冠，竚立壇上，以候上昇，餘皆慘然訣别而退。于時有五色祥雲油然自洞門而至壇場，其道高者，衣冠不動，躡雲而昇。時至洞門，則有大紅紗燈籠引導，觀者靡不涕泗健羨，遥望作禮，如是者數年。人皆以道緣德薄未得應選爲恨。至次年，衆又推舉一道高者，方上昇間，忽一道人云：自武當山來掛搭，問所以，具以實對。道人亦嗟羨之，曰：「上昇爲仙，豈容易得？但虚空之人，有罡風浩氣，必能遏截。吾有一符能禦之，請置于懷，慎勿遺失。」道高者懷之，喜甚。至時，果有五色祥雲捧足，冉冉而昇。踰日，道人遣衆登視洞穴，見飛昇之人，形容枯槁，横掛于上，若重病者，奄奄氣息，久方能言。問之，則曰：「初至洞門，見一巨蟒，吐氣成雲，兩眼如火。

【一〇】道人符誅蟒精　李按：《太平廣記》卷四五八載其事，並言「出《玉堂閑話》」。則邁或移録之。

方開口，欲吞啗間，忽風雷大震霹，死於洞畔。視之，蟒大數圍，長數十丈。又有骸骨積於巖穴之間，乃前後上昇者骨也。」蓋五色雲者，乃蟒之毒氣。紅紗燈籠者，蟒之眼光也。《夷堅志》。以上兩則，見《稗史彙編》卷一百七十五。

汪忠得道

池州人汪忠者，乾道二年，過和州白望市。忽際異人，遂能談量禍福，往往多應，今往來真揚之間。《夷堅志》。見《歷陽典録》卷二十三。

□□□□

聖像暴露，取所餘三門屋蔽之，而覆以茅。未幾，又摧敗。路人至買篛笠繫於像頂，以遮雨日。堯卿忽得病，凡半年，四體臭腐，血液交流，痛苦萬狀。親朋問訊者，莫敢窺其户。且死，見黄衣人來追，明言理會拆觀事。李守及象求之彰亦相繼亡，獨堯卿受禍最酷。李蓋爲所誤云。村墟民覩明證如此，共率錢粟，作屋三間，移像事之如故。時紹興二十七年也。後五年，予聞之於知軍向仲德士俊云【一二】。見陸心源刻本丁志卷端。

【一二】予聞之於知軍向仲德士俊云　涵芬樓本按：此則前半已佚。

夷堅志三補目録

崔春娘　道術通神　花果五郎　護界五郎　楊樹精　負御容赴水
死　顧代母死　夢天子　夢見王者　夢得富妻　夢妻肩青點
夢前妻相責　夢亡夫置宅　夢五人列坐　夢同年友　夢龍拏空
夢芝山寺熊　夢五色胡蘆　夢怪物鍼口　興文杖士　猿請醫士
祠山像　張婢神像　臨川倡女

夷堅志三補 二十四事

崔春娘

南城士人張臨，壯歲未受室，與郡倡崔春娘甚昵，約爲夫婦，偕詣城隍廟詛盟。居數年，嘗宿其家，崔亦堅意合好，不復納他客。已而臨連獲鄉舉，有媒妁來爲議，娶富家嫠婦。臨深念半世困於書生，苦貧爲祟，若更聘一倡，兩窮相守，何時可蘇？今幸會此姻，當不終否。彼要盟無質，何足恤哉！乃備禮納采，不令崔知。將成昏，或以告崔，崔走僕邀臨至，責其負約。臨猶諱云：「焉有是事，讒者妬我二人耳，忽輕聽妄言。」崔曰：「君嘉期已定，卜用某日，謂我真不知邪？不然，可同謁城隍以驗之。」臨既慊於心，不願行，而辭不得免，强往焉。崔拜泣而訴曰：「春娘昔與張臨立誓於大神，有渝盟者，明神殛之。不意臨見利忘義，欺人罔神，神如有靈，乞垂警治。」臨即股栗仆地，禁不能言。但悔懼搏頰。舁還家，數日而卒。鄧直清說。《永樂大典》卷二千七百四十二。

校勘記

道術通神

江州天慶觀道士楊德一，戒行端飭，持法精專。嘗晝夢到一大宮室，掛朱書巨牌曰「報應所」，寂無一人守門，遂入。見東廊揭榜云：「江州太守來日詣本觀燒香，被猖神迷祟。」次一牌云：「德化知縣以明日遭邪祟，可付楊德一治之。」及寤，自以姓字通於神明爲喜。是夕江州守、德化宰皆同此夢。明日守以朝拜拈香歸府，即得魘疾。其家人既聞所夢，立遣駛卒邀楊師至，則守已悶。楊書符三道，次第使灌服，隨手而甦。方出儀門，縣宰之使亦至，挾車奔行，望見縣宰罔罔如狂癡。與一符吞之，亦愈。楊歸觀復夢抵昨處，又掛一牌云：「知州知縣兩祟皆伏辜。」楊嘆道術之感格，始爲其徒言之。予謂郡守縣令，職有民社，乃因謁觀宇而受侮，神能預疏其故，明以告得一，何不祛斥邪祟，顧令肆虐，豈冥冥之中固欲世間知所敬奉，委曲以示人耶？殆不可測度也。《永樂大典》卷二千九百四十九。

花果五郎

保義郎趙師熾，慶元二年八月調監封州嶽祠歸。其父爲肇慶兵官，往省之，過建昌軍少留。在臨安時買一妾，殊以嬖寵，忽感心疾，常譫語不倫，時時作市廛小輩叫唱果子。

師熾窘甚，招巫者道流行法驗治，皆弗效。將半月久，一日醒然如夢覺，言：「昨到一處，大門巍峩，樓閣翬赫，簾幕器具全似戚里王侯之家。稍進至庭下，望其上有美丈夫五人，或坐或立，姬侍甚衆，皆姝麗英妙。被服珠翠，璀粲溢目，絲竹鼓吹，雜沓並奏，不覺身在其中。少頃登樓，見欄干外揭巨牌，金書『花果五郎』四字。其一人指我云：『此女子爲誰，何得至此？』亦令歌舞勸酒，復使唱賣果子。辭以不能，相强再三，已而輒遣下。又顧一姬，送出門，遂寤，意謂頃刻間耳，不知許日也。」花果五郎者，里巷叢祠蓋有之，非正神也。疑女居家時或染着云。師熾之弟師堪說。《永樂大典》卷七千三百二十八。

護界五郎

揚州僧士慧，素持戒律，出外雲遊。未至江州一程，值日暮，不逢寺舍，適在孤村林薄間，無邸店可投歇。棲棲逮暗，得路左小廟，乃入宿。過夜半，見惡少年數輩舁一人來，就殺之以祭，旋捨去。僧惴恐不敢喘息。才曉即行，甫數里，望一廟甚雄，榜曰護界五郎。引首視其中，堆積白骨無數，蓋非往來所届通道也。僧知爲妖鬼，持錫拄杖擊偶像，碎其頭。是夕，遂爲五人索命，捝衣甚急，默誦大悲呪自衛，雖不敢相逼，而未嘗時刻捨置。到江州，寓普賢寺，見五物並立於門楣下，高與楣齊。以杖量度之，正滿二丈，因爲監寺言所睹。監寺使持念火輪呪，其呪才七字，每念百十遍，神輒露現形狀，比初時小低一寸許。

自是日削，至於僅盈一寸，泣而瀝懇曰：「更復諷誦不已，弟子當化爲灰塵，願慈悲，如釋，他日永不敢據祠宇，及與人爲禍祟。」僧不答，閉目默誦愈精苦。俄旋風欻起，吹成灰灺，掃空無遺。趙子春說。《永樂大典》卷七千三百二十八。

楊樹精

濮州臨濮縣徐村農民鮑六，貧甚，爲富家傭耕，嘗遣往東阿，兩月未反。妻年少，雖在窮閻，頗有容色。方獨處室中，兩客忽至，一肥一瘠，皆白衣皂帶，如河朔三禮學究之狀。謂妻曰：「我欲賭錢作戲，暫借此處得乎？」妻許之。乃出市酒炙共食，留其餘而去。明日復來，凡累日，遂挑謔鮑妻，且賄以錢，妻甚悦。客相與言曰：「吾二人難以並宿，但視博勝負，負者退而勝者止，可也。」自是一勝一負，常更迭駐留。妻貪財及飲饌，不復顧他事。一夕正與瘠客寢，聞鮑歸，客懼而竄，鮑逐之至楊樹下不見。鮑窮詰妻，妻不敢隱。鮑曰：「此必妖也。」時里中有張德禮者，善行法，即具狀投訴。張發符追至訊鞠，瘠者乃楊樹精，肥者狐精也。於是伐樹，鉏其根，汁出如血。掘羣狐之丘，平其窟穴。鮑妻亦無恙。《永樂大典》八千五百二十七。

負御容赴水死【一】

宋靖康元年，王稟爲宣撫司統制守太原，太原守禦，稟功爲多。及至城陷，稟引疲乏之兵欲出西門，無何，西門插板索斷，不能出。軍已入城，倉皇之間，士卒勸稟降。稟嘆曰：「城陷，士無鬬志，又且門阻，天亡稟也。」遂負原廟太宗御容赴汾水而死。轉運韓總以下死者三十六人。圍城凡二百六十日，城中軍民餓死者十之八九，固守不下，至是始破。後粘罕得其屍，令張孝純驗之，既實，向屍大駡，率諸酋執兵同踐之而暴於野。《永樂大典》卷一萬零三百零九。

願代母死

何從世【二】居温之北鄉清源。宋建炎間，大盜羣起，遇人必殺，清源皆逃於蒙山。未幾盜至，衆多被害。間有不殺，而執而掠問珍寶所藏之處，從世母亦爲所執。從世哀痛，不忍母死於盜之手，乃往盜所長揖曰：「鄉人所藏珍寶，惟我可尋，母實不知，願以身代母，共汝尋之。」盜乃釋其母而執從世，引導數處，皆無所得，始知其紿己，因聚箭射之，俱不中體。賊問其故，具言【三】恐母死於非命，故設是計以代母死。賊憐其孝，遂釋之。《永樂大典》卷一萬零三百十。

【一】負御容赴水死　李按：與《湖海新聞夷堅續志》前集卷一《負御容死》全同。然此係靖康時事，與邁所處時代相近，或後者抄録邁書，或二人併録自他書，故仍其舊。

【二】何從世　「何」原作「可」，據上引前集卷一《身代母死》條改。

【三】具言　「具」原作「且」，據同上書同條改。

夢天子【四】

清泰中，晉高祖潛龍於并部也。嘗一日從容謂賓佐云：「近因晝寢，忽夢若頃年在洛京時，與天子連鑣於路。過舊第，天子請某入某第，其遜請者數四，不得已即促轡而入。至廳事下馬，昇自阼階，西向而坐，天子已馳車而去矣。」其夢如此，羣僚莫敢有所答。是年冬，果有鼎革之事。《永樂大典》卷一萬三千一百三十五。

夢見王者

南城士人利慥，字處厚。紹興癸丑歲，爲南豐嚴氏館客。夢入宫庭，望殿上王者赭袍玉帶，容貌甚少。一金紫人導之升殿，自言姓顔，覺而喜爲吉夢。試數近時朝士顔氏之達者幾聖尚書已逝，魯子侍郎又久外且老，更無他顔可屈指。而少年之主莫敢測言，但意其兆應尚遠，苟大書顔字於壁間，不以告人。至慶元丙辰，禮部奏名，其程文乃在著作郎顔棫能甫房中。是年適無廷對，而集英引見賜第，蓋主上臨軒也。《永樂大典》卷一萬三千一百三十五。

【四】夢天子　李按：與《太平廣記》卷一三六《晉高祖》全同。《廣記》並注，出自五代王仁裕《玉堂閑話》，但慮邁或移録之，故未删。

夢得富妻

南城鄧倚初娶臨川黄氏女，不及偕老，屢謀再娶，輒不成。淳熙二年，從郭光化見義赴官，過鄂渚，遇兵官龎統制欲議昏，既受幣，夢人告曰：「是非汝配，他日當得富妻。」倚問：「所獲幾何？」曰：「萬緡。」倚時貧無置錐，又素不業儒，自料何由可致厚貲，殊弗信。俄龎女之約不諧。及還鄉，故彭藤州端之女以病風爲夫所棄，不可歸士流，倚兄以半千與之平章。彭無子，其女盡挾田産改嫁於倚，箱直果滿千萬。甫數歲，彭氏亡，倚又别娶，終身爲富人。《永樂大典》卷一萬三千一百三十五。

夢妻肩青點

丹陽李拱應辰，初約娶同郡金壇邵珹女，方遣信納采，夢接回書，乃朝散大夫知德慶府王繫銜，獨名與邵同。俄夢成婚，視妻左肩上有青點，覺而不測所謂，亦頗惡之。迨邵女入室，與夢中所見不似。後數歲，邵亡。李在建康，其友周洎子及，德慶弟剛夫壻也，爲李平章，妻之從女兄先嫁薛氏者。及定書回，官階姓名，皆協昨夢。合巹之夕，妻左肩一青誌宛然。周初赴嘉禮時，道出嵊縣，夢揭帳見妻，乃八九歲小女，垂髫坐牀，殊不悦，以爲何得以孺弱爲吾婦。至親迎，則女年既過笄矣，自哂其夢爲不然。又十餘歲，周爲國子正，喪其室，剛夫念外孫之幼，白德慶兄以季女續之。計初作王家壻時，正八九歲，始驗兆朕之先見。周、李皆起進士擢第，旋中博學宏詞科，同娶王氏，而俱不得壽。妻皆嫠居，其兄順伯並諸甥收育之。《永樂大典》卷一萬三千一百三十五。

夢前妻相責

樂平流槎金伯虎，與所親余暉攜紗如襄陽販售，其家染疫癘，妻及一子死焉。金聞耗東還，適里中王氏有妾議出嫁，資裝三百千，金貪其財，即納爲繼室。妻柩在房，但施竹箔遮隔，燕婉其中。未幾，妾夢妻來責言曰：「此吾故室也，汝何人而敢輒據！」妾謝曰：「實爲媒者所誤，奈事已至此，夫人兒女孤露，願盡拊育如無存時，乞勿相怨。」妻曰：「然則我自與金理會。」明日金遂病，是時新婚方二十五日。遣信往九林市招醫士吴景華，吴之僕許四七，先夕夢從主人出道中，涉溪到某家，值一神立門外，訶之不使入。旦而金信至，許以夢告吴，請勿行。吴曰：「我以醫爲名，今人以急相投，豈可坐視！」立命駕，許隨之，凡所經歷盡昨夢境界。又白吴，吴頗以爲慮。至彼處，令僕寄他館，獨詣金氏，造其房，病者起坐，叱使去。且哦詩曰：「野鳥同林宿，天明各自飛。」吴知不可致療，趨而出。翌日而殂。《永樂大典》卷一萬三千一百三十五。

夢亡夫置宅

宗室趙師簡，自英州岳祠滿罷，還臨江軍故居。將息駕一兩月束裝赴調，而抱疾不起。才過信宿，妻石氏夢之如平生，從外間緩步入，座于堂上，呼與共談曰：「我皆置得漫俞家宅子一所，極寬潔，要與汝並小姐般向那裏住，千萬便打併來。」石氏不寤其已亡，應曰：「好。」覺以語諸子，絶惡之。未幾，少女暴亡。長子希戚謀卜父葬地，一術士來獻圖曰：「此去十餘里有山甚佳，主人需價不高，不可失也。」希戚即往，環視龍虎向背，一切合意，亟立契承買。地主實俞姓，念與夢協，切憂之。而業已交易，不復捨，亦類有物主張其間。是時石氏已病，經數日而卒。戚鑿壙作雙穴，擬合祔二親而旁結小塋瘞其妹，又夢父母偕來，告曰：「大姐孀居，未久有丈夫，不教他看汝兄弟眉面，今但取來身畔住。」既覺，懼牽連無已，尤以爲憂。方與諸弟言之，而希皐者曰：「我亦夢如是，爲之奈何！」大姐旋發病，不二夕奄然，遂俱葬其處。石氏者，故饒州推官士志女也。《永樂大典》卷一萬三千一百三十六。

夢五人列坐

長沙土俗，率以歲五月迎南北兩廟瘟神之像，設長杠輿幾三丈，奉土偶於中。惡少年奇容異服，各執其物，簇列環繞，巡行街市。竟則分布坊陌，日嚴香火之薦，謂之大伯子。至於中秋，則裝飾鬼社送之還，爲首者持疏，詣人家裒錢給費。士人楊伸字居之者，處夜市橋側。淳熙戊申之秋，與親友酌酒小集書室，聞外間大呼，扣門甚急，驚起詢之，乃社首耳。伸平生不篤信鬼神之説，且怒其非急務而暮夜相恐，拒而不對。是夕，夢有客通刺來謁，整衣出迎，見五人列坐於廳上，視其狀，則廟中神也，亦未以爲怪。趨與之揖，展敘寒暄，與世人無異。就席款語，劇談文章，貫引經史，皆亹亹有理致，適伸常時胸次所欲剖決者，不覺悚聽。方默念其所以爲神聰明過人蓋如此，怳然而寤。且【五】喚妻子言：「疇昔之夜，吾有阻抄疏之意，故示夢以見警，神明其可欺哉！」冠櫛之次，社首復來，亟爲助力集錢，自是始知加敬。伸嘗與癸卯舉籍。《永樂大典》卷一萬三千一百三十六。

夢同年友

鄱陽詹林宗，少時以隆興壬午赴鄉舉。夢人告曰：「君它日過省，須與蔣佑同年。」及預計偕，來春入都詣貢院看混榜，無所謂蔣生者，意間不樂。是歲下第。乾道乙酉，魁薦於鄉，仍不利。至於再免舉。當淳熙辛丑，已五到省矣，始見別院混榜有常州蔣佑，竊喜焉。未幾，別榜先揭，蔣中選，詹又益喜，果奏名。於是往訪蔣，道昨夢，敘同年相親之意。訝其春秋鼎盛，徐扣甲庚，乃生於壬午，蓋初得夢之歲。《永樂大典》卷一萬三千一百三十六。

【五】且　李按：應作「旦」，方與下文「疇昔之夜」應。

夢龍拏空

政和末，張魏公與同舍二人，自漢州從鄉先生入京赴省試，詣一廟求夢。禱罷，皆寂無所感。先生者年長於諸人三十許歲，甚怒，曰：「緣汝三小子無敬心，累我不得夢。」齋戒三日，復往申禱，遂獨夢入殿庭，見大龍長百丈，夭矯拏空，一人奮而登其背。傍立者語之曰：「此張天師也。」寤而甚喜，誇言於衆，有得色。魏公曰：「既云姓張，安知此夢不爲浚設。」先生愠曰：「汝之好盛，一至於是耶！」是歲，公擢第，後位極宰輔，終于少師。說者謂乃天子之師臣也。公之母冀夫人姪孫師孟親聞公言，今爲殿前司諫官。《永樂大典》卷一萬三千一百三十九。

夢芝山寺熊

沙隨程可久之子詢，居鄱陽城中安國寺。紹熙二年二月一日，夢田僕王乙入室爲盜，起擒之，命婢以索絢擊之於長黑凳上，俄化成一熊，牙爪銛利可畏。繼有趙常道、陳約父、程季常三友來訪云：「此是芝山寺熊也，能搏野獸而食。」言畢，各揖退。復報芝山長老來，延入坐，苦祈懇乞憐之。熊且曰：「願供狀。」程付以紙筆，即書數百字，就行童手内取三寶印之，記其末云：「甘伏在宅趨侍不辭，謹狀。年月日。前住持芝山寺僧某押。」

童去，長老獨留塔所，衣直掇於肘間，頂伽帽，兀坐倚上，不發一談。適寺樓鳴鐘，驚而覺，灼知其意，念芝山主僧祖昰不聞病苦，走介詢之，則中夜亡矣。遽詣龕前焚香致謝，扣其侍者德紹以昰平日所爲。曰：「師俗姓陳氏，安仁人。生於紹興己未，爲僧二十七年，壽止五十三。前此行脚遍參，晚建懶庵，顓意誦經，未嘗犯酒肉戒。」此其大略也。明年，程妻誕子，在襁褓時，見僧必合掌作問訊之儀。今五六歲，絶不茹葷，其爲昰後身不疑也。夢熊者，蓋示男子維熊之祥。程自作記述其事。《永樂大典》卷一萬三千一百三十九。

夢五色胡蘆

詹林宗登科後，領都城調選，夢到一處，見遍空皆胡蘆，摩戛下上，幾數百枚，青紅黄白，五色雜糅。凝竚諦觀，目不暫釋。俄有一道人褒衣侈袂，立於前，謂曰：「此皆今年新及第人所得者。」詹曰：「林宗既策名矣，不審箇中尚可得其一乎？」曰：「固有之，恐亦不定，且須去向陽處求之，乃佳爾。」寤而恍然。時趙子直爲吏部侍郎，閲窠闕中有某州監當待次不遠，勸使受之。詹曰：「夢如是，若意外覓官，殆必不吉。」於是赴集注。適有信州弋陽主簿喜陽字爲夢吉，即拜擬而歸，不及之任而卒。始知尚恐不定之語，嘉祥也。《永樂大典》卷一萬三千一百四十。

夢怪物鍼口

宋瀚，字叔海，洪州分寧人。紹興十七年，自夔漕罷歸，夢一物，若龍非龍，若蛇非蛇，化爲數道士，鍼其口眼鼻舌。一人曰：「與汝二十五。」其一人曰：「與他二十六。」既覺，意他日享壽當如是。以其年十一月十九日至家，爲邑人余因言，亦莫測。至十二月十五日，宋卒。因思之，乃自宋還家迨卒，凡二十六日也。《永樂大典》卷一萬三千一百四十。

興文杖士【六】

南昌李知縣，遷先聖殿於縣南，舁夫子像而不能動，縱人多亦如之。有一士人在側曰：「夫是之謂仲尼。」李宰怒，正色責之。至夜，士人忽夢被二黄衣使攝至一所，有小殿廡，扁額曰興文。少頃，一人坐中曰：「汝爲士人，讀先聖之書，豈當戲言侮慢先聖！」命左右決杖二十，勒罷爲儒。及覺，如癡，自後不識一字。今世之人好引聖語之言爲戲，亦當以爲戒。《永樂大典》卷一萬三千四百五十三。

猿請醫士【七】

商州醫者負篋行醫，一日昏黑，爲數人擒去如飛。醫者大呼求援，鄉人羣聚而不可奪

【六】興文杖士　李按：與《夷堅續志》後集卷二題、文全同。以所述時代不明，謹留。下則《猿請醫士》同。

【七】猿請醫士　李按：與《夷堅續志》後集卷二題、文全同。

所擒之人。懸厓絶險，醫者捫其身皆毛。行數里，到石室中。見一老猿卧於石榻之上，侍立數婦人，皆有姿色。一婦謂醫曰：「將軍腹痛。」醫者覺其傷食，遂以消食藥一服與之以服。老猿即能起坐，且囑婦人以一帕與之，令數人送其回歸。抵家視之，盡黄白也。次日持賣，有人認爲其家之物，欲置之官。醫官直述其由，盡以其物還之，其事方釋。忽一夕，數人又來請其去，見猿有愧色。其婦人又與一帕，且謂：「得之頗遠，賣之無妨。」醫者持歸。遂至大富。《永樂大典》卷一萬三千四百五十三。

祠山像

曹耘季本，功顯太尉第三子也。居台州巾子山下。嘗夢到大宫室，入自西廂，迤邐過東北角，望塑神一軀甚大，瞻仰而行。長松巨柏，陰森滿庭，肅然起敬。傍有兩橙，將就坐少憩，神摇手止之曰：「不可。」知爲祠廟，亟從東趨出。所經履處，屋以間計者踰數百，覺而恍然。其壻趙亮夫茂德爲廣德太守，遣信來，其女寄祠山圖一軸，展翫之，宛是宵夢所睹，始萌奉事張王之意。俄有攜三畫詣其質庫求十千，掌事者靳之。客曰：「吾買時用錢三十萬，此名筆也。特以急闕之故，暫行權質，勿慮不來贖也。」閲其一，乃壽星像，以白曹，曹命如數付與，旋又求益至三，凡滿足二萬而去。徐視其二，蓋祠山像貌，丹青煒如。其人後不復來，於是決意香火。即都監趙訓武之子，唤工摹寫，捲納竹筩中，置於佛堂，久而忘加標飾。都監忽若爲物擊，暈仆不醒，遂作神語曰：「汝兒子奈何抛我於污穢處？」家人莫知其旨，或曰：「三哥多雜好，必其所爲。」問之果然，急使取之，已失所在。一小兒言：「前日見某婢擲一個竹筒入後園枯井了。」試令下取，乃像卷也，污泥滿外，而絹素不濕。都監少頃即復常，而婢疾作，符療不效，夜卧叫呼徹曉，頭髮爲鼠嚙盡。經三月稍愈，全如癡迷，遂遣之出，聽其自如。曹氏舉家迨今不食豬肉。慶元二年，季本爲福建副總管，與大兒說。《永樂大典》卷一萬八千二百二十四。

張婢神像

紹興三十年，張壽彭在鄉居，赴近村燕集，囑家婦輩守舍，至夜未還。庖婢多喜者，忽自經於屋後。是日，適嘗以過受撻，疑其不忍一朝之忿。舉室驚擾，救治弗得。乃遍禱里社叢祠，三更而甦。問其故，曰：「始者實以怨懼，妄爲此舉。旋則昏眩，蒙蒙然似大夢中，見兩箇官員，各裹幞頭，一人著紫公服，一人著緑公服，同語曰：『放去，放去，他家既相禱，如何不周旋。』因遂得活。」明日，張氏爲具酒饌，召巫賽謝諸神。婢睹其像云：「並與所見不同。」別一妾初入張門時，笥中帶一卷軸，置於神堂側，元未嘗取視。漫展觀之，一紫一緑相對，正侔昨夕示現者。見婢微覺笑容，蓋其靈感也。乃信幽冥間無問尊卑小大，皆能隨力自表以亨祭供，殊非偶然。《永樂大典》卷一萬八千二百二十四。

臨川倡女

臨川倡女儀二十二名珏，賦性兇横，御其下尤酷。嘗怒小鬟失指，鞭之百，又燒鐵灼之至死，爲鄰人所告。倡家無蓄婢法，珏行賂獄吏，置辭云：「車駕旦日過德壽宫，鬟熾炭不謹，故約飭之，因其抗對加箠撻，偶火箸在側，取而杖其背，誤中要害致然。」遂以情理奏讞，減死杖脊編隸鄱陽。中塗竄歸，復授杖錮遣。既至鄱，使預樂部。顔狀絶粗疎，頗慧悟，能立成詩詞。予嘗於席間與紙筆，即賦詞，大略美吾兄弟，有「鄱江英氣鍾三秀」之語。鹽商太遊其家，以錢買關節爲脱籍，爲置于舟中以爲妻，悍心不悛。太先有妾，珏日夜捶罵，竟殺之，投尸於江。是夕，既有物騰踴船舷，往來枕席間，點燭視之，無所睹。珏宛轉不得寐，告其良曰：「境象甚惡，眼見極非人趣，將必不免。我再入牢獄，訊掠慘苦，今豈復可堪。」太恐其自戕，以好言寬釋。明日，防察備至。偶登蓬直欲取水，珏大叫求哀，若有曳其頭者，逕赴水。篙工下救之，則已死，仍與先妾相抱持。太自言於官，檢尸不傷，自捐費數百千乃已。《異聞總録》卷四。據《四庫全書總目》卷一四四《異聞總録》提要考證，此則本出《夷堅志》。

夷堅志四補目録

卷第一十一事　二八九
鍼瘤巨虱　鍼急喉閉　腳氣灸風市　唐與正治疾　人參胡桃湯
懸癰　夢張王藥愈癰　救疫神方　觀音夢授吐血方　吕真人治目疾
驚風妙藥
卷第二十三事　二九五
神精丹　生薑治嗽　神告傷寒方　聖散子之功　朱肱治傷寒　許
道人治傷寒　嘔血咯血　治爛緣眼　硼砂治哽　驚氣入心　桑葉
止汗　驢軸治瘧　苦寸白蟲
卷第三八事　三〇二
鹿茸治心漏　井錫鎮瘿　中仙茅附子毒　忍冬解蕈毒　搓衮舒筋
腎神出舍　治下疳瘡　鮑君大王
卷第四十六事　三〇八
鄭推官　射鴈堂　精舍院詩　周望失印　石崇墓　翔郭郎　三

詩僧　廣德湖　盧臣中　徐仙亭　東方寺聖泉　張漢卿　天慶
觀丹　蔡柟　浮渡山　賣薑翁

卷第五十五事　三一五

桃源石文　岳陽醉仙　房州湯泉　魚肉道人　尉陸兩公廟　感應
泉　福州啟運宮　浮渡山大通泉　瀼水玉印　呂宣問訪生母　漢
溧陽校官碑　吴璋宅神　相士周先生　溧陽甓橋耕骨巫　府印字偏

卷第六十二事　三二二

黠鬼詐爲李省　靈隱大蕈　靈石寺六言詩　葛道人　重喜長老
臨安都税院土地　臨安通判舍怪　異人陳明　唐少卿宅　養素先生
石師聖不願賜錢　新昌石氏墳

卷第七九事　三三〇

郭偉方承圭田之爭　王咨死於刻核　題李公謨壁　荆大聲占天象
楊生相麋師旦　寄沂水宰　詩似李太白　紫姑神詩　曹掄乞詩

卷第八八事　三三六

蜥蜴吐雹　蘇庠化仙　林復　陳生生天　末摩尼教　湖州疫鬼

謝誠甫薄犯風誼　死爲異狀

卷第九十八事　三四三

姑蘇孫策冢　養前生母　月下高吟　彭堣病恍忽　月圓如望夕

石中有魚龜　銅馬嘶鳴　銅盆雙鯽　杜壬治産後瘈瘲　兄妹皆丈二

玉棊子　竹撲滿　白芷治蝮傷　羊卜　泉神操饌　琖中雙鶴舞

紫兎聽經　白樂天詩

卷第十十四事　三五〇

道月解夢　趙逵　石炭　崔倅乳媪神術　樹中奇石　丁昭儀墓

單父二井　吕翁鶴草　吴先生　石蠹魚　翦頭仙　汪應辰試對

王寀坐降天神誣罔伏誅　梁克家潮州賦海

夷堅志四補卷第一 十一事

鍼瘤巨蝨

《丁志》：臨川有人瘤生頰間，癢不可忍，每以火烘炙則差止，已而復然，極以患苦。醫者告之曰：「此真蝨瘤也，當剖而出之。」取油紙圍頂上【一】，然後施砭，瘤才破，小蝨涌出無數，最後一白一黑兩大蝨，皆如豆，殼中空空無血，與頰了不相干，略無瘢痕，但瘤所障處正白爾。見［宋］張杲《醫説》卷二《鍼瘤巨蝨》。

鍼急喉閉

《庚志》：於大指外邊，指甲下根齊鍼之，不問男女左右，只用人家常使鍼鍼之，令血出即效。如大段危急，兩手大指都鍼之，其功甚妙。見［宋］張杲《醫説》卷二。

腳氣灸風市

《夷堅志》：蔡元長知開封，正據案治事，忽覺如有蟲自足心行至腰間，即墜筆暈絶，

校勘記

【一】頂上　李按：「頂」似爲「項」之誤。

乆之方甦。掾屬云：「此病非俞山人不能療。」趣使呼之。俞曰：「是真腳氣也，法當灸風市。」爲灸一壯，蔡晏然復常。明日疾如初，再呼，俞曰：「欲除病根，非千艾不可。」從其言，灸五百壯，自此遂愈。

仲兄文安公，守姑蘇。以鑾輿巡幸，虛府舍暫徙吴縣。縣治卑濕，旋感足痺，痛掣不堪忍。服藥勿效，乃用所聞，灼風市、肩隅、曲池三穴，終身不復作。

僧普清苦此二十年，每發率兩月，用此灸二十一壯，即時痛止。其他蒙此力者不一而足。見［宋］張杲《醫説》卷二。

唐與正治疾

《夷堅志》：唐與正少年得脈法於臨安醫者黄澤繼，又得藥法於太學生夏德懋所召紫霞仙，遇人有奇疾，多以意治。其侄女年數歲，得風癉疾，先發於臆，迤邐延上，赤腫痛痒，醫以上膈風熱治之，不效。唐診之，曰：「是肝肺風熱盛極耳。」以升麻、羌活、荆芥、鼠粘子、赤芍藥、淡竹葉、桔梗、乾葛八物治之，自下漸退，而腫聚於頂，其高數寸，雖飲食寢處無妨而疾終未去也。唐母吴夫人曰：此女乳母好飲熱酒，至并歠其糟，疾殆因是歟？唐方悟所以至頂不消之由。思之，唯乾葛消酒，且能療火毒，乃於先方加葛三倍，使服之。二日，腫盡失去。從舅吴巡檢病，不得前溲，卧則微通，立則不能涓滴。醫遍通用小腸藥【二】，窮技巧，弗驗。唐因其侄孫大用來，問：「吴常日服何藥？」曰：「叔祖常服黑錫丹。」問：「何人結砂？」曰：「自爲之。」唐洒然悟，曰：「是必結砂時鉛不死，硫黄飛去，鉛砂入膀胱。卧則偏重，猶可溲，立則正塞水道，以故不能通。」令取金液丹三百粒，分爲十服，煎瞿麥湯下之。膀胱得硫黄，積鉛成灰，從水道下，猶累累如細砂，病遂愈。葛之消酒，硫黄之化鉛，皆載經方。苟不知病源，而以古方從事，未見其可也。見［宋］張杲《醫説》卷二。

人參胡桃湯

《己志》：洪輯居溧陽縣西寺，事觀音甚敬。幼子佛護，病痰喘，醫不能治，凡五晝夜不乳食，證危甚。又呼醫杜生診視之，曰：「三歲兒抱病如此，雖扁鵲復生，無如之何爾！」輯但憂泣，辦凶具，而其母以嘗失孫，愁悴尤切。輯益窘懼，投哀請禱於觀音。至夜中，妻夢一婦人自後門入，告曰：「何不服人參胡桃湯？」覺而語輯，輯灑然悟曰：「是兒必活！此蓋大士垂教爾。」急取新羅人參寸許，胡桃肉一枚，不暇剥治，煎爲湯，灌兒一蜆殼許，喘即定，再進，遂得睡。明日，以湯剥【三】去胡桃皮，取浄肉入藥與服，喘復作。乃即如昨夕法治之，信宿有瘳。此藥不載於方書，蓋人參定喘而帶皮胡桃則斂肺也。予以淳熙丁未四月有痰疾之撓，因晚對，上宣諭使以胡桃肉三顆、生薑三片，臨卧時服之，畢

【二】醫遍通用小腸藥　「通用」原作「用通」，據中醫藥出版本、《名醫類案》卷九《治鉛毒方》乙改。

【三】以湯剥　「剥」，《至正金陵新志》卷一四作「浸」。

即飲湯，三兩呷，又再嚼桃、薑如前數，且飲湯，勿行動，即就枕。既還玉堂，如恩指敬服，旦而嗽止，痰不復作。輯之事亦類此云。見［宋］張杲《醫説》卷三。

懸癰

《己志》：穀道、外腎之間所生癰毒，名爲懸癰。醫書所不載，世亦罕有知者。初發唯覺甚癢，狀如松子大，漸如蓮實。四十餘日後始赤腫，如胡桃，遂破。若破則大小便皆自此去，不可治矣。其藥用横紋大甘草一兩，截長三寸許，取山澗東流水一大盌，井水、河水不可用。以甘草蘸水，文武火慢炙，不可性急，須用三時夂，水盡爲度，擘視草中潤然後爲透。却以無灰酒兩椀煑，俟至一半，作一服温服之。初未便效驗，二十日始消，未破者不破，可保安平。雖再進無害。興化守姚康朝正苦此癰，衆醫拱手，兩服而愈。見［宋］張杲《醫説》卷三。

夢張王藥愈癰

《庚志》：時康祖爲廣德宰，事張王甚敬，舉家不食猪肉。後授温倅，下體抱疾，小愈，左乳復生癰，繼又胷臆間結核，其大如拳，堅如石，荏苒半歲，百藥皆不能施。已而，牽掣臂腋，徹於肩，痛楚特甚。亟禱王祠下，夢聞語曰【四】：「若要安，但用薑自然汁，製香

【四】夢聞語曰　「聞」原作「間」，據中醫藥出版社本、四庫本《名醫類案》卷一〇、《證治準繩》卷一〇九改。

附，服之可也。」夢覺，呼其子檢《本草》視之，二物治證相符。訪醫者張棣，亦云有理。遂用香附去毛，薑汁浸一宿，爲末二錢，米飲調。才數服，瘡膿流出，腫硬漸消，自是獲愈。見[宋]張杲《醫説》卷三。

救疫神方

《庚志》：靖康二年春，京師疫氣大作，有異人書一方於齋舍，凡因疫發腫者服之，無不效。其方黑豆二合，炒令香熟，甘草二寸，炙黄，以水二盞煎其半，時時呷之。見[宋]張杲《醫説》卷三。

觀音夢授吐血方

《庚志》【五】：秀州進士陸迎【六】，忽得疾，吐血不止，氣廱驚顫，狂躁跳躍，雙目直視，至深夜欲拔户【七】而出，如是兩夕。諸醫遍用古方及草澤單方拯療，不瘳。舉家哀訴所事觀音，夢授一方，但服一料，當永除根本。用益智一兩，生珠【八】二錢，青皮半兩，麝一錢，碾細末，燈心湯調。陸覺，取筆記之，明日治藥，隨手而愈。見[宋]張杲《醫説》卷三。

【五】庚志　清魏之琇《續名醫類案》卷一六作「辛志」。

【六】秀州進士陸迎　「陸迎」，上引作「陸寧」。

【七】欲拔户　「拔户」，《本草綱目》卷一四《益智子》作「投户」。

【八】生珠　中醫藥出版社本、四庫本《名醫類案》卷八作「生硃」。

吕真人治目疾

《辛志》：江陵傅氏家貧，鬻紙爲業。性喜雲水，見必邀迎。小閣塑吕仙翁像，朝暮焚香，敬事甚謹，雖妻子不許入。一日，有客方巾布袍入，共語曰：適有百金，邀傅飲。傅目昏多淚，客教用生熟地黄切焙，椒去目及閉口者，微炒三物，等爲末，蜜丸桐子大。五十丸，鹽米飲，空心下。傅如方治藥，不一月，目明，夜能視物。享年八九十，耳目聰明，精力如少年【九】。見［宋］張杲《醫説》卷三。

驚風妙藥

《庚志》：趙周氏之子三歲，忽驚風掣瘲，體如反張弓，不納乳食，四肢盡冷，衆醫莫能措手。族弟善信來云：「邑主簿李賡藏一方，療此證如神。」急求，併力治藥，才合就，便以擦兒齒。少頃，作嘁咳聲，手稍轉動，自夜至旦，灌兩餅，從此平復。趙焚香設誓，將終其身以施人。名蝎稍餅子，用赤足全【一〇】吴蚣一條，蝎梢、乳香、白花蛇肉、朱砂、天南星、白殭蚕各半兩，麝香三錢，凡八味。砂、乳、麝别研，蛇酒浸去皮骨，取净肉【一一】，南星煨熟，蚕生用，與蜈、蝎五者爲末别研，三者和均，酒糊丸，捏作餅，徑四分，煎人參，或薄荷，或金銀花湯，磨化一粒，周歲以下者半之，全活小兒不可計。見［宋］張杲《醫説》卷三。

【九】精力如少年　「少年」四庫本《名醫類案》卷七作「壯」。

【一〇】用赤足全　「全」，中醫藥出版社本作「金」。

【一一】取净肉　「肉」字原無，據中醫藥出版社本補。

夷堅志四補卷第二 十三事

神精丹

《庚志》：許叔微家一婦人，夢二蒼頭，一在前，一在後，手中持一物。前者云：「到也未？」後者應云：「到也。」擊一下，爆然有聲，遂魘覺。後心一點痛，不可忍，昏悶移時。叔微所合神精丹有此證，即取三粒，令餌之，過數刻痛止，遂醒。其方出《千金》中，殆晉景公夢二豎之比也。見［宋］張杲《醫説》卷三。

生薑治嗽

《癸志》：晉之姪事觀音甚謹，適苦嗽踰月，夜夢老僧呼，謂之曰：「汝嗽只是感寒，吾有方授汝，但用生薑一物，切作薄片，焙乾爲末，糯米糊丸芥子大，空心米飲下三十丸。」覺如其言，數服而愈。見［宋］張杲《醫説》卷三《寒嗽》。

神告傷寒方

《庚志》：袁州天慶觀主首王自正，病傷寒旬餘，四肢乍冷乍熱，頭重氣塞，唇寒面青，累日不能食，勢已殆甚。袁唯一醫徐生，能調治此疾，診之曰：「脉極虚，是爲陰證，必服桂枝湯乃可。」觀宇去城三里，徐居在城内，留藥而歸。未及煮，若有語之曰：「何故不服竹葉石膏湯？」王回顧不見，寮中但有一老道士，適入市，只小童子在，呼問之，曰：「恰何人到此？」曰：「無人。」自正【一】惑焉。急遣邀徐醫還，正告曰：「或教我服此，如何？」徐曰：「寒燠如冰炭，君之疾狀已危，果餌前藥，立見委頓，它日殺人之謗，非吾所能任也。」自爲煮桂枝湯一椀，曰：「姑飲之，正使不對病，猶未至傷生。萬一發燥狂眩，旋用師所言未爲晚。」方酬答次，復聞耳傍人云：「何故不肯服竹葉石膏湯？」自正益悚矣。俟徐去，即買見成藥兩貼，付童使煎。又聞所告如初，於是斷然曰：「神明三告我，殆是賜以更生，安得不敬聽！」即盡其半。先時，頭不能舉，若戴千斤。倏爾清輕，唇方【二】漸暖，咽膈通暢無所礙。悉服之，少頃，汗出如洗，徑就睡。及平旦，脱然如常時。自正爲人謹飭，常茹素，與人齋醮盡誠，故爲神所祐如此。見［宋］張杲《醫説》卷三《竹葉石膏湯》。

【一】自正　「正」原無，據中醫藥出版社本《竹葉石膏湯》補。

【二】唇方　「方」，中醫藥出版社本作「亦」。

聖散子之功

《庚志》：聖散子主疾功效非一。去年春，杭州民病，得此藥全活者不可勝數。所用中下品藥，略計每千錢即得千服，所濟已及千人。昔薄拘羅尊者以一訶梨勒於【三】一病比丘，故獲報身，身常無衆疾。見[宋]張杲《醫說》卷三。

朱肱治傷寒

《夷堅志》：朱肱，吳興人，尤深於傷寒。在南陽，太守盛次仲疾作，召肱視之。曰：「小柴胡湯證也，請併進三服。」至晚，乃覺胷滿【四】。又視之，問：「所服藥安在？」取視，乃小柴胡散也。肱曰：「古人製㕮咀，剉如麻豆大，煮清汁飲之，名曰湯，所以入經絡攻病取快。今乃爲散，滯在膈上，所以胷滿而病自如也。」因旋製，自煮以進，兩服遂安。見[宋]張杲《醫說》卷三《柴胡㕮咀》。

許道人治傷寒

《夷堅志》：劉錫鎮襄陽日，寵妾病傷寒暴亡。衆醫云，脉絶不可治。或言市上賣藥許道人，有奇術可用，召之。曰：「是寒厥爾，不死也。」乃請健卒三十人速掘地作坑，熾

【三】勒於　《蘇沈良方》卷三作「勤施」。

【四】乃覺胷滿　「胷」，據《名醫類案》卷一《朱肱治傷寒》補。又中醫藥出版社本注言，吳勉學本、吳中珩本有「胸」字。

炭數百斤【五】，雜薪燒之。俟極熱，施薦覆坑，舁病人卧其上，蓋以氈蓐。少頃，氣騰上如蒸炊，遍體流汗，衣被濕透。已而頓穌，始取藥數種調治，即日愈。見〔宋〕張杲《醫説》卷三。

嘔血咯血

《癸志》：台州獄吏憫一大囚將死，頗照顧之。囚感，語之：吾七次犯死罪，盡力抗諱，苦遭訊考，坐是肺皆挖損，至於歐血。適得一藥，每用其效如神。荷君庇拊之恩，特此以報，只白芨一味，米飲調爾。其後凌遲，儈者剖其胷，見肺間竅穴數十處，皆白芨補填之，色猶不變也。洪貫之聞其説。爲郢州長壽宰規之赴洋州任【六】，一卒忽苦咯血，勢絶危。貫之用此救之，一日即止。見〔宋〕張杲《醫説》卷四。

治爛緣眼

《癸志》：潭州宗室趙太尉家乳母，苦爛緣風眼近二十年。有賣藥老媪過門，云：「此眼有蟲，其細如絲，色赤而長，久則滋生不已。吾能談笑除之，入山取藥，晚下當爲治療。」趙使僕陰尾之。媪【七】沿道掇叢蔓木葉，以手挼碎，送口咀嚼，而留汁滓於小竹筒内。俄復還，索皂紗蒙乳母眼，取筆畫雙眸於紗上，然後滴藥汁漬眼下緣。轉盼間，蟲從紗中出，其數十七，狀如先所云。數日再至，下緣肉乾如常人。復用前法滴上緣，又得蟲

【五】數百斤　「斤」原作「介」，據中醫藥出版社本、《名醫類案》卷三改。

【六】爲郢州長壽宰規之赴洋州任　李按：「爲」字疑衍。

【七】媪　原作「温」，據中醫藥出版社本改。

十數，家人大喜。後傳與醫者上官彦誠，遍呼鄰側村婦病此者驗試，無不立差。其藥乃覆盆子葉一味，著於《本草》。陳藏器云：「治眼暗不見物，冷淚浸淫不止，及青盲等。取此草日曝乾，擣令極爛，薄綿裹之，以男子所飲乳汁浸，如人行八九里久。用點目中，即仰卧，不過三四日，視物如少年。但禁酒、麪、油，葢治眼妙品也。」見［宋］張杲《醫説》卷四。

硼砂治哽

《壬志》：鄱陽汪友良，因食辣蹄，誤吞一骨，如小指大，哽於咽喉間，隱然見於膚革，引手可揣摸，百計不下。凡累日，雖咳嗽亦痛，僅能畧通湯飲，家人憂懼。於昏睡次【八】，觀【九】一人著朱衣來告，曰：「聞汝爲骨所苦，吾有一藥，唯南硼砂最妙。」恍惚驚寤，謂非夢也，殆神明陰受以方，欲全其命。索藥笥，得砂小塊，汲水滌洗，取而含化，才食頃，脱然而失。見［宋］張杲《醫説》卷四。

驚氣入心

《己志》：治驚氣入心絡，瘖不能語。蜜陀僧研細，服一匕許，茶調服，遂愈。有人因伐薪山間，爲狼所逐，而得是疾。或授以此方，亦愈。又一軍校採藤於谷，逢惡蛇而病，其狀正同，亦用此藥療之而愈。見［宋］張杲《醫説》卷五。

【八】於昏睡次　「次」上原衍「處」，據上引删。

【九】觀　上引作「睹」。

桑葉止汗

《辛志》：嚴州山寺有一遊僧【一〇】，形體羸瘦，飲食甚少，每夜就枕，遍身出汗，迨旦，衣服皆透濕。如此二十年，無復可療，唯待盡耳。監寺僧曰：「吾有藥絕驗，爲汝治之。」三日，宿疾頓愈，遂并授以方。乃單用桑葉一味，乘露採摘，控焙乾，碾爲末，二錢空腹温米飲調。或值桑落【一一】，乾者亦堪用，但力不如新者。按《本草》亦載，桑葉主止汗，其説可證。見［宋］張杲《醫説》卷五。

驢軸治瘧

《庚志》：療瘧無久新、發無期者，驢尾下軸垢，水洗取汁，和麪如弹丸二枚，作燒餅。瘧未發前食一枚，至發後食一枚。見［宋］張杲《醫説》卷五。

苦寸白蟲

《庚志》：趙子山，字景高，寓居邵武軍天王寺，苦寸白蟲爲撓。醫者戒云，是疾當止酒，而以素所躭嗜，欲罷不能。一宿醉於外舍，歸已夜半，口乾咽燥，倉卒無湯飲【一二】，適廊廡間有甕水，月色下照，瑩然可掬，即酌而飲之，其甘如飴，連盡數酌，乃就寢。迨曉，蟲

【一〇】一遊僧　中醫藥出版社本作「旦過僧」。旦過僧，指夕來寺廟投宿一夜，翌晨即離去之僧。

【一一】桑落　上引作「霜落」。

【一二】湯飲　「湯」原作「措」，據中醫藥出版社本、《名醫類案》卷七改。

出盈席，覺心腹頓寬，宿疾遂愈，一家皆驚異。驗其所由，蓋寺僕日【一三】織草履，浸紅藤根水也。見［宋］張杲《醫説》卷五。

【一三】蓋寺僕日　「日」原作「曰」，據上引二書改。

夷堅志四補卷第三八事

鹿茸治心漏

《己志》：時康祖大夫，患心漏二十年，當胷數竅，血液長流，屢訪名醫，皆云不可治。或云：「竅多則愈損，閉此則慮穴【一】他岐，當存其一二，猶爲上策。」坐此形神枯瘁，又積苦腰痛，行則傴僂。不飲酒，雖雞魚蟹蛤之屬，亦皆不向口。淳熙四年，通判温州【二】，郡守韓子温見而憐之，爲檢《聖惠方》，載腰痛一門冷熱二證示之，使自擇。康祖報曰：「康祖年老久羸，安敢以爲熱【三】？」始作寒冷治療，取一方用鹿茸者服之。踰旬痛減，仍覺氣宇和暢，遂一意專服，悉屏他藥。洎月餘，腰屈復伸，無復呼痛，心漏亦愈。以告醫者，皆不能測其所以然。後九年，康祖自鎮江通判滿秩造朝，訪子温，則精力倍昔，飲膳無所忌，步履輕捷，云：「漏愈之後，日勝一日。」子温書吏吳弼【四】亦苦是疾，使就求藥服之，旬有二日而差。其方本只治腰痛，用鹿茸去毛，酥炙微黄，附子炮去皮臍，皆二兩，鹽花三分，爲末，棗肉爲丸，三十丸空心酒下。見［宋］張杲《醫説》卷六《時康祖心漏》。

校勘記

【一】慮穴　「穴」原作「六」，據中醫藥出版社本、《名醫類案》卷一〇改。

【二】通判温州　「温」上原衍「有」字，據中醫藥出版社本删。

【三】以爲熱　「爲」字原脱，據上引補。

【四】吳弼　上引作「吳汝弼」。

井錫鎮癭

《癸志》：汝州人多病頸癭，彼境地饒風沙，沙入井中，飲其水則生癭，故今房間人家井以錫爲井欄，皆以夾錫錢鎮之，或沉錫其中，則飲者免此患。華亭有一老僧，昔行脚河南，管下寺僧僮僕無一不病癭。時有洛僧共寮，每食取携行苔脯同飱，經數月，僧項贅盡消，若未嘗病。寺僧訝嘆，乃知海岸鹹物能愈是疾。見［宋］張杲《醫説》卷六。

中仙茅附子毒

《己志》：鄭長卿資政説：「少時随父太宰官懷州，一將官服仙茅遇毒，舌脹出口，漸大與肩齊。善醫環視，不能治。一醫獨曰：『尚可救，少緩無及矣！』取小刀釐剺其舌，随破随合，剺至百數，始有血，一點許，醫喜曰：『無害也！』舌應時消縮小。即命煑大黄、朴硝數碗，連服之，并以藥末摻舌上，遂愈。」

又，蓋諒郎中説其兄詵，因感疾，醫盧生勸服附子酒，每生切大附二兩，浸以斗酒，旦起輒飲一盃，服之二十年。後再爲陝西漕使，諒自太學歸，過之南樂縣，拉同行。中途曉寒，詵飲一杯竟，復令温半杯，比酒至，自覺微醉，乃與妻使飲。行數里，妻頭腫如斗，脣裂血流，下駐道傍。呼随行李職醫告之，李使黑豆、菉豆各數合，生嚼之，且煎湯併飲，至曉腫始消。詵仍服之不輟，到長安數月失明，遂致仕，時方四十二歲。見［宋］張杲《醫説》卷六。

忍冬解蕈毒

《己志》：崇寧間，蘇州天平山白雲寺五僧行山間，得蕈一叢甚大，摘而煑食之。至夜發吐，三人急採鴛鴦草生啖，遂愈。二人不甚肯啖，吐至死。此草藤蔓而生，對開黄白花，傍水依山處皆有之，治癰疽腫毒尤妙，或服或傅【五】，皆可。今人謂之金銀花，又曰老翁須，《本草》名爲忍冬。見［宋］張杲《醫説》卷六《中蕈毒》。

搓衮舒筋

《癸志》：道人詹志永，信州人。初應募爲卒，隸鎮江馬軍。二十二歲，因習驍騎墜馬，右脛折爲三，困頓且絶。軍帥命舁歸營醫救，鑿出敗骨數寸，半年稍愈，扶杖緩行，骨空處皆再生，獨脚筋攣縮不能伸。既落軍籍，淪於乞丐。經三年，遇朱道人，亦舊在轅門。問曰：「汝傷未復，初何不求醫？」對曰：「窮無一文，豈堪辦此？」朱曰：「正不費一文，但得大竹管長尺許，鑽一竅，繫一繩【六】，掛於腰間，每坐，則置地上，舉足搓滚之。勿計工程，久當有效。」詹用其説，兩日便覺骨髓寬暢，試猛伸足，與常日差遠。不兩月，病筋

【五】或服或傅　《名醫類案》卷一二多「或洗」二字。

【六】繫一繩　「一」，中醫藥出版社本作「以」。

悉舒，與未墜時等。予頃見丁子章以病足故作轉軸踏脚用之，其理正同，不若此爲簡便，無力者立可辨也。見［宋］張杲《醫説》卷七。

腎神出舍

《癸志》：無錫游氏子，少年躭於酒色，旋得疾，久而弗愈，勢危甚。忽語家人曰：「常見兩女子，服飾華麗，其長可三四寸，每緣吾足而行，冉冉至腰而没。」家人以爲妖祟。他日，名醫自遠而至，諸游或以叩之，醫曰：「此蓋腎神也，腎氣絶則神不守舍，故病者見之。」見［宋］張杲《醫説》卷九《腎神》。

治下疳瘡

《庚志》：有富家子唐靖，年十八九未娶。忽於陰頭上生瘡，初只鍼眼來大小，畏疼不敢洗刮，日久攻入皮肉，連莖爛一二寸許。醫者止用膏藥，貼之愈疼亦無人識此瘡。有貧道周守真曰：「此謂下疳瘡，亦名妬精瘡，緣爲後生未娶，精氣益盛，陽道興起，及當泄不泄，不泄强泄，脹斷嫩皮，怕疼痛，失洗刮，攻入皮内，日久遂爛，有害却命者。」靖告先生爲治之，守真曰：「若欲治此疾，須是斷房事數日【七】，先用荆芥、黄皮【八】、馬鞭草、甘草【九】，剉，入葱，煎湯洗之，去膿靨，以訶子燒灰入麝香，乾摻患處，令睡。睡醒【一〇】，服

【七】數日　「日」，明朱橚《普濟方》卷三〇一《訶子散》作「月」，似是。

【八】黄皮　上引作「黄柏皮」。

【九】甘草　上引無「甘草」二字。

【一〇】睡醒　上引作「睡時」。

冷水兩三口，勿令陽道興起，脹斷瘡嚬【一一】，嚬堅即愈。」見［宋］張杲《醫説》卷一〇。

鮑君大王

《戊志》：明州人家女，既嫁，歸寧。媵妾幽蘭，從羣婢往後園挑菜，忽悶眩仆地，言語無倫，如有憑附，扶至房，半日方醒。問其故，曰：「吾必死矣！吾前生是河北眼科醫，有村媪獨處，病赤目。吾陰利其貲，投轉藥殺之，盡掩室中之藏，外無一知者。媪訴諸東嶽，命逮治，而吾冥數未竟，不可尋索。後二十年，前身死，又注生此州。媪久抱恨泉壤，復往訴，嶽帝憐之，擇健駃賫文書，詣天下郡縣，求訪殆遍，末乃到浙東，既至此，將入城，閽卒呵問，示以文書。卒曰：『是城隍符耳。吾城中事，乃鮑君大王主之。城隍無預。』拒不得入。駃與媪迤邐至城外三十里高橋下，潛伏累日。別有鬼吏從西來，亦駐橋邊，與嶽駃更問訊。吏曰：『吾正隸鮑君，爲急足，近往洞庭君山廟投書回，幸此相遇，吾極念汝，能從吾行，當祈城卒令入也。』二人拜謝，偕往，果得入。徑詣鮑君殿下呈檄，鮑君展視曰：『此檄城隍神也，汝何自而入？』駃悉以實告。鮑君呼囊吏曰：『只差汝同追。』吏聲喏，挾駃、媪同出。數日不值，一夕中秋，街巷聞老婦燒夜香者，祝云：『有女子在某宅，爲從嫁。』其詞云云。媪欣然曰：『寃家可得矣！』趨至其居，而門神不納。又伏藏後園，適審認，已爲冥

【一一】瘡厭嚬　「嚬」原作「麏」，據中醫藥出版社本改，下同。

中所録，行且就逮。宿世寃孽，定無脱理。家人欲召巫史救之，未暇，滕自持刀剔雙目而死。見［宋］張杲《醫説》卷一〇。

夷堅志四補卷第四 十六事

鄭推官

《夷堅志·己志》云：政和中，有客至杭州樓店務，求見監官孫忻，忻出迎之。客幅巾布裘，鬚鬢如雪，而面皃類三十歲人，曰：「吾故人有鄭推官者，三十年前居此官。去之日，攜公用物十餘事去。近已得道，凡有負於人者，當一一償之。倩某來償。」挈繖轎、胡牀、帳席之屬置庭下，袖出公狀，且求回牒，忻如其言，辭去。既去，有老吏出，曰：「客即鄭樓店也。」忻亟令尋訪，不可得。見[宋]王象之《輿地紀勝》卷二《臨安府·仙釋》(中華書局一九九二年)。

射鴈堂

《夷堅志·辛志》云：陳伯修師錫，建安人。元豐中，與陳瑩中同入太學，爲宗室淄王世雄館客。時舉子皆習射，王嘗燕集亭圃，見鴈陣翔空，揖二陳，請執弓矢以射，曰：「明年當魁天下士者，則中首鴈。」伯修一發貫第三，而瑩中不中，正撫然不樂【一】，復有鴈過焉，乃再引弓，亦貫其三。伯修顧曰：「瑩中成名必在後一榜。」瑩中曰：「若爾，當爲

校勘記

【一】撫然不樂　「撫」當是「憮」之誤。

君代。」明年，徐鐸榜伯修登科。又三年，時彦榜瑩中登科，皆第三名，俱調昭慶軍節度掌書記，果相與爲代，因名便廳爲射鴈堂。元符三年，伯修爲殿中侍御史，瑩中爲右正言，同擊蔡京、卞兄弟，直聲振天壤，因以掇禍，世稱二陳。見［宋］王象之《輿地紀勝》卷四《安吉州・景物下》。

精舍院詩

《夷堅志・乙志》云：精舍院壁間有詩云：「昔作梁朝相【二】，今爲普靜神。千年英魄在，代代護僧人。」見［宋］王象之《輿地紀勝》卷四《安吉州・景物下・精舍院》。

周望失印

《夷堅志・己志》云：建炎四年二月二十五日，敵騎犯姑蘇，宣撫使周望移軍退保崑山，泊舟馬鞍山下湖邊。吏方用印，忽旋風入舟，印與文書盡墮水，相視駭愕，急使水工探之，不獲。望懼敵兵之來襲，欲急走通惠鎮，而失印爲撓，留吏求之。吏禱於山神靜濟侯曰：「苟不獲，且將得罪，必焚廟而行。」縣令亦懼，乃作堰捍水，踏車涸之，畚臿如雲，鑿數尺，得印，已淪泥中矣。見［宋］王象之《輿地紀勝》卷五《平江府・景物下・馬鞍山神》。

【二】昔作梁朝相　據《輿地紀勝》卷四《安吉州・景物下・精舍院・普靜寺》條，該寺原爲沈括葬父之地，後遷墓，捐地爲寺。

石崇墓

《夷堅志·庚志》云：平江府吴縣寶華山，相傳以爲石崇墓。宣和六年，居民王十浚渠，見古塼甚多。有一老人出曰：「不可復掘，今已斷山脉，泄旺氣矣！」見〔宋〕王象之《輿地紀勝》：卷五《平江府·古迹》。

翔郭郎

《夷堅志·己志》云：姑蘇烏石寺僧義翔，舉止梗野，俗呼爲翔郭郎。其師娗久遊諸方，歸數月，翔忽封鐍其室，語娗曰：「我暫出，如一月外弗回。汝則啟門。」至期，娗開視，但有一大籠，題誌甚嚴，乃翔手跡。發之，則翔跏趺其中，死矣！前有紙一幅，書偈云：「時人號我作郭郎，蓋緣爲事没著量。傀儡弄罷收歸籠，自有傍人説短長。」見〔宋〕王象之《輿地紀勝》卷五《平江府·仙釋》。

三詩僧

《夷堅志·己志》云：吴中僧多能詩者。法貝，字圓復，題人烟蓬云：「曹植波瀾闊，曾爲若士游。江湖流滿眼，天地入扁舟。散髮邀明月，停杯問白鷗。它年歸紫禁，夢亦遶滄洲。」又絶句云：「鶴鳴九皐秋夜永，紙帳芙蕖卧燈影。九州之外更九州，誰解摩心發深省？看了青燈夢不成，東風轉雪落寒聲。半生客裏無窮恨，告訴梅花説到明。」

藴常，字不輕。詠石菖蒲云：「細水圍碁石，纖纖手自移。幾年離鴈蕩，萬里到天池。浮玉春風後，小姑煙雨時。它年懷勝絶，魂夢亦清奇。」詠蘭云：「目斷山河恨莫裁，折芳猶記小徘徊。細看葉底春風面，疑自幽篁影下來。」

法平，字元衡，登北固楼云：「不負南徐眼，來看北固雲。金焦兩山小，吴楚一江分。雨氣生蒼壁，秋聲起夕曛。半生流落恨，此日重殷勤。」絶句云：「春風吹枕小屏寒，客舍無聊夢不安。花葉暗時人已去，夕陽紅滿舊欄干。」

三人者皆勝流，甚有唐人風致也。見［宋］王象之《輿地紀勝》：卷五《平江府・仙釋》。

廣德湖

《夷堅志・癸志》云：明州廣德湖，自東漢以來有之。其廣袤數萬頃，今爲平田。見［宋］王象之《輿地紀勝》卷一一《慶元府・景物下》。

盧臣中

《夷堅志・癸志》云：盧臣中，字信仲，黟縣人。建炎初，爲左正言。後從車駕南幸，敵兵有迫近龍舟者，臣中叱之，踏兩舷，失脚墜水。明日，召左右，始奏其事，亟使没人拯之，拱立如生。賜水銀以殮，贈諫議大夫。又見歙人羅願所編《新安志》。見［宋］王象之《輿地紀勝》卷二〇《徽州·人物》。

徐仙亭

《夷堅志》云：袁州萍鄉鎮縣興教寺後有徐仙亭，古老相傳，初有徐君居此地，每日見一黄犬往來，頗異之。訪其主，無能知者，遂誘而烹食之，蓋黄精也，因是仙去。後人於故基築亭，爲一邑之勝處。壁間留題詩詞數百千篇，唯卓世清和東坡卜筭子一闋最可稱，云：「流水一灣西，晚坐孤亭静。不見高人跨鶴歸，風竹摇清影。往古與來今，休用重重省。十里梅花雪正晴，月挂遥山冷。」見［宋］王象之《輿地紀勝》卷二八《袁州·景物下》。

東方寺聖泉

《夷堅志》云：大冶縣山中東方寺，世傳傅曼倩嘗讀書於此，以是得名。寺後有泉一泓，凡邑人婦女來求嗣者，隨願輒得，故名曰聖泉。見［宋］王象之《輿地紀勝》卷三三《興國軍·景物下·東方山》。

張漢卿

《夷堅志》云：張漢卿者，失其名。淳熙三年秋，爲興國軍酒官，視事纔三月，若有所不樂，取吏部所給印紙歷，大書《和陶靖節歸去來詞》，束裝徑歸鄉里。見［宋］王象之《輿地紀勝》卷三三《興國軍·官吏·張漢卿》。

天慶觀丹

《夷堅辛志》云：宣和初，臨江軍漁者捕魚於江潭底，深入穴中，見一老人坐石上，其處光明。石上有白合子一，遂往竊取之，以布囊束于腰間，攜之出。訪天慶觀羽流許智清，授之白合。智清啟視，則大丹粲然，亟封誌聞于官，郡守走驛白奏。會方臘亂，勅留丹鎮此土。後二年，有廣東巡檢來求觀丹藥，拜手諦翫，乃即掩而吞之。道士驚怖，共執以告郡，方出門，忽失所在。見［宋］王象之《輿地紀勝》卷三四《臨江軍·仙釋·天慶觀丹》。

蔡柟

《夷堅志》云：南城蔡柟，字堅老，學博材雋，壯年以詩著，江西宗派諸賢多推許之。自稱雲壑道人，有詩詞十餘卷。見［宋］王象之《輿地紀勝》卷三五《建昌軍·人物》。

浮渡山

《夷堅志·癸志》云：浮渡山，名刹也。上有三十六巖，名大通者，居半山間，視諸巖最勝，泉瀑千仞，真奇觀也。見［宋］王象之《輿地紀勝》卷四六《安慶府·景物下》。

賣薑翁

《夷堅志·壬志》云：衡州市常有老翁荷擔賣薑，三十餘年顔皃不改。嘗遇道人於茶肆，謂曰：「吾有黄白之術，求有常德者授之，今奉傳此術。」翁未應，但就擔取薑一塊納口中，少頃取出，則成黄金，笑曰：「吾有此技，未嘗輙爲。」市人聚觀驚嘆。翁暫起不返，自是不復見，道人亦不知所往。見王明清《投轄録》。見［宋］王象之《輿地紀勝》卷五五《衡州·人物》。

夷堅志四補卷第五十五事

桃源石文

《夷堅志》云：建炎三年，鼎州桃源洞石澗有文似天書，而字畫皎然可識。凡三十二字，云：「無爲大道，天知人情；無爲窈冥，神見人形；心言意語，鬼聞人聲；犯禁滿盈，地收人魂。」其言雖簡而警於人世。見[宋]王象之《輿地紀勝》卷六八《常德府·碑記·桃源石文》。

岳陽醉仙

《夷堅志·辛志》云：岳州城内一酒樓，淳熙十四年，有道人來獨飲。已盡三斗，酒家厭之，欲促使去，乃醉睡草上。又起，移卧壁間，見者呼衆視之，無所見矣。遂命工塑其像，榜爲醉仙樓云。見[宋]王象之《輿地紀勝》卷六九《岳州·仙釋·岳陽醉仙》。

房州湯泉

《夷堅志·丙志》云：山中有朱砂，龍守護甚嚴。見[宋]王象之《輿地紀勝》卷八六《房州·景物上・湯泉》。

魚肉道人

《夷堅志》云：魚肉道人，成都人，生於大觀間。隨張魏公出峽，遇武當孫坦先生，告之曰：「羅浮山黄野人，宜往拜之。」遂行。至羅浮，到上樓，黄取魚肉與之，自此能啖生魚肉。紹興二十八年，召入宫，御製贊賜之，曰：「不火而食，太古之民。不思而書，莫測其神。外示朴野，内含至真。白雲無迹，紫府常春。」見［宋］王象之《輿地紀勝》卷九九《惠州・仙釋・魚肉道人》。

尉陸兩公廟

《夷堅志・陸賈求詩》云：梁竑乾道六年入都赴省，過晉康境，夜艤船錦裹石下。土人相傳，謂漢陸賈使南越，尉佗與之泛舟至此山。賈默禱曰：「我若説越王肯稱臣，當以錦裹石爲山靈之報。」既奉使，遂指出囊中裝，募人植花卉以代錦，以是得名。後人因立廟祀尉、陸二公。是夜，夢一重客稱陸大夫來見，云：「我抑鬱於此千歲矣，君幸見臨，願留一詩。」即賦詩書于廟壁。見［宋］王象之《輿地紀勝》卷一〇一《德慶府・古迹》。

感應泉

《夷堅志·己志》云：鄒忠公再謫昭州，江水不可飲，汲於數里外山中，暑月殊以爲苦。所居仙宮嶺下，忽有泉湧，清冷瑩潔，因疏爲小池，日得四五斛，遂給用，名曰感應泉。將有北歸之命，數日前，泉乃涸。旋有人大醉至門，厲聲呼曰：「侍郎歸矣！」尋求不可見，明日拜命。故龜山楊立中爲公挽詞，有「泉甘不出户，客至豈無神」之句。蓋指二事也。見［宋］王象之《輿地紀勝》卷一〇七《昭州·景物下·感應泉》。

福州啟運宮

《夷堅丙志》云：建炎初，敵圍西京急，留守孫昭遠奉啟運宮神御間道走揚州。後遷於福州，以啟運宮爲名。見［宋］王象之《輿地紀勝》卷一二八《福州·古迹·啓應宮》。

浮渡山大通泉

《夷堅癸志》：浮渡山，名刹也。巖名大通者，居半山間，視諸巖最勝，泉瀑千仞，真奇觀也。見［宋］祝穆《方輿勝覽》卷四九《安慶府·浮渡山》。

瀼水玉印

《夷堅志》：夔人龍澄遊瀼水，見水中一石合，命漁人探取之，獲玉印五，文字如星，霞篆非世間篆籀比。忽見天神侍立曰：「某乃九天使者，所獲玉印乃上帝所寶。昔禹治水，拜而授之。水土既平，復藏之名山大川。今守護不謹，可亟投元處。」澄如其言，後亦登科，爲桃源令。見［宋］祝穆《方輿勝覽》卷五七《夔州・大瀼水》

呂宣問訪生母

呂宣問，字季通，開封人。文穆公之四世孫，徙居溧陽。父希圓，紹興甲子，倅洋州。妾韓氏生宣問，甫六歲，辭去，莫知所之。父卒，母李氏獨在。宣問既長，將訪所生，以池陽當蜀人往來通道，乃調録事參軍。凡蜀客經從，必托使物色存否。臨滿秩，而仙井兵楊俊報之曰：「韓氏在彼。」時李氏已老，無他男，宣問不可捨李氏而遠涉。亟調峽州推官，欲益近蜀。至之次年，被檄如荆門，過當陽玉泉寺，寺側武安王廟，求夢而應，果得其母于仙井，時紹熙庚戌，相失四十餘年。至是，母子如初，相持感泣，吏卒爲之出涕。李氏時年八十三，韓亦七十矣。洛陽吴仁傑斗南，賦詩以美之。詳見《夷堅志》。宣問尋改秩，知蘄春縣。見［宋］周應合《景定建康志》卷四八《孝悌傳》。

漢溧陽校官碑

《夷堅志》：漢溧陽長潘乾元貞校官碑，靈帝光和四年所立，時歲在辛酉。杜少陵所謂骨立通神者，蓋此類也。石淪於固城湖中，紹興十三年癸酉，溧水尉喻仲遠得之，輦置聽事之側，蓋相距九百六十二年矣。時時見光采，弓兵宿直，或以褻衣頓於趺上，必夢大龜逐而齧之。乾道戊子，有官告院吏出職爲尉，顧碑字多闕蝕，以爲無用，且厭人之來，呼隸史曹彦與謀，將沉之宅後廢沼内。一寓客素好古，爲尉所敬，聞其説往詰之，尉慙謝而止。邑宰陳容之爲徙諸縣圃，作屋覆焉。至辛卯歲，金陵守作文一篇，欲識石陰，遣匠來，甫鐫兩字，遭碎屑激入目，旋易它匠，皆然，竟不能施工。見[宋]周應合《景定建康志》卷五〇《拾遺》。

吴璋宅神

《夷堅志》：溧陽豪民吴璋，以財横鄉曲，非特外人畏之，其家子弟亦甚嚴憚。每坐堂上，則無敢過其前，必先穴壁覘窺，伺璋不在，方敢入。弟十九郎者，因窺隙，見金紫人向堂立，後有服朱緑數人，少長儼列，驚異之，疾走入門，乃無所覩。私竊自喜，以爲家慶殊未艾。既而，璋以不法爲邑丞龔鎏所治，至於竄流遠方。弟亦連坐，黥徙袁州，家貲皆估籍。劉侍郎岑買其居，緣居室之故，爲請袁守免其弟歸，因得服役門下。適劉當歲除享祀，偶於壁隙窺之，金朱緑袍，恍然曩日所見者，始以語人。見［宋］周應合《景定建康志》卷五〇《拾遺》。

相士周先生

《夷堅志》：碧眼周先生者，常州人。以善相游公卿間，劉侍郎致仕，寓居溧陽，周往從之。嘗從容，薄暮起曰：「侍郎明日有隕墜敗面之厄。」劉曰：「當來共食以驗，不然，當罰爾。」曰：「定矣！」旦未及食，鄰家失火，劉倉卒奔避，礙於户限，仆地面傷焉。其他大率類此。見［宋］周應合《景定建康志》卷五〇《拾遺》。

溧陽甓橋耕骨巫

《夷堅志》：溧陽甓橋巫能以異法治骨鯁，雖與被鯁者相去遠，或不見其人，亦可療。淳熙九年，長巷村人王四，因食鵝遭鯁，三日不能下，飲食盡隔，勢且死，遣子持錢詣巫。巫即於竈内取灰篩布地上，炷香焚鏹，誦呪召神結印，次以葦筒作小犂狀耕灰中，云：「此骨甚深。」凡耕至一再，筒中忽微有聲，亟傾注水盌間，乃鵞翅骨也。甓橋距長巷四十里，王氏子還家，父平復已半日矣。其病之淺者，一犂即愈云。見［宋］周應合《景定建康志》卷五〇《拾遺》。

府印字偏

《夷堅志·支集》，建炎遭寇，暴失府印。自後施用，唯以觀察使印代之，而附小帖子於旁曰借用。淳熙十二年，耿直之秉作守，言於朝，詔文思院重鑄府印一鈕。及給降，率僚吏望闕祇拜，且受賀。啟視之，「府」字左畫偏。識者曰：「使君必不久於此，當移他藩。」才一月，果徙四明。二年之間，蓋德常經、張定叟杓、張幾仲子顔連莅兹土，吴居甫琚兼領數月。其或詔罷，又頗多，鮮有滿兩歲者。見［宋］盧憲《嘉定鎮江志》卷二一《雜録》。

夷堅志四補卷第六十二事

黠鬼詐爲李省

《夷堅志》：臨安塩橋富室李省，販海作商。每出，必經涉歲月。紹熙元年，與同業六七人共宗伴而出。亘四年弗反，且無音耗，其妻絶憂之。有與李善者，謂妻曰：「同塗數客已盡歸，不應獨後，豈非墮于非命乎？宜往占之。」妻歷訪十餘肆，皆云不吉，恐難得還。妻慟哭而歸，召僧建道場招魂挂服。聞空中泣聲甚哀，出視之，見李在渺茫烟霧間，宛如存日，仍詢問幼稚婢妾，且云：「賴汝薦拔之功，獲離苦難。」明日，妻買地造塚，備極力役之費。又一月，李泛舟達江下，元不死也。黠鬼詐爲此態，予累書之矣。見［宋］潛説友《咸淳臨安志》卷九二《紀遺四》。

靈隱大蕈

《夷堅志》：乾道初，臨安靈隐寺後山茁一蕈，圓徑二尺。寺僕見之，喜其光明潤澤，採以納長老。長老驚詫以爲目所未覩，謂之曰：「我固願食異味，然合院三百人，今不過能及十之一，非吾法平等意也。」于是賚餉楊郡王。楊亦訝其大，曰：「是當以奉玉食。」乃獻奉于孝宗，詔以賜靈隐，初不知其所從來也。迨復持至寺，已經日，盤内頗有汁沾濡，兩犬在側爭舐之。俄頃間，皆跌足若狂，眼突毛顫，仆地死，諸僧乃悟爲毒物。使之入天庖，寧不大爲咎累？亟瘞諸沉坑，而不暇窮其根本。惟萬乘所御，自有神物護持，楊王亦大貴人，長老不私口腹，故皆脱于意外之禍。見［宋］潛説友《咸淳臨安志》卷九二《紀遺四》。

靈石寺六言詩【一】

臨安西湖舊傳南北兩山，僧寺大小合三百六十。兵革之餘。又爲軍營、禁苑、勢人園圃之所包占，今存者不滿百。唯南山境趣幽寂，無繁華腴艷氣象，靈石寺僻在深林叢薄中，古屋猶不壞。屋山有六言詩一首曰：「南塢數田泉石，西峯幾疊烟雲。登携孰以爲侶，顔寓李甲蕭耘。」老僧言：「昔年有道人四輩來乞食，是時午齋已過，拒而不與，一客取筆題此詩。」其後好事君子尋繹之曰：「首句寓吕字，次句爲洞字，又次爲賓字，下句三人姓名，是吕翁與之俱來，必皆仙者也。」乾道四年三月，予同三舘之士至彼，見其字，乃倒書于椽間，頗類李北海。見［宋］潛説友《咸淳臨安志》卷九三《紀遺五》。

【一】靈石寺六言詩　李按：《咸淳臨安志》卷九三《紀遺五》本條無出處，《輿地紀勝》卷二《臨安府·仙釋·吕洞賓》同條言出自《夷堅三志》，據補。然《紀勝》文字簡約，應爲節文。

葛道人

《夷堅志》：錢唐頃歲有葛道人者，無他技能，孤獨無妻子，唯以業屨爲生。得錢即沽酒，放浪于湖山間，往來累年，不逢知識。一日，爲寺僧修屨，口中微作吟哦聲，若運思搜詩者。僧訝而問之，笑曰：「今日偶得句，但未成章耳。」僧亦喜此者，加禮謂曰：「可得聞乎？」曰：「百囀已休鶯哺子，三眠初罷柳飛花。」僧驚歎，宣揚其語，自是人始知爲非市井凡流，時宣和中也。後不復審其在亡。見［宋］潛說友《咸淳臨安志》卷九三《紀遺五》。

重喜長老

《夷堅志》：錢唐舊有長老名重喜，會稽人。少以捕魚爲生業，而日誦觀世音菩薩不少休。元不識字，一日忽能書，且又能作偈頌。關子東博士及識之，記其一頌云：「地爐無火一囊空，雪似楊花落歲窮。乞得苧蔴縫敗衲，不知身在寂寥中。」味其旨趣，豈捕魚小兒所能萬一？解悟如是，蓋大士智慧力也。見［宋］潛說友《咸淳臨安志》卷九三《紀遺五》。

臨安都税院土地

《夷堅志》：臨安都税院土地，予載田相公一事于支庚矣。俗傳爲錢王輔臣，有功于民者，邦人崇事之甚敬，而廟宇頽圮，積久弗治。慶元二年冬，監官鄱陽宗子趙怡夫到任之初，欲加修繕。又念：「彼何功于我，便爲致力？」遣征吏告白，俟每月税課增羨，則當以此報之。未幾，隣居人鄭五遭竊，禱其神，旋即獲盜，自擬出錢營建，然亦未暇也。三年三月十九夜，趙夢神命使來召，趣行甚速，因隨以往。從後殿而過，凡廊廡皆有貌位，率起立拱揖。徐抵正殿，神邀坐聚語。俄頃，夫人携男女各一亦出見，因置酒留飯，具道陰庇一方之意。先是，都城頗嚴奉李三二太尉之祀，云張王急脚。時有靈應小人乘以射利，散施符水，至處處揭榜，唱言今年李太尉行瘟。趙惡其惑衆，告于府尹王卿巽澤溉，祈革此弊。尹捕首惡數輩，杖而出諸境，仍追罰百千。是夕，神與趙言及此，云：「聞君理會李太尉事，張王甚喜，蓋爲其所玷也。」繼云：「吾欲治廟室，無肯任責者。」趙頓憶曩志，即對曰：「當竭愚衷。」神且喜且謝，遂呼一僧使説相。僧揣摩趙頭曰：「好似傅二相法，他日官爵正如熊震、潘文虎。」遂覺。思所謂傅、熊、潘三人，莫知爲誰。明旦，詣土地廟瞻謁，宛如所夢，始募衆集力一新其居。怡夫以書告於弟懌夫。見［宋］潛説友《咸淳臨安志》卷九三《紀遺五》。

臨安通判舍怪

《夷堅志》：臨安兩通判官舍，一在石板巷曰北廳，一在審計司旁曰南廳。慶元三年，北廳濟南張真卿卒，南廳金華潘好恭坐章罷。四明王正民爲張代，居于石板。有道人過門語閽吏曰：「此宅有怪物，故處之者不寧。」閽入白王，亟延問之。道人指廳壁題名記曰：「正伏于碑石之下。」王集從卒移石過，掘之三尺，得大龜徑二尺許，亟輂致西湖中。未幾，王亦卒。見［宋］潛説友《咸淳臨安志》卷九三《紀遺五》。

異人陳明【一】

《夷堅志》：陳明，攢陵鋪兵也【二】，人呼爲陳院長。年三十有五，時犯罪受杖，遂蓬頭跣足若喪心者，往來行歌無所定止。頗能知未來事，閒與人言。祁寒烈暑，皆不畏避。雪中不施一縷，卧野橋上，氣騰如蒸，眼色正碧。好以白堊書地，且讀且歌，字畫類五銖錢文，觀者莫識。中貴人典領攢宫者憐其寒，常遺以衣，乃轉與貧者。淳熙辛丑歲，久不雨，鄉民或叩以豐凶，應曰：「木災、竹災、魚災、貧道災。」俄而高岡發洪，山水暴至，所經竹木盡拔，魚鱉掃空。陳大病不食幾月，腹皮皆凹入附骨，隱隱見五藏。人謂其必死，俄復如初。有蜀客來道堂見之，焚香作禮，曰：「先生正爲鄉里化緣造橋，安得來此？」衆始悟其爲異人，神遊在彼云。或問其年庚，但云三十五。微疾而終，藁葬溪岸。未幾，其徒發瘗將火之，空無一物矣。見［宋］张淏《寶慶會稽續志》卷六《仙釋》。

【一】異人陳明　李按：本條文末原有「洪文敏公邁特書其事於《夷堅辛志》云」一句，據此可知，《夷堅志》曾載陳明事，然此或非邁原文，姑收録。

【二】攢陵鋪兵也　《浙江通志》卷二〇〇陳明條作「越州攢陵鋪兵也」。

唐少卿宅

《夷堅志》：會稽唐氏居新河坊，蓋宣和中鴻臚少卿翊所營也。會連守楚、泗、台三州，未嘗家食，前後門雖具皆未開。守舍者但自側户出入。少卿長子閎由鄭州通判代還，一術士善相宅，居唐氏新居，夜登屋臥云：「此宅前門開則出兩府，後門開則出臺諫，而所應者非本宗。」其後建炎四年，高宗駐蹕於越，凡空第皆給百官寓止。謝任伯爲禮部尚書居此宅，拜參知政事，中使宣召開門赴都堂治事。上虞丞婁寅亮與唐爲姻家，暫假館投檢奏封章，乞立繼嗣，中旨除監察御史。開後門詣臺諫供職言果驗云。見［宋］张淏《寶慶會稽續志》卷七《雜紀》。

養素先生

《夷堅志》：明州定海縣補陀洛珈山，蓋觀音大士示現處，遠近致禱，或見善財童子、金剛神、達摩等相。紹興十八年三月，越王【四】以餘姚尉攝昌國監，偕鄱陽程休甫泛海詣山叩寶洞禮謁，無所覩，但感瀹茗浮花，□□□□，殊不愜。晡時再往，一僧指巖頂有寶可以下，□□□□而上，忽見現金色身，照耀洞府，眉目瞭然，程所覩亦然，惟公更見雙齒如白玉雪。天將暮，有一長僧來訪云，將自某官歷清要，至爲太師。又云，公是一好結果底

【四】越王　四庫本作「史越王」。

文潞公，它時作宰相。官家要用兵，切須力諫。後二十年，當與公相會於越。遂告去。送之出門，俄不知所在。乾道戊子，公以故相鎮越。一夕，典客報，有道人稱養素先生，舊與丞相接熟，不肯通刺字，疾呼欲入謁。亟命延之，貌粹神清，譚論鋒起，索紙數幅，大書云：「黑頭潞相，重添萬里之風光；碧眼胡僧，會共一宵之清話。」遽擲筆，不揖而行。公大駭，遍遣兵吏尋覓，不復見。追憶補陀之故，始悟長身僧及此道人皆大士見身也。相距二十年，淳熙己酉，公正位太師，自道本末云爾。見［宋］张淏《寶慶會稽續志》卷七《雜紀》。

石師聖不願賜錢

《夷堅志》：會稽新昌石師聖家極貧，甘於枯淡，未嘗以利欲爲心。小女求十錢買線，無以與之，女入房啜泣。石歎曰：「吾家世清貧，固窮守約，致汝如此，命也。」日且暮，聞中庭索索如垛錢聲，出視之，堆積砌下已及三千緡，覆以青布巾。石夫婦奉繼母王氏焚香拜禱，曰：「師聖家雖枵腹亦可自給，若蒙上天昭祐，使母子康寧，得保常産，福垂後裔，天之賜大矣！非意之財，誠不敢受！」俄覺青布漸低，錢倏飛上，庭空如掃，石又下階謝，宣和元年也。明年，長子嗣慶魁鄉舉，遂擢第。又三舉，次子延慶繼之，復中博學宏詞科，爲時名士。見［宋］张淏《寶慶會稽續志》卷七《雜紀》。

新昌石氏墳

《夷堅志》：新昌石氏之祖，本山東人，因適越，挈家徙居焉。時有韶國師善地理，每經從，石必迎佇致敬。其妻嘗出拜曰：「夫婦皆年老，欲從師求一藏骨地。」韶許之。與往近山，得一處，五峰如蓮花，溪流平過其下，回抱環揖，指示之，且蕝識窆穴而去，翁媼葬焉。數十年後，孫、曾登科相仍，至以百數。宣和以後頓衰，越五舉，略無齒鄉書者。而里中一民家産濅豐，生四子，容質如玉。或告石氏，是人竊以父骨埋於君祖塋上故致此。密引石往發土，得木桶藏枯骸其中棄之，民家自此遂微，四子相繼夭逝。先是，石塋上有棠梨一本，每抽新枝，則族系一人必策名若改秩。或一枝萎折，則有當其咎者。民思報怨，夜往伐其樹，自是科級視昔年弗逮云。見[宋]张淏《寶慶會稽續志》卷七《雜紀》。

夷堅志四補卷第七 九事

郭偉方承圭田之爭

洪邁《夷堅己志》：當塗圭田最厚，民事清簡，居官者樂之。紹興初，遇守郭偉滿秩，不遣吏卒迎新。新守方承不能俟迓人，拏舟徑至。郭閉子城拒之，云：「已申朝廷乞補謁告月曰【一】。」方君乃借用兵馬司印莅事於班春堂。監司具奏其狀，兩人皆罷去。見［宋］李心傳《建炎以來繫年要録》卷四六紹興元年八月壬辰。

王咨死於刻核

洪邁《夷堅甲志》云：永康軍導江縣人王咨者，以刻核彊鷙處官。紹興五年，爲四川都轉運司幹辦公事，被檄鮐鹽於潼川路。王躬詣井所，召民强與約率，令倍差認課，當得五千斤者，輒取萬斤。又約來歲所輸不滿額者，籍其貲。王心知其不能如約，規欲没入之，使官自監煎。既復命，計使以鹽額倍增薦諸宣撫使，擢爲利州路轉運判官，未幾死。見［宋］李心傳《建炎以來繫年要録》卷九九紹興六年三月乙酉。

校勘記

【一】月曰　李按：「曰」當爲「日」之誤。

題李公謨壁【二】

《夷堅志》所載：「日轉庭槐影漸移，重門複屋轉呼遲。不如拂袖穿雲去，惟有落花流水知。」《隱真道堂記》言，詩爲高尚真人劉卞功作，「託言小郄實真人詩耳」。見〔元〕徐碩《至元嘉禾志》卷一七。

荊大聲占天象

《夷堅志》，紹興三十二年正月，予被命接伴北使，次盱眙。天文官荊大聲隨行，見向西邊大星，去月三寸許，指示予曰：「此木星也，或食月，或爲月所食，少刻便可決。」予質其義，曰：「月體自若，而星居月上，此爲星食月。月遇之，而星隱不見，此爲月食星。」既而仰視高空，失星所在。俄出於月東，問：「其兆應如何？」唯唯不肯說。至四月半，予報聘，偕荊行。荊出一書，大抵皆星氣占驗。其一曰：「月星相食，當有易主事。」時已竊聞將有堯禪舜之舉矣。予按《景祐乾象新書》引《晉書》：「月蝕歲星，野有逐相。」又引《天文總論》曰：「主殺戮將相王侯之象，或其分有兵喪。」其説淺矣。五月十六日五更初過，臨淮境，瞻月外有環暈五重，附近者紫紅，色白者次之，青者又次之，黄者又次之，最外深紅，各相去一丈，分寸不差忒，其圓如規。馬上諦視，起敬。荊馳至旁，附耳曰：「是爲

【二】題李公謨壁　李按：題名據清平湖沈季友編《檇李詩繫》卷三〇《高尚真人劉卞功》補。

月重輪。前史所紀，多不過兩三重，而今五數，但太陰極盛，恐非太陽之利耳。」將曉乃没。未一月，而高宗遜位。乾道二年六月，北極前星之左，有小星。大聲謂予：「向者不記有此星。若本無而今有，懼爲東宫禍。」三年，又指軒轅星之側客星，曰：「非中宫福。」已而皆然。八月中，蒙宣對便殿，孝宗聖意悲哽。邁輒奏大聲之説，以爲上穹默定久矣，乞少寬宸抱。上固素諳星象，慘然曰：「朕亦見之。」時大聲浮湛廛市，遂遭逢，今以春官大夫判太史局。見［元］馬端臨《文獻通考》卷二八五《象緯考八·月食月變》。

楊生相麋師旦

《夷堅志》：麋師旦，字周卿，吴人。紹興戊辰登科，紹熙庚戌爲江東轉運主管官。蜀相士楊生謂：「于相法當有肉峯生頂上，愈壯則愈顯。」後果有肉隆然。癸丑歲，爲嘉禾守，楊復訪之，則峯益高。麋嘗歷御史主簿、祕書郎，春秋幾七十年矣。然纔至左司郎中，卒于乙夘。見［元］陸友仁《吴中舊事》。

寄沂水宰

《夷堅庚志》云：許彦國，字表民，青州人，進士高第，工爲詩。客游河朔，嘗撰《燕薊餘民思漢歌》。首叙石敬瑭割燕地以賂契丹，次叙耶律德光犯汴京，次虜去嚴峻，燕人思漢之意。詞情悽楚，近千言，卒意云【三】：「燕薊餘民宜自省，百年陷虜直愁人，勿怨肩輿【四】事洪靖。」蓋用唐張洪靖【五】初入燕，肩輿而行，燕人駭異不悦，遂有朱克融之變。其旨深矣。吕忠穆之父爲沂州沂水宰，縣境有穆陵關，即《左傳》所謂「南至于穆陵」是也。彦國過其地，寄以詩云：「楚甸齊封自此分，穆陵遺俗久猶存。豈知今日鳴琴宰，即是當年賜履孫。且有清風消酷暑，更無驚犬吠黄昏。畏人客子成安枕，獨宿荒村不閉門。」《詠項籍廟》兩絶句云：「曾被秦人笑沐猴，錦衣東去更何求。可憐瞭瞭重瞳子，不見山河繞雍州。」「千古興亡莫浪愁，漢家功業亦荒邱。空餘原上虞姬草，舞盡春風未肯休。」《漁翁》詩云：「溪鷗散後夜，無伴荷葉老。」時秋，有《衣瑞香》詩云：「北方野客不慣見，明月滿衣猶倚欄。」皆爲北方學所稱道，惜其官不顯。見［宋］何谿汶《竹莊詩話》卷一八《寄沂水宰》。

詩似李太白

《夷堅己志》云：鄂州黄鶴樓有詩云：「墻角陰陰老薺肥，竹間滑滑乳雞飛。家園千里望不斷，芳草一川生晚暉。」又「孤村日晚煙樹迷，點點飛螢映水低。荷葉暗香秋露滴，月明行過石橋西。」長沙石壁上亦有詩，《長沙石壁絶句》云：「玉皇殿上誤稱名，欲脱凡肌骨未清。謫向人間且沈醉，三年重學步虛聲。」《同前》云：「東去流沙西上船，尋思此事已千年。長春殿掩無人鎖，滿目梨花哭杜鵑。」余謂後詩似李太白。見［宋］何谿汶《竹莊詩

【三】卒意云　李按：「意」當爲「章」之誤。

【四】肩輿　「肩」原作「眉」，據《舊唐書》卷一二九《張弘靖傳》及本節下文改。

【五】唐張洪靖　李按：「洪」當是「弘」之諱改，弘靖，新舊《唐書》有傳。

話》卷二二《黄鶴樓絶句》。

紫姑神詩

《夷堅庚志》云，龔鋈子治，居秀州。所邀紫姑神作詩詞，至於數百篇，語言字畫皆高妙。所居之地曰電梁，自稱雲洞君，名綺，其文曰《霓裳集》。嘗自寫其狀，今僧梵隆圖之。風骨秀灑，眉宇娟麗，神仙中人也。《古樂府·行路難》云：「洞庭波，瀟湘浦，帝子靈妃愁不吐。舜不歸兮蒼梧空，淚血竹漬森如雨。巫山高，陽臺深，暮雨朝雲難重尋。楚襄私夢傾天地，佳人寧有一分心。海風掀波雲漠漠，霜殺飛蓬寒更惡。帆撑何處送歸艎，溜溜輕沙夜潮落。參懸碧兮夜漫漫，鴈叫羣兮獨聲乾。百憂集兮腸九折，可見人生行路難。」《俠客行》云：「撩虎頭，批龍鱗，璧歸趙，圖欺秦。男兒尚意氣，眼高天下人。此身許死當許國，五侯門戶誰能賓？朝過陳孟公，暮來魯朱家。入門氣吐虹，索酒一咄嗟。捲簾出娉婷，墮髻烏盤鴉。不敢問姓名，但願客醉腮紅霞。門前馬嘶天欲曉，青鐵爲鞭金絡腦。吴鈎如雪神中藏，千里殺人成草草。郭解不惜交，壯士輕袁絲。人言俠客不自治【六】，我重俠客仍歌之。」《擬李太白冬夜寒歌》云：「朔風吹雲凍不醒，瓊林琪樹垂珠瓔。佳人獨立烱玉雪，翠袖倚竹嬌娉婷。碧袖薄，生暮寒，呈素齒，歌南山。山光明，溪光清，光錯落，月頹烟，此曲入吾耳，江流直下波連天。」此文至今藏于龔氏。見［宋］何谿汶《竹莊

【六】不自治　「治」原注「平」。

詩話》卷二三《古樂府·行路難》。

曹掄乞詩

《夷堅庚志》：曹掄者，以戊子歲旦集會親友，先夕雪作，至旦尤甚。掄詩神乞詩，即援筆不可遏，書《歲旦雪作》云：「朝元初退紫宸班，花落東風響珮環。瑞雪再飛天有意，好詩未就我何顔？青羅帶露中流水，白玉屏開四面山。鶴駕欲歸歸未得，水晶宫殿在人間。」併賦《燭》詩云：「密房春老不禁融，香滿華筵四坐風。但得寸心明似月，從他清淚與人同。」其清警如此。見［宋］何谿汶《竹莊詩話》卷二三《古樂府·行路難》。

夷堅志四補卷第八 八事

蜥蜴吐雹【一】

《夷堅志》：劉法師者，後居隆興府西山修道，山多蜥蜴，皆如手臂大，與之餅餌皆食。一日，忽領無限蜥蜴入庵，井中之水皆爲飲盡，飲訖即吐爲雹，已而風雨大作，所吐之雹皆不見。明日下山，則人言所下之雹皆如蜥蜴所吐者，蜥蜴形狀亦如龍。見［宋］朱熹《朱子語類》卷二。

蘇庠化仙

《夷堅志》，丹陽蘇養直庠，居後湖，暮年徙太湖馬跡山。紹興甲子十一月，中酒困卧，所使村童持謁扣牀曰：「有客稱江宣贊，欲求見。」視其謁刺曰：「惠州羅浮山水簾洞長生道人江觀潮。」「兩畔各書詩一句曰：「富貴易逢日月短，此中難遇是長生。」蘇悦其語，强起延之。客曰：「羅浮黄真人以君不欲世間聲利，姓名已書仙籍。命我持丹授君。」蘇時年八十矣，應之曰：「庠平生未嘗識真人，且又形骸已壞，何以丹石爲哉？」客

校勘記

【一】李按：李劍國認爲「此則乃節録《夷堅乙志》卷一三《嵩山三異》，原文具在，並非佚文」。但兩文地點不同，《淵鑒類函》所録在龍興山，而乙志在嵩山，且文字差異也很大。故仍收入。

曰：「此非五金八石比，蓋真人真氣所化也，服之無嫌。」蘇視之，客衣服侈麗，類貴游，言辭鄙俗，甚惡之，冀其速去，曰：「雖然，終不願得也。老病缺於承迎，當令兒曹奉陪次。」客曰：「我專爲君來。君不欲丹，當復持以歸。但路絶遠，願借一宿，明旦晴即去。不然，須少留也。」不獲已，命館於菊墅。時天久晴，五更大雨作，蘇憶昨日語，頗悔。亟邀致，具酒。未及飲，蘇曰：「丹可見否？」客喜，便於腰間篋中取授蘇，連云：「且延一紀。」藥僅如豆大，紫黄色，亦不作丸劑。客曰：「困篤則服之，方見奇效。凡身有疾，但敬想丹力所行至，即愈。餌此者，當飛升度世。若情欲未畢，故自延一紀壽。壽終亦爲仙官矣。」飲罷，遂别去。約五年復來，來時君異於今日。蘇以丹并刺字置於笥中。歲未盡五日，忽大病，至除夕，氣絶。家人以頂暖，不忍斂。及明，諸子記前事，發笥視之，藥故在，取投口中，須臾，即起，灑然若無疾，飲啗自如。再令拾刺字并丹貼，欲燒末飲之，不復見。蘇鬚髮如霜，自是少半再黑。初，建炎中，喪右目瞳子，至此亦瞭然。後十二年，作書與薌林向伯恭云：「吾耳中時聞異音。羅浮山人期以數年相見，應盡便盡，餘不復較。」十二月，往茅山别諸道友。元日。聚族歡飲達旦。披衣曳杖出門，云：「黄真人至矣！」其行如馳，婢僕驚奔，僅能挽衣裳，已立化矣。見［宋］陳元靚《歲時廣記》卷七。

林復【一】

林復，字端陽，括蒼人。學問材具，皆有過人者，特險隘忍酷，略不容物。紹興中，爲臨安推官。有告監文思院常良孫贓墨事，朝廷下之臨安獄，久不得其情，上意謂京尹左右之，尹不自安，復乃挺身白尹，乞任其事，訖就煅煉成罪，當流海外，因寓客舶以往。中途遇盜，無以應其求，盜取常手足釘著兩船舷，船開，分其屍爲二焉。林竟以勞改官，不數年爲郎，出知惠州。時常有姻家當得郡，憤其寃，欲報之，遂力請繼其後，林弗知也。既知惠，適有訴林在郡日以酖殺人，具有其實，御史徐安國亦按其家有僭擬等物，於是有旨，令大理丞陳樸追逮，隨所至置獄鞫問。及至潮陽，遇諸道間，搜其行李，得朱椅、黄帷等物，蓋林好祠醮所用者。乃就鞫於僧寺中，林知必不免，願一見家人訣别。既入室，亟探囊中藥投酒中飲之，有頃，流血滿地，家人號泣，使者入視，則仰藥死矣，因具以復命。然其所服乃草烏末及他一草藥耳，至三日乃甦，即亡命入廣，其家以空柩歸葬。始就逮時，僮僕烏散，行囊旁午道中，大姓潘氏者爲收斂歸之，了無所失。其家與之音問相聞者累年，至嘉定末始絶，竟佚其罰云。見［宋］周密《齊東野語》卷一《林復》。

【一】本則出自《齊東野語》卷一《林復》。文末云：「此陳造周士所記，得之括醫吴嗣英甚詳。《夷堅志》亦爲所周，以爲真死，殊可笑也。」可知《夷堅志》曾載林復此事，然洪邁誤以爲復已死，稍有異。

陳生生天

《夷堅志》：南劍陳生既死，其弟之女見二鬼，導至宫殿曰：「秦廣王也。」王謂女曰：「欲救伯苦，可轉《八師經》。」女寤，家人求得經，請僧誦千徧。弟夢見兄來謝曰：「已獲生天。」見［宋］釋志磐《佛祖統紀校證》卷三四《十王供・秦廣王》。

末摩尼教

《夷堅志》云：喫菜事魔，三山尤熾。爲首者紫帽寬衫，婦人黑冠白服，称为明教会。所事佛衣白，引經中所謂「白佛言世尊」，取《金剛經》「一佛二佛三四五佛」，以爲第五佛，又名末摩尼。采《化胡經》「乘自然光明道氣，飛入西那王界蘇鄰國中，降誕王宫爲太子，出家稱末摩尼」，以自表證。其經名二宗三際。二宗者，明與暗也。三際者，過去、未來、見在也。大中祥符興道藏，富人林世長，賂主者，使編入藏，安於亳州明道宫。復僞稱白樂天詩云：「静覽蘇鄰傳，摩尼道可驚。二宗陳寂默，五佛繼光明。日月爲資敬，乾坤認所生。若論齋潔志，釋子好齊名。」以此八句表於經首。其修持者，正午一食，裸屍以葬，以七時作禮，蓋黄巾之遺習也。見［宋］釋志磐《佛祖統紀校證》卷四九。

湖州疫鬼

紹興三十一年，湖州漁人吴一，因捕魚繫舟新栅界民舍外。夜過半，聞岸上人相語曰：「我曹寓是家已久，當爲去計，移入此舟如何？」或應曰：「此乃漁艇爾，又他處人，何可登也。明日東南上當有船來，其中有兩朱紅合及赤泥酒數缾者，是可隨以往。渠乃病人家親戚，來相問訊。又其家富足，稱我所須。」皆曰：「然。」言終而寂。吴生恠之。天欲明，起訪其事，乃此民舍正病疫，所謀者鬼也。遂徑往東南數里外艤泊，將驗之。果遇小舟來，望其中物色，同鬼言，急呼止，告以夜所聞。大駭曰：「乃吾壻家，今正欲往視其病，非君相救，一家且入鬼録矣！」盡以所攜酒炙爲贈，致謝而反。此乃景斐弟説。見［宋］佚名《異聞總録》卷四。

謝誠甫薄犯風誼

《夷堅庚志》書，謝誠甫祖信，任南床日，論趙忠簡公不遺餘力。見［宋］周煇《清波雜志》卷一一。

死爲異狀

《夷堅支志》：陳喬仕江南爲門下侍郎，及王師問罪，喬既死，遂自經，從吏撤扉而瘞之。明年，朝廷嘉其忠，詔改葬。後見其屍如生而不僵，髭髮鬱然。初，求屍不得，人或見一丈夫衣黄半臂舉手，影【三】自南廓而過，據得屍。以手加額上，如所覩者。

《國老談苑》：盧多遜既卒，許歸葬。其子察護喪，權厝襄陽佛寺。將易以巨櫬，乃啓，其屍不壞，儼然如生。遂逐時易衣，至祥符中猶然。

《墨客揮犀》：杜德死，瘞路傍，大水浮其屍出。爲耕夫立其屍於路傍，扣之，蓬蓬如空革，亦異人也。

《能改齋漫録》：滕待制宗諒，謫官秋浦時，州吏有劉某者，妻有美色。俄病死，浴裝在櫬，未及釘蓋，忽然化爲異狀，皮青髮紅，若世所畫鬼將之類。州吏悲而畏之，既葬，即棄家爲道士，入九華山不返。宗諒後在北方，猶寄以詩，所謂九華劉道人是也。

又，屠説多不勝記也。嘗記先子云：「鄉人饒之翰者，熙寧中免鄉薦，至南省試不中。會有詔旨，慶曆二年舉子特與推恩。而之翰之兄之才實應此令，然死久矣。之翰苦貧，乃詐冒其兄，遂受試將作監主簿。人皆恨其不能少忍三年，以用己應令取官，而爲是欺天事。既而，之翰遷補封州司理參軍。秩滿之日，作詩數句，言且死之意，遂而

【三】影　李按：《至正金陵新志》卷一四《摭遺》「影」上有「障」字，作「人或見一丈夫衣黄半臂舉手影障」，文意較豁，似是。

病死。其家初爲之棺斂，如世俗之常，而屍輒起坐者再三，封之官民歎異之，乃用浮屠法，泥傅其屍，而寘佛屋焉。蓋理如此者，豈可從下士論之？」見［明］《永樂大典》卷九一三，第八六四九頁。

夷堅志四補卷第九十八事

姑蘇孫策冢

洪氏三庚志云，盤門外大冢，紹興二年，秋雨隤圮，牧童入其間，得銅器數種，持賣於市。鄉人往視圮處，蓋其隧道有石刻，隸書云「大吴長沙桓王之墓赤烏三年」凡十二字。知府沈揆亟命掩塞，仍立石表其所，滕宬爲記。袁席之謂策死距赤烏三年已四十載，豈非權稱制之久復改葬乎？所得之器，滕藏一小鏡，其背有銘十四字，一銅小麟鎮紙，無欵識，以遺席之。見〔明〕王鏊《姑蘇志》卷三四。

養前生母

《夷堅志》，宋葉文鳳，温陵人。登進士第，調官天台簿。途遇生日，於旅館假寐，夢人請吃麻糍。既覺，聞隣居老嫗號哭，問之。嫗云：「今日乃亡兒忌辰，作麻糍祭享，感傷耳！」文鳳問兒所業，乃曰：「吾兒業儒，詩經舊文尚存。」葉自思生與其子死日同，詩經又同，命取舊稿視之，又與葉及第程文一字不差。葉因拜嫗爲前生之母，奉至任所，終養。見〔明〕彭大翼《山堂肆考》卷七八《臣職》。

月下高吟

《夷堅志》：卓彦恭嘗過洞庭，月下有小漁舟過其傍。卓呼問：「有魚否？」應曰：「無魚，有詩。」卓喜曰：「願聞一篇可乎？」其人鼓枻徐去【一】，高吟曰：「八十滄洲一老翁，蘆花江上水連空。世間多少乘除事，良夜月明收釣筒。」欲邀唤之，不可及矣【二】。見〔明〕彭大翼《山堂肆考》卷一四四《民業》。

彭堣【三】病恍忽

《夷堅志》：宣州鹽鐵院官彭堣，嘗病數月，恍忽不樂。每出外廳，輒見優俳樂工數十人，皆長數寸，各奏百戲【四】，朱紫眩目，憒懣，無如之何【五】。堣後病愈，亦不復見耳【六】。見〔明〕徐應秋《玉芝堂談薈》卷一三《藻廉》。

月圓如望夕

《夷堅志》：宋寧宗慶元二年十月二十夜，月三更後出，團圓如望夕。臨安、嘉興兩郡人未寢者皆見之。見〔明〕徐應秋《玉芝堂談薈》卷一八《交初交中》。

【一】徐去　二字原無，據《明一統志》卷六三《長沙府·人物·洞庭老人》補。

【二】欲邀唤之不可及矣　二句原無，據上引補。

【三】彭堣　「堣」，《稽神録》卷四作「顒」，下同。

【四】各奏百戲　《太平廣記》卷三六七作「合奏百戲並作」。

【五】憒懣無如之何　上引作「顒視之，或時欣笑，或憒懣，然無如之何。」

【六】亦不復見耳　上引作「亦不復見。後十餘年乃卒。」

石中有魚龜

陶穀破李後主研上圓石，内亦有小魚。桂陽温恭家藏石中有龜。見《夷堅志》。見［明］徐應秋《玉芝堂談薈》卷二五《石中得金印》。

銅馬嘶鳴

《夷堅志》：宋紹興二十六年，成都郫縣民鑿古墓隧，得一銅馬，高三尺，制作精妙，中宵輒聞嘶聲。漢武寶鼎元年，四方貢珍怪，有琥珀燕，置之靜室，自然鳴翔，此之類也。見［明］徐應秋《玉芝堂談薈》卷二五《土中玉犺》。

銅盆雙鯽

《夷堅志》載，人有銅盆，凡水注滿，則雙鯽撥刺出水矣。無水無之。見［明］徐應秋《玉芝堂談薈》卷二六《碼磁硯中有小鯽魚》。

杜壬治産後瘈瘲【七】

《夷堅志》云：杜壬治郝質子婦産，四日，瘈瘲，戴眼弓背反張。壬以爲痓【八】病，與

【七】杜壬治産後瘈瘲　李按：此則應録自張杲《醫院》卷九《産後瘈瘲》，文中「余妻」，應是杲妻。洪邁失于潤飾。

【八】痓　《名醫類案》卷一一同，《醫説》卷九《産後瘈瘲》作「痙」。

大豆紫湯、獨活湯而愈。政和間，余妻方分娩，猶在蓐中，忽作此證，頭足反接，相去幾二尺。家人驚駭，以數婢强拗之不直，適記所云。而藥囊【九】有獨活，乃急爲之。召醫未至，連進三劑，遂能直。醫至，即愈矣，更不須用大豆紫湯。古人處方神驗屢矣【一〇】。見［明］王肯堂《證治準繩》卷六九《女科·産後門·中风》。

兄妹皆丈二

《夷堅志》曰：淳熙間，蘇州有唐姓者兄妹，皆長丈二，日啗斗餘，行倦則依市簷憩，坐如堵牆，不可出，出則傾市觀之。詔廩之殿前司。德壽欲見之，遣詣北宫，懼其聚民，乃卧而泛之河，至望仙橋專舟焉。見《御定淵鑒類函》卷二五六《人部一五·長大人二》。

玉棊子

洪邁《夷堅志》：唐宣宗朝，有十二玉棊子，上有十二時字，用盆貯水，置于水中，逐時浮出，不差晷刻。見《御定淵鑒類函》卷三六三《珍寶部·玉四·玉棊子》。

竹撲滿

宋《夷堅志》云，撲滿者，以竹爲竅，爲蓄錢具，有入竅而無出竅，滿則撲之。見《御定淵

【九】藥囊　「囊」原作「草」，據上引二書改。

【一〇】屢矣　上引二書作「類此」。

鑒類函》卷三六三《珍寶部二・錢一》。

白芷治蝮傷

《夷堅志》曰，臨川有人被蝮傷，即昏死，一臂如股。少頃，遍身皮脹黄黑。一道人以新汲水調香芷末一斤灌之，黄水自口出，腥穢逆人。良久，消縮如故。見《御定淵鑑類函》卷四一〇《草部三・芷》。

羊卜

《夷堅志》曰：西戎用羊卜，謂之跋焦。以艾灼羊髀骨，謂之死跋焦。又有先咒粟以食羊，羊食粟則自摇其首，乃殺羊，視其五藏，謂之生跋焦。見《御定淵鑒類函》卷四三六《獸部・羊二》。

泉神操饌【一一】

《夷堅志》曰：吴湛居臨荆溪，有一泉極清澈，市人【一二】賴之。湛爲竹籬遮護，不令汚入。一日，吴于泉側得一白螺，歸置甕中。後每自外歸，則厨中飲食已辦，心大驚異。一日潛窺，乃一女子自螺中而出，手能【一三】操刀。吴急趨之，女子大窘，不容歸殼，乃實

【一一】泉神操饌　李按：此條與《湖海新聞夷堅續志》後集卷二《井神現身》略同。

【一二】市人　上引作「衆人」。

【一三】能　上引作「自」。

告曰：「吾乃泉神，以君敬護泉源，且知君鰥居，上帝命吾爲君操饌，君食吾饌，當得道矣【一四】。」言訖不見。見《御定淵鑑類函》卷四四三《螺三》。

琖中雙鶴舞

《夷堅志》：周益公以一湯琖贈貧友，歸以點茶，纔注湯，其中輒有雙鶴舞，啜盡乃滅。見〔清〕陳元龍《格致鏡原》卷五一《日用器物類·壺三·盞》。

紫兎聽經

《夷堅志》，亳社吉祥僧刹，有僧誦《華嚴》大典，忽一紫兎自至，馴伏不去，隨僧起坐聽經坐禪，惟餐菊花飲。見《御定佩文齋廣羣芳譜》卷五一《花譜·菊花四》。

白樂天詩

《夷堅志》：王彥國獻臣，招信人，居縣之近郊。建炎初，虜人將渡淮，獻臣坐於所居小樓，望見一老士大夫傍徨阡陌間，携一小僕負一匣，埋於空迴【一五】之所，獻臣默識之。事定，往掘其地，宛然尚存。啟匣，乃白樂天手書詩一紙，云：「石榴枝上花千朵，荷葉杯中酒十分。滿院兄弟皆痛飲，就中大户不如君。」獻臣後南渡，寓居

【一四】當得道矣　「當」字原無，據上引補。

【一五】空迴　李按：疑爲「空迴」之誤。

餘姚，嘗出以示余，真奇物也。聞後以歸劉綱公舉矣。見《中國地方志集成》［明］《盱眙縣志稿》卷一七。

夷堅志四補卷第十 十四事

道月解夢

《夷堅志》：紹興中，岳飛途中得夢，問金山道月曰：「夜夢見兩犬抱頭而言，未審凶吉？」月曰：「二犬著一言，乃是箇『獄』字，必要謹慎！」。飛謝登舟，月又囑曰：「風波亭下浪滔滔，千萬留心把舵牢。謹備同舟人意歹，將身推落在波濤。」又曰：「將軍此去心莫焦，未審金牌氣怎消？滚滚風波須仔細，勞心把舵要堅牢。」飛至錢塘，果被秦檜陷於風波亭下。後檜知月囑語，差何立提月，正遇説法，立聽候已，月乃重整衣香，問訊大衆，上座合掌作偈曰：「吾年四十九，是非終日有。不爲自己身，只爲多開口。何立自南來，我向西邊走。不是佛力大，幾乎落人手。」竟入滅矣。見《四庫全書存目叢書》〔明〕張萊《京口三山志·金山志》卷六。

趙逵

《夷堅志》：趙逵生於南渡之後，性聰明，身矮而痘瘢着面，性質樸好讀書。年八歲，父自内江徙至資中磐石縣北街居住。夏月夜涼，常繞街吹笛爲戲。是年時疫盛行，一日，逵吹笛至北街茶肆，老媪與逵言：「近有五人來店喫茶，見吹笛過，各迴避。」自後疫遂止，人疑五瘟使者。又一秀士貌類炳靈公，入茶店囑老婦云：「趙逵有濟貧之心，必獲善果。」言訖不見。後日到店，老婦具述其言，逵聞，逕赴廟謝。空中云：「來年轉對大廷，必魁天下，三年後當入相。」見《四川方志叢書》〔清〕《資陽縣志》卷一〇。

石炭

《夷堅志》云：江西之廬山、袁州、豐城、贛州皆産石炭，可以炊爨，並此石也。見《中國方志叢書》《江西考古録》卷七。

崔倅乳媪神術

《夷堅志》：崔倅任廣州，家有乳媪善爲小技嬉戲。崔家有小鬟，福州人，媪語曰：「離鄉既久，還思歸否？」曰：「非不念也，恨無歸日耳！」媪曰：「吾與汝暫歸可否？」鬟欣然願從。乃於浴房施小箕，共立其上，戒鬟緊閉目。覺身飄飄行虚空中，一餉頃，見通衢市井人物，并福城也。遂造其家，父母驚喜，具酒相勞，且曰：「何以至此？」媪使紿之曰：「通判公幹，泊舟岸下，我竊以孀婦探親，當急還。」又祝使：「勿送我，恐他人知不便。若欲訪我，候來春方可。」遂作別。又穿市，買土物數件，復立箕上，頃刻歸舍，以物分遺。家人素知有術，更不究問。他日抱嬰兒戲門前，見有持福荔過前，兒欲之不得，媪曰：「我別有計。」乃取小合子置几【二】上，旋發視之，則滿合皆荔。崔倅聞而駭異，正欲窮問，而鬢父母忽至，鬢遂詢之向時事，皆同。倅欲窮其術，媪笑曰：「此乃神術，官人試觀之。」媪拉詣其家酒坊，時坊以大釜煮酒，恰正沸，媪用力一跳，入酒中，遂不見矣。人皆異之。見《中國方志叢書》［清］史澄《廣州府志》卷一六〇。

樹中奇石

青州譙氏，大家也。其所居堂後，有大柿樹，圍三丈許。崇寧三年，冬雪寒甚，木凍裂至根，中有奇石，長袤丈，紋理瑩然，碧色可愛，聞者爭觀之。見《山東通志》卷三六《雜記志·青州府》。

丁昭儀墓

《夷堅志》：漢建平二年，哀帝母丁太后崩，上曰：「宜起陵於恭皇之國，送葬定陶。」王莽秉政，貶號丁姬，開其槨户，火出，炎四五丈。吏卒以水潑滅，乃得入。燒焚槨中器物。公卿遣子弟及諸生、四夷十餘萬人操持作具，助將作掘平恭王母傅太后墳及丁姬冢，

【二】几　《御定佩文齋廣群芳譜》卷六〇《果譜·荔枝一》作「几」。

又周棘其處，以爲世戒。時有羣燕數千銜土投於丁姬竁中，今其墳冢巍然，列郭數周，面開重門，南門内夾道有仆碑二。世謂之丁昭儀墓，又謂之長隧陵。見《山東通志》卷三六《雜記志·曹州府》。

單父二井

《夷堅志》，金大定間，吕仙翁來遊單父，與邑人惠仲爲友，徜徉花圃中。因浚二井水，初苦澁，擲瓦礫其中，水遂甘冽。二井相去二里許，泉穴相通，北井沈物其中，南井浮出。見《山東通志》卷三六《雜記志·曹州府》。

吕翁鶴草

《夷堅志》，又有仙翁鶴草在城東北隅，相傳仙翁以四月十四日誕來遊，邑人包九成者，於前一日積虔致禱，次日，果有白鶴四隻從西南來，晡時方去。自是，每仙翁誕期，祠側草荆上陡成鶴形，日高遂泯，人傳爲吕翁鶴草。見《山東通志》卷三六《雜記志·曹州府》。

吴先生

《夷堅志》：吴先生居崇德市中，善易筮，日惟一課。鶉衣篛笠，扃一屋於邸，逼隣圓溷，上穿下漏，惟一竹簀爲牀，下積敗瓶故甓，蟲鼠湍走，戛戛然。風雪陰雨，則終日閉户。得錢米衣肉共寘一窟中，時爲人竊去，不問也。無錫戴士先母病攣，不能行七八年矣，百計求愈不得。士先過崇德，丞百錢訪之，吴爲揲卦，卦成曰：「當得有道之士治之。」姑蘇杲道人，不爲勢利所誘，君純孝，往求必得如志。然其人無定居，當以百日爲期，日歷一巷尋覓，庶可見。」士先喜，持書抵蘇，行求不倦，僅五旬，果逢杲道人，投以書，欣然至無錫爲戴母診視，數日即能移步。母拔金釵謝之，笑曰：「且寄夫人處，他時要用當取之，但館我於外足矣。」館之歲餘，忽言曰：「我且死，幸鬻所寄釵以辦棺窆。」明日果死。戴氏奉其教，及將窆，中已空矣，蓋異人也。見《浙江通志》卷一九六《方技上·吴先生》。

石蠹魚

《夷堅志》，蔡州士人書室見小蠹魚，陸離蜿蜒，每日巳時見，至午乃隱，日日如此。因捕得，至午乃化爲石，奇妙天然。明日巳午，又蠕變如此。後遇京師一内人曰：「此神物，禁中玉兎、玉鼠以時見，同此。」見《御定月令輯要》卷二四《時刻令·物候》。

翦頭仙

《夷堅志》：秦檜下岳飛大理獄，周三畏鞫之。遇夜間行，見古木下一物似豕而角，周却步，此物徐行至獄傍小祠而隱。經數夕復往，月甚明，又見前怪，首有片紙，書「發」字，樵書。大理卿周三畏不肯勘問岳武穆，掛冠而去，不知所之。後於延安葭州山中有翦頭仙人，日飲淨水三甌，與人論及宋事，咸陽寃死，仙輒大哭。問其姓，曰姓周。後忽不知其何從而去，空中墜名帖二紙，書「周三畏拜謝」，乃知翦頭仙即周也。見［清］沈嘉轍《南宋襍事詩》卷一。

汪應辰試對

《夷堅志》：汪應辰，本玉山縣弓手兒。喻子材爲尉，授諸子學，有兵云：「汪兵子可學。」喻呼視之，狀貌奇偉，出對試之，曰：「馬蹄踏破青青草。」汪對曰：「龍爪拏開白白雲。」紹興舉進士第。見［清］沈嘉轍《南宋襍事詩》卷一。

王寀坐降天神誣罔伏誅

《夷堅志》云：政和中，兵部侍郎王寀坐降天神誣罔伏誅。初，寀好延道流説丹竈神仙事，兄寬守鄭州，寀往省。鄭有書生能詩，慕寀名，行卷來謁，内有詩云：「照影空濛山色裏，背人撲漉水禽飛。梅花落盡春寒在，細雨斜風點客衣。」寀大稱賞，即與定交。書生能招紫姑神，每下時，與人音容相接。攜之至京師，習其術，十得七八。外間喧傳，浸淫達于中禁。時林靈素方得志，朝士多欲寀親幸以傾林，吏部尚書劉昺譽薦尤至。有旨賜對内殿，徽宗爲之前席，約某日即禁宇邀天神。林遣人通意，欲與共功，寀拒之。林忿且懼，或爲言：「王侍郎何所能？特出於鄭州一秀才耳。」林因請間，言于上，謂：「寀父昔在西邊，嘗與夏人有密約叛國，既而未成，寀將嗣其謀，爲令刺客變服爲道士，伺車駕焚香揵神時，將肆不軌，初無上真降格之事。」上疑焉。及某日，寀與書生詣東華，林先語閽卒止生于外拘係之，獨寀得入，左右供役皆小黄門，寀知墮林計，而無策可脱。閲三晝夜，寂無影響，乃執寀并書生付極刑。見［清］厲鶚《宋詩紀事》卷九六。

梁克家潮州賦海

《夷堅志》：紹興二十八年九月，潮州揭陽縣治東壖，梅花盛開。嶺外梅著花固早於江浙，然亦須至冬乃有之，邑人甚以爲異。士子多賦詩，大抵皆諂令尹。時梁鄭公正爲館客寓此齋，亦賦一篇，曰：「老菊殘梧九月霜，誰家先暖入東堂。不因造物於人厚，肯放梅枝特地香？九鼎燮調端有待，百花羞澀敢言芳。看來冰玉渾相映，好取龍吟播樂章。」語意不凡。類王沂公「雖然未得和羹用，且向百花頭上開」之句。明年還泉州，解試第一。又明年，遂魁天下，致位上宰。見［清］鄭方坤《全閩詩話》卷四《梁克家》。

校勘記

【一】共三百二十卷　序按：「三」字疑誤。

附録

何異容齋隨筆序

僕又嘗風陳日華，盡得《夷堅》十志與支志、三志及四志之二，共三百二十卷【一】。就摘其間詩詞、雜著、藥餌、符呪之屬，以類相從，編刻于湖陰之計臺。疏爲十卷，覽者便之。僕因此搜索志中，欲取其不涉神怪，近於人事，資鑒戒而佐辯博，非《夷堅》所宜收者，别爲一書，亦可得十卷。俟其成也，規以附刻于章貢，可乎。

按：右爲《容齋隨筆》序中段文字，前後皆述鋟刻《隨筆》始末，暨勗勉文敏後人續刊文敏家集之語，與《夷堅志》無涉，故不備録。

趙與旹賓退録卷第八

洪文敏著《夷堅志》，積三十二編，凡三十一序，各出新意，不相複重，昔人所無也。今撮其意書之，觀者當知其不可及。甲志序所以爲作者之意。乙志謂前代志怪之書，皆不無寓言，獨是書遠不過一甲子，爲有据依。丙志謂始萃此書，顓以鳩異崇怪，本無意於述人事及稱人之惡。然得於容易，或急於滿卷帙，故頗違初心，其究乃至於誣善。蓋以告者過，或廳焉不審。既删削是正，而可爲第三書者，又已襞積。懲前過，止不欲爲，然習氣所溺，欲罷不能。而好事君子復縱臾之，輒私自恕，曰：「但談鬼神之事足矣，毋庸及其他。」於是取爲丙志。丁志設或人之辭，謂不能玩心聖經，勞勤心口，從事於神奇荒怪，索墨費紙，殆半太史公書，爲可笑，從而爲之辨。戊志謂在閩泮時，葉晦叔頗搜索奇聞，來助記録。嘗言：「近有估客航海，不覺入巨魚腹中。腹正寬，經日未死。適木工數輩在，取斧斤斫魚脅，魚覺痛，躍入大洋，舉船人及魚皆死。」予戲難之曰：「一舟盡没，何人談此事於世乎？」晦叔大笑，不知所答。予固懼未能免此也。己志謂昔以「夷堅」志吾書，謂與前人諸書不相襲。後得唐華原尉張慎素《夷堅録》，亦取《列子》之説，喜其與己合。庚志謂假守當塗，地偏少事，濟南吕義卿、洛陽吴斗南適以舊聞寄，似度可半編帙，於是輯爲庚志。初甲志之成，歷十八年。自乙至己，或七年，或五六年，今不過數閲月，閑之爲助如此！然平生居閑之日多，豈不趣成書，亦欠此巨編相傳益耳。末又載章德懋使虜，掌迓者問：「《夷堅》自丁志後，曾更續否？」而引樂天、東坡之事以自況。辛志記初著書時，欲倣段成式《諾皋記》名以《容齋諾皋》，後惡其沿襲，且不堪讀者輒問，乃更今名，因載向巨原答問之語。壬志全取王景文《夷堅别志序》，表以數語。癸志謂九志成，年七十有一，擬綴輯癸編。稚子櫰復云：「更須從子至亥接續之，乃成書。」予拊之曰：「天假吾年，雖倍此可也。人生未可料，惡知吾不能及之乎！」支甲謂或疑所載頗有與昔人傳記相似處，殆好事者飾説剽掠，借爲談助。證以蒙、莊之語，辨其不然。又云：初欲從稚子請，續以十二辰。又以段柯古支諾皋、支動、支植，尤崛奇，於是名曰支甲。支乙則云紹熙庚戌臘，從會稽西歸。至甲寅之夏季，《夷堅》之書緒成辛、壬、癸三志，合六十卷，及支甲十卷。財八改月，又成支乙一編，殊自喜也。支景則云，曾大父諱，與甲乙下一字同音，而左畔從火，故再世以來，用唐人所借，但稱爲「景」。當《夷堅》第三書出，或見驚曰：「禮不諱嫌名。」乃直名之。今是書萌芽，稚兒謂稗官説與他所論著及通官文書不侔，避之宜矣。遂目以支景。支丁則自摭此帙中不可信者數事，謂苟以其説至，斯受之而已矣。聱牙畔奐，蓋自知之。愛奇之過，一致於此。讀者勿以辭害意可也。支戊載《吕覽》賓卑聚之夢，謂《夷堅》記夢，亡慮百餘事，未有若此之可怪者。支己謂神奇詭異之事，無時不有。姑即《夷堅》諸志考之，上焉假諸正夢，騰薄穹霄，次焉猶涉蓬壺，期汗漫，不幸而死，死矣幸而復生，見九地之下，冥漲之海，以至島鬼淵祇、蛇妖牛彪之類，何翅累千萬百。所遇非一人，所更非一事，所歷非一境，而莫有同者焉。支庚謂四十四日書成，自詫其速，且敘其所以速之由。支辛謂《東坡志林》、李方叔《師友談記》、錢丕《行年雜記》之類四五書，皆偶附著異事，不顯虞初九百之篇，士大夫或弗能知，故剟剽以爲助，不幾乎三之一矣。支壬則云子弟輩皆言，翁既作文不已，而掇録怪奇，又未嘗少息，殆非老人頤神繕性之福。盍已之。余受其説，未再。越日，膳飲爲之失味，步趨爲之局束，方寸爲之不寧，精爽如癡。向之相勸止者，懼不知所出。於是逌然而笑，豈吾緣法在是，如駛馬下臨千丈坡，欲駐不可。姑從吾志，以竟此生。異時惛不能進，將不攻自縮矣。支癸謂劉向父子彙羣書《七略》，班孟堅采以爲《藝文志》，小説類定著十五家，最後虞初《周説》九百四十三篇，出於稗官街談巷語，道聽塗説者之所造，今亡矣。《唐史》所標百餘家，六百三十五卷《太平廣記》率取之不棄也。予既畢《夷堅》十志，又支而廣之，通三百篇，不能滿者，纔十有一，遂半《唐志》所云。三志甲謂懷子偃孫，羅前人所著稗説來示，如徐鼎臣《稽神録》、張文定公《洛陽舊聞記》、錢希白《洞微志》、張君房《乘異》、吕灌園《測幽》、張師正《述異志》畢仲荀《幕府燕閑録》七書，多歷年二十，而所就卷帙，皆不能多。三志甲才五十日而成，不謂之速不可也。三志乙謂兹一編，頗得之卜者徐謙。謙瞽雙目，而審聽强記。客詣其肆，與之言，悉追憶不忘，倩傍人書以相示。昔徐仲車耳聵，而四方事無不周知。謙豈其苗裔耶？賢愚固不可同日語，而所以異則同。三志景謂郡邑必有圖志，鄱陽獨無，而《夷堅》自甲施於三景，所稡州里異聞，乃至五百有五十。它時有好事君子，采以爲志，斯過半矣。三志丁則云，人年七八十，幸身康寧，當退藏一室，早睡晏起，繙貝多旁行書，與三生結願，否則邀方外雲侶，熊經鴟顧，斯亦可耳。至於著書，蓋出下下策。而此習膠葬不能釋，固嘗悔哂，猛臧去弗視，乃若禁嬰孺之滑甘，未能幾何，留意愈甚。雖有傾河摇山之辯，不復聽矣。三志戊謂，子不語怪力亂神，非置而弗問也。聖人設教垂世，不肯以神怪之事詒諸話言。然書於《春秋》、於《易》、於《詩》、於《書》，皆有之。而左氏内外傳尤多，遂以爲誣誕浮夸則不可。三志己謂，一話一言入耳，當即録，而固有因循而失之者。如滕彦智、黄雍父所言一二事，至今往來於襟抱不釋也。三志庚考徐鉉《稽神録》，辨楊文公《談苑》所載蒯亮之事非是。三志辛云，予嘗立説，謂古今神奇之事，莫不同者。今乃悟此語爲不廣，而證以蜀士孫斯文，及《幽明録》中賈弼事。三志壬引昌黎公《明鬼》，謂《夷堅》所記，不能出其所證之三非。三志癸言《太平廣記》、《類聚》之誤。四志甲辨「夷堅」爲臯陶别名。至四志乙則絶筆之志，不及序。惟支壬、三志丁兩序，意略同，而數序自詫其速者，亦不甚相遠云。

陳振孫直齋書録解題第十一卷

《夷堅志》，甲至癸二百卷，支甲至支癸一百卷，三甲至三癸一百卷，四甲、四乙二十卷，大凡四百二十卷。翰林學士鄱陽洪邁景盧撰。稗官小説，昔人固有爲之者矣。遊戲筆端，資助談柄，猶賢乎已，可也。未有卷帙如此其多者，不亦謬用其心也哉？且天壤間，反常反物之事，惟其罕也，是以謂之怪。苟其多至於不勝載，則不得爲異矣。世傳徐鉉喜言怪，賓客之不能自通與失意而見斥絶者，皆詭言以求合。今邁亦然。晚歲急於成書，妄人多取《廣記》中舊事，改竄首尾，别爲名字以投之。至有數卷者，亦不復删潤，徑以入録。雖敘事猥釀，屬辭鄙俚，不恤也。

陳櫟勤有堂隨録

《夷堅志》乃容齋洪景盧邁，又號野處，謚文敏公。借以演史筆，虚誕荒幻，明明如此。今謂莊、列爲虚誕荒幻而廢之，可乎？此二字出《列子》「夷堅聞而志之」一句，謂未嘗見其事而記之耳。「夷堅」，即《左傳》中所謂庭堅，即臯陶也。凡三十二志。趙與時《賓退録》述其序意甚詳，説「夷堅」二字亦一序。今坊中所刊廑四五卷，後面多有益于人，不盡荒誕，惜無原本。

胡應麟少室山房類藁卷之百四

讀夷堅志五則

洪景盧《夷堅志》四百二十卷，卷以甲乙丙丁爲次，每百卷周而復始。四甲迄四癸，通四百卷。餘二十卷，則洪殁而未盈百也。余少讀《鄱陽經籍考》，則遍詢諸方弗獲，至物色藏書之家，若童子鳴、陳晦伯皆云未覩。蓋瑯琊長公，亦不省有是書矣。武林雕本僅五十卷，而分門别類紊亂亡章，余固知非野處之舊，然亡從一參考之。癸未入都，忽王參戎思延語及，云：「余某歲憩一民家，覩敝簏中，是書鈔本存焉，前後漶滅，亟取補綴裝潢之，今尚完帙也。」余劇喜，趣假録之。王曰：「無庸，子但再以筆叢餉我可矣。」余持歸，竟夕不能寐，篝燈披讀，迺知此特四甲中之一周，爲卷凡百。每篇首綴小引，其後先次第，大都洪氏舊裁。餘卷三百二十，竟不可得，然其梗概臚列也。自漢迄唐，書之簡帙重大者，什不存一。《太平廣記》五百卷，宋世之書，今逸其數卷，茫無要領。而此編以荒唐瑣綴，尚巍然四分之一，非藏書家至快極愉哉！因亟題其後，俟異日校而梓之。

武林刻本《夷堅志》，不知始自何時。以余所得百卷參之，蓋亦洪氏之纂，匪後人僞托也。其叙事氣法，相類如一意。南渡宋亡之後，原書散軼，剞劂者，難于補亡，又卷帙繁，迄工不易易，故摘録其中專志奇詭事，自餘冗碎，咸汰弗録。且臚列門類，以便行世。其書僅五十卷，益余藏鈔本，則合《夷堅》所存，尚百五十卷也。第刻本統于四百卷摘出，則余藏百卷中，同者固當什二三。今閲之，迺無一重見，則刻本尚難據爲洪書，姑識以俟考。

余鄉從王參戎處得鈔本洪志，其首撰甲至癸百卷皆亡，僅支甲至支癸十帙耳，迨其中己、辛、壬等帙，又三甲中書，蓋支志亡其三而三志亡其七矣。四志百卷，竟亡谿物色。武林本或從初志摘出，或即初志，而妄析門類，未可知。余既幸是書存世，猶悵悵欲覩其全，真無厭之欲也。第野處文譽噪一時，《容齋隨筆》等，筆力錚錚，而《夷堅》猥薾彌甚，疾行亡善迹，信矣。王質景文《夷堅別志》世不傳，而余得《夷堅續志》四卷，蓋本朝人録也。

談者率以《廣記》五百卷所輯，上自三皇，下迄五季，宜靈怪充斥簡編，而洪以一人耳目，一代見聞，逐千載而角之，其誕曼亡徵，固勢所必至也。今閲此書紀載，不僅止語怪一端，凡機祥夢卜瑣雜之譚，隨遇輒録，以逮詩詞謔浪，稍供一笑，靡不成書。其卷帙易盈而速就，職此故也。然取數至四百餘，亡論靈怪不足徵，即叢談傅會不啻什之五六，惜無從起而質之。

宋有國二百年耳，野處宦達南渡，其事僅僅百載餘，而怪力亂神，紛然若是，去莊、列之夷堅幾何哉？余生肅皇帝季，世濟承平，今馬齒半百，奇衺詭異事，自生平未一覩焉。則傳之耳者，率誕妄足推矣。迺余遇志怪之書，輒好之，無異于洪氏也。豈野處之爲是，姑假以優游晚歲，若蘇長公之談鬼耶！余嘗欲取洪書，芟其非怪而附録者，與往籍已見而並收者，洎宋元諸小説，及國朝祝希哲、陸浚明等編分類以續《廣記》一書，大都亦五百餘卷。雖靡關理亂，而或裨見聞，猶勝洪之售欺于天下也。

胡應麟少室山房筆叢卷二十九丙部九流緒論下

洪景盧《夷堅志》四百二十卷，今傳止五十卷，他不可考。惟王景文《夷堅別志》序尚可以知其纂輯之概，因録之。序曰：志怪之書甚夥，至鄱陽《夷堅志》出，則盡超之。余平生所書，略類洪公。始讀《左傳》、《史記》、《漢書》，稍得其記事之法，而無所施，因志怪發之。久之習熟，調利滋溉，玩不能釋。閒自觀覽，要不爲無補於世。而古今文章之關鍵，亦閒有相通者不以是爲無益而中晝，愈裒所見聞益之，事三百七十，卷二十四，今書之目也。余心尚未艾，久之，則將浸於《夷堅》矣。凡《夷堅》所有復見者删之，更生佛之類是也。凡《夷堅》所有而未備者補之，黄元道之類是也。其名仍爲「夷堅」，而别志之，辯於鄱陽也。得歲月者紀歲月，得其所者紀其所，得其人者記其人，三者並書之備矣。闕一二亦書，皆闕則弗書。醜而不欲著姓名者婉見之，如《夷堅》確夢之類是也。醜而姓名不可不著者顯揭之，如《夷堅》人牛之類是也。其稱某人云，又某人得諸某人云，若己所見，各識其所自來，皆循《夷堅》之規，弗易也。其異也者，筆力瞠乎其後矣。觀此序，則洪志義例可推。其敘事，當亦可喜。今所傳甚猥淺，蓋殘缺之中，又雜以僞矣。

又卷三十五己部二西綴遺上

洪景盧《夷堅志》有甲至癸一百卷，又有支甲至支癸一百卷，三甲至三癸一百卷，四甲至四癸二十卷。所謂支甲、支癸者，即支諸皋之支，洪、段好奇相類，故門目亦倣之。

四庫全書總目卷一百四十二

《夷堅支志》五十卷，編修汪如藻家藏本。宋洪邁撰。邁所著《容齋隨筆》已著録。是書所記，皆神怪之説，故以列子夷堅事爲名。考《列子》謂「大禹行而見之，伯益知而名之，夷堅聞而志之」，正謂珍禽異獸如《山海經》之類。邁雜録仙鬼諸事，而名取於斯，非其本義。然唐華原尉張慎素已有《夷堅録》之名，則邁亦有所本也。陳振孫《書録解題》稱，《夷堅志》甲至癸二百卷，支甲至支癸一百卷，三甲至三癸一百卷，四甲四乙二十卷，共四百二十卷。趙與旹《賓退録》亦載《夷堅志》三十二編，凡三十一序，不相重複。各節録其序之大略，頗爲詳備。此本僅存自甲至戊五十卷，標題但曰《夷堅志》，以其序文校與旹之所載，乃支甲至支戊，非其正集。惟與旹記支丙作支景，謂避其曾祖之嫌名，而此仍作丙，殆傳寫者所改歟？胡應麟《筆叢》謂所藏之本有百卷，核其卷目次第，乃支甲至三甲共十一帙，此殆胡氏之本又佚其半也。朱國楨《湧幢小品》不知爲志中之一集，乃云《夷堅志》本四百二十卷，今行者五十一卷，蓋病其煩蕪删之，則誤之甚矣。陳振孫譏邁爲謬用其心，其説頗正。陳櫟《勤有堂隨録》則謂邁欲修國史，借此練習其筆，似乎曲爲之詞。然其中詩詞之類，往往可資採録，而遺聞瑣事，亦多足爲勸戒，非盡無益於人心者。小説一家，歷來著録，亦何必拘於方隅，獨爲邁書責歟。

錢大昕洪文敏公年譜

紹興二十九年，己卯，三十七歲。《夷堅志》當成於是年。

乾道二年，丙戌，四十四歲。

十二月，兼同修國史兼實録院同修撰。　是月十八日，序《夷堅》乙志二十卷，合甲、乙二書，得六百事。

乾道七年，辛卯，四十九歲。

在贛州任。是歲，江西饑，贛適中熟，公令移粟濟鄰郡。　五月十八日，序《夷堅》丙志二十卷，凡二百六十七事。

乾道八年，壬辰，五十歲。

在贛州任。五月，刻《夷堅志》。較會稽本，去五事，易二事，其它亦頗有改定處。

淳熙七年，庚子，五十八歲。

在建甯任。七月，又刻《夷堅志》於建甯。

紹熙四年，癸丑，七十一歲。

是歲，《夷堅》壬志二十卷成。癸志序云，九志成，年七十有一。

紹熙五年，甲寅，七十二歲。

《夷堅》支志乙序云紹熙庚戌臘，從會稽西歸。至甲寅之夏季，《夷堅》之書緒成辛、壬、癸三志，合六十卷，及支甲十卷，才八改月，又成支乙一編。

阮元揅經室外集卷三

宋洪邁撰，影宋鈔本。案《夷堅志》十集，每集二十卷。支志十集，每集十卷。三志十集，每集十卷。四志甲、乙二集，二十卷。共四百二十卷。小説家唯《太平廣記》爲卷五百，然卷帙雖繁，乃搜輯衆書所成者。其出於一人之手，而卷帙遂有《廣記》十之七八者，唯有此書，亦可謂好事之尤者矣。邁每集各自爲之序，唯四乙未成，不及序，計序三十一篇，篇各出新意。趙與時嘗撮各序大指，載於《賓退録》。此本甲志序已佚，餘三序存，與《賓退録》所舉相合。每卷之下，註明若干事，每事亦必註明某人所説，以著其非妄。書中神怪荒誕之談，居其大半，然而遺文軼事，可資考鏡者，亦往往雜出於其間。《四庫全書》所收者，乃支志五十卷，與此不相涉。此本卷首有元人沈天佑序，稱建學所存舊刻閩本殘闕，承本路府判張紹先之命，以浙本補全者。邁與兄适、遵皆皓之子，名位著述皆相埒，世所稱鄱陽三洪是也。邁亦有弟二人，一景裴名邃，一景何不知其名，皆見於此書。

俞樾九九消夏録卷五

宋洪邁《夷堅志》甲至癸二百卷，支甲至支癸一百卷，三甲至三癸一百卷，四甲、四乙各十卷。以十干編次之書，殆無多於此矣。今《四庫》著録者，止支甲至支戊五十卷。吾湖陸氏又得甲、乙、丙、丁四集而刻之，蓋卷袠既繁，流傳日久，遂至散佚不全，甚可惜也。

諸家序跋

沈天佑序

《夷堅志》乃番陽洪公邁之所編也。公廣覽博聞，好奇尚異，遊宦四方，採摭衆事，集成此編。分甲、乙、丙、丁四志，每志有二十卷，每卷十一二事，或十三四事，譬諸小道，亦有可觀。載考其序，乃知此志鏤板不一，有蜀本，有婺本，有閩本，而古杭亦有本，公隨所寓鋟梓。今蜀、浙之板不存。獨幸閩板猶存于建學。然點檢諸卷，遺缺甚多。本路張府判紹先，提調學事，勉予訪尋舊本補之。奈閩板久缺，誠難再得其全。幸友人周宏翁於文房中尚存此書，是乃洪公所刊于古杭之本也。然其本雖分甲乙至壬癸爲十志，似與今來閩本詳略不同，而所載之事亦大同小異。愚因摭浙本之所有，以補閩本之所無。兹遇廉使相公陳先生居濟分司來此，益加勉勵，遂即命工鏤板，四十有三，始完其編，庶不失洪公編葺之初意。由是《夷堅志》之傳于天下後世，可爲全書矣。此下原闕十五字。掾古杭一齋沈天佑序。

田汝成序

夷堅之名，昉於《莊子》。其言大鵬寥闊而無當，故託徵於夷堅之志。所謂寓言十九者，此其首也。有宋洪公景盧，仍其名而爲之志，雜採古今陰隲冥報可喜可愕之事，爲四百二十卷。史氏稱其博極載籍，而稗官虞初，靡不涉獵，信哉！今行于世者五十一卷，蓋後人病其繁複而加擇焉，分門別類，非全帙也。或謂神怪之事，孔子不語，而勒之琬琰，不亦謬乎其用心乎？予則謂宇宙之大，事之出于意料之外者，往往有之。若姜嫄之孕，傅巖之夢，獨非大神大怪者哉？而垂之六經，非漫誣以資談謔者，固仲尼之所存筆也。然則不語者，非不語也，不雅語以駭人也。苟殃可以懲凶人，祥可以懲吉士，則雖神且怪，又何廢於語焉！何也？蓋治亂之軸，不握於人，則握于天。天有常運，人有常經。天亂其運，則善惡倒植。人亂其經，則賞罰無章。天亂則人治之，於是乎爵於朝，戮於市，播於大誥，而鑄於刑書。人亂則天治之，於是乎翼于無形，呵于無聲，錫奪其貲基，而延縮其壽夭。是惟天人交輔以持世，故彝倫所以常存，而乾坤賴以不毁也。人之爲治也，顯而易見。天之爲治也，幽而難明。略其易見，而表其難明，此《夷堅志》之所由作也。夫人分量有限，而嗜望無涯，苦海愛河，比比沉汩。不僂之以天刑，而喻之以夙賦，則覬覦者何觀焉？故知忠孝節義之有報，則人倫篤矣。知殺生之有報，則暴殄弭矣。知冤對之有報，則世讎解矣。知貪謀之有報，則併吞者惕矣。知功名之前定，則奔競者息矣。知婚姻之前定，則踰墻相從者恧矣。其他賑饑拯溺，扶顛擁孺，與夫醫卜小技，仙釋傍流，凡所登録，皆可以懲凶人而獎吉士，世教不無補焉，未可置爲冗籍也。景盧以文學世家，而其父皓，杖節使虜，不辱其身。三子述之，伯仲競朗，咸歷清貫，名震一時。史氏以爲忠義之報，則《夷堅》所志，豈種種矯誣者哉？洪君子美者，景盧之遥冑也，爲太保襄惠公之元孫，秀雅而文。刻是書而傳之，庶幾乎不墮手澤之遺者。後昆繩繩，則洪氏之食報，猶未艾也。嘉靖二十五年正月。

沈屺瞻序

耳目之聞見有限，而書册之記載無窮。山海搜奇，《齊諧》志恠，非不索隱鈎元，窮極务眇，然欲其事不涉荒唐，而其文足資採覽者，則莫若《夷堅》一書。是書也，或謂夷姓堅名，實刱此志，宋番陽洪邁，特踵而增之。或謂洪氏所自作，而借夷堅以名其書。皆不具論。第觀其書，滉瀁恣縱，瓌奇絶特，可喜可愕，可信可徵，有足以擴耳目聞見之所不及，而供學士文人之搜尋摭拾者，又寧可與稗官野乘同日語哉？余常購得善本，欲以付剞劂，未之逮也。而周君有同志焉，晨牕午夜，讎勘矻矻不倦，訂疑判誤，釐然秩然。視原刻之魚魯雜糅，荒穢彌目，不啻撥雲見青，理解冰釋，斯豈非洪氏之功臣，而藝林之快舉也哉！書成示余，余曰：「祖生雖先我著鞭，余固樂覩是書之成也。」因爲撮其大凡，述其勤敏，以公當世之同好云。乾隆戊戌六月中澣，仁和沈屺瞻序。

何琪序

昔之志怪異者，昉於《齊諧》一書。其後則吴均之《續紀》，干寶之《搜神》，張師正之《述異》，錢希白之《洞微》，皆此類也。然其見聞所及，隨得即書，莫洪文敏《夷堅志》若矣。按《文獻通考》，是書卷編十干，爲卷四百二十。又《賓退録》謂其積三十二編，凡三十一序，各出新意，不相重複。其一篇爲文敏絶筆之作，不及序，故缺焉。夫以神奇荒怪之事，委巷叢談之語，蓋儒者所不道。然觀古經傳之所稱，後世史書之所録，并莫得而廢焉，亦惟是善善惡惡之心而已矣。且史載文敏使金，金欲用舊禮，文敏執不可。千載之下，其忠毅令人可想。則夫片言隻字，猶當視爲拱璧而珍惜之。陳氏振孫，謂其猥褻鄙俚，豈篤論哉！間嘗考《太平廣記》，李昉諸臣且奉敕編纂矣。矧是編非盡如《廣記》之浮誕不經，僅取悦人耳目而已也。惜乎歷年久遠，散佚既多，周君信傳，承先世之清芬，憫昔賢之墜緒，既刻《七修類藁》成，復取是書，重加釐正，仍以十干編之。是則雖非舊本，亦猶愈於陶九成之《説郛》，存十一於千百耳。異日捉麈者借爲談助，操觚者于焉取材，則周君之功，有足多矣。乾隆戊戌立秋後十日，何琪書於小山居。

嚴元照跋

洪文敏《夷堅志》以十干爲次，爲卷二百。支志、三志，亦以十干爲次，爲卷各百。四志止於乙，爲卷二十。共四百有念卷。古來小説家，未有如是之多者也。全書久已散佚，《四庫全書》所鈔支志，自甲至戊，五十卷，亦不可得見。徐氏《傳是樓宋元版書目》載有八十卷。乾隆壬子，見於蘇州山塘錢氏萃古齋，以錢萬四千得之，自甲至丁，八十卷。册端有玉蘭堂、辛夷館諸印，知出自長州文氏。又有季滄葦印記，季氏書籍，後悉歸徐氏，則此雖無健庵印記，知即徐目所載者，無可疑也。此係宋時閩本，元人以浙本修補，見卷首元人一齋沈天佑序。序中紀年一行，則已爲俗子剜去矣。書内尚有奪葉，其所補有以宋版補者，有元人所栞補者。凡宋版所補，皆其原文，元人所補多取支志、三志之文竄入之。如甲志所載，無紹興以後事，而所補乃及於慶元，此其證也。陸務觀有詩推重此書，而陳直齋則極譏之，要之，論以直齋爲正。其中間有可以裨風雅資考鏡者，當别擇之。此書每集，文敏自爲序，序各一意。趙與旹嘗撮其大旨，載於《賓退録》。今甲志序已佚，乙、丙、丁志序尚存。文敏遺文散佚，此三序者，甚可寶也。此本非今世所刊行者，世人莫得覩。因重録此以爲之副。行款字畫，補版奪葉，一遵原文。自去年初秋始，至今年上巳後，乃畢功。此八九月中，以抱疴輟者月餘，以憂思輟者又月餘，計無事以嬰吾衷，而從事於硯削間，曾無多日。追惟往事，撫卷興嘆，而況乎宵寒鐙青，有相依於鴉呼鬼嘯之中之一人乎！後之君子，見此書者，其將謂予何？嘉慶九年歲次閼逢困敦春王三月六日，歸安嚴元照書於芳茮堂。

謄寫時，有錯謬，即隨筆改正。鈔畢，復以朱筆校勘一過。宋本字畫漫滅，有可以揣得者，補之。其絶無筆畫可見者，勿敢率爾也。其漫滅處，往往爲不學者潤飾而誤，予已悉糾正之。予此本，視宋刻固應勝之。嚴元照脩能氏書。

又

嘉慶十年之夏，豆麥爲積雨所壞，蠶事不及十分之一，正難枝梧，又與族孽構訟，不無虛糜錢帛。至六月中，已無一文看囊錢矣！錢唐何夢華過我，取此書原本以示阮芸臺侍郎，遂以銀錢五十餅易去。中郎既往，虎賁猶存，不得不倍加珍惜。夢華亦影鈔一部，予又託夢華借鈔文瀾閣所藏支志，未知可得否。閏六月初五日，蕙櫋生書。時大風一晝夜余未止，寒甚。

黄丕烈跋

《夷堅志》甲、乙、丙、丁四集，宋刻本由萃古齋售於石冢嚴久能。今又爲何夢華買出，其歸宿未知在何處。余所藏宋刻，有《夷堅》支甲一至三三卷。七八、兩卷，皆小字棉紙者。《夷堅》支壬三至十，共八卷，《夷堅》支癸一至八，共八卷，皆竹紙大字者。近又得《夷堅》志乙一至三三卷，此本係舊鈔。支甲至支戊，五十卷，支庚、支癸二十卷，又三志己十卷，三志辛十卷，三志壬十卷，取兩集以配全，而其口俱不全本也。每見近時坊刻稱《夷堅志》者，大都發源於是，而面目又改矣。天壤甚大，未識洪公所著《夷堅》各種，其宋刻能一一完全否？癡心妄想，其有固未可必，其無亦安敢必邪？嘉慶丁卯正月六日，復翁丕烈識。

陸心源序

《夷堅志》甲至癸二百卷，支甲至支癸一百卷，三甲至三癸一百卷，四甲、四乙各十卷，總四百二十卷。見陳振孫《書録解題》。明以後流傳甚罕。胡應麟博極羣書，祇據王景文《夷堅别志》序，知其義例而已。《四庫》所收支甲至支戊五十卷，民間頗不易得。所通行者，有明仿宋刊《分類夷堅志》五十卷，蓋宋人摘録之本。坊刻二十卷本，雖從原書摘出，又出分類本下。是不但全書不存，即正集二百卷，若存若亡者，亦數百年。阮文達得宋刻甲至丁八十卷，影寫進呈。阮氏得之吾郡嚴久能，後歸吴門黄蕘圃，蕘圃歸於汪閬原，閬原歸于胡心耘，余從胡氏得之。中有玉蘭堂印，衡山文氏舊藏也。《列子》曰：「大禹行而見之，伯益知而名之，夷堅聞而志之。」夷堅之名，蓋取諸此。自來志怪之書，莫古于《山海經》。按之理勢，率多荒唐。沿其流者，王嘉之《拾遺》，干寶之《搜神》，敬叔之《異苑》，徐鉉之《稽神》，成式之《雜俎》，最行于時。然多者不過數百事，少者或僅十餘事，未有卷帙浩汗，如此書之多者也。雖其所載，頗與傳記相似，飾説剽竊，借爲談助。支甲序已自言之。至于文思雋永，層出不窮，實非後人所及。自甲志至四甲，凡三十一序，各出新意，不相複重。趙與旹《賓退録》節録其文，推挹甚至。信乎，文人之能事，小説之淵海也。琴希洪君搜刻先世遺書，不遺餘力，聞余得是書，寓書慫恿梓行，因付手民，以塞洪君之意云。光緒五年歲在屠維單閼陽月，歸安陸心源撰。

又跋

《夷堅》甲志二十卷，乙志二十卷，丙志二十卷，丁志二十卷。宋刊元印本，前有古杭一齋沈天佑序。每葉十八行，每行十八字，版心有刊工姓名。《夷堅志》四百二十卷，或刊于蜀，或刊于婺，或刊于杭。此八十卷，則刊于建甯學者。至元而蜀、浙之版已亡，惟建版尚存，缺四十三版。張紹先爲福建提學，命天祐尋訪舊本，因從周宏羽借得浙本，補刊完全，此則元修後印本也。《四庫》未收，阮文達始從嚴久能借録進呈。卷中有「季振宜藏書」朱文長印、「芳椒堂印」白文方印、「竹塢」二字朱文長印、「玉蘭堂」白文方印、「辛夷館印」朱文方印、「元照之印」白文方印、「嚴氏久能」朱文方印、「張氏秋月字香脩一字幼憐」朱文方印、「香修」二字朱文方印、「梅溪精舍」白文方印、「阮元之印」白文方印、「阮元伯元」朱文方印、「錢塘嚴杰借閲」白文方印、「何元錫借觀記」白文方印、「江左」二字朱文長印、「厚民」二字朱文方印、「元照私印」朱文方印、「嚴氏脩能」朱文方印。陸師道手録《賓退録》一條於目後及卷一末，小楷極精。案竹塢、辛夷館、玉蘭堂，皆文衡山印。江左，季振宜印。芳椒堂，嚴久能印。香修張氏，久能姬人之印也。

又跋

《新編分類夷堅志》甲集五卷，乙集五卷，丙集五卷，丁集五卷，戊集五卷，己集五卷，庚集五卷，辛集五卷，壬集五卷，癸集五卷。題曰鄱陽洪邁景盧記述，建安葉氏祖榮類編。明刊版心有「清平山堂」四字。葉祖榮仕履無攷，當是南宋末人，各家書録皆未著録。甲集分忠臣、孝子、節義三門，乙集分陰德、陰譴、禽獸三門，丙集分冤對報應、幽明二獄、欠債、妒忌四門，丁集分貪謀、詐謀、騙局、姦淫、雜附妖怪五門，戊集分前定宴婚、嗣息、夫妻三門，己集分神仙、釋教、淫祀三門，庚集分神道、鬼怪二門，辛集分醫術、雜藝、妖巫、卜相、夢幻五門，壬集分奇異、精佈、墳墓三門，癸集分設醮、冥官、善惡、僧道惡報、入冥五門，每門又各爲子目。朱國楨《湧幢小品》云：「《夷堅志》本四百二十卷，今行者五十一卷，蓋病其煩蕪刪之。」當即指此本也。原書四百二十卷，今惟存甲至丁八十卷。宋刊爲愚所得，已經刊入十萬卷樓叢書。支甲至支戊五十卷，爲《四庫》所收，民間絶少傳本。其所甄録，出于今存八十卷及支志巾箱本之外者甚多。不但全書崖略，可以考見，即宋人遺聞佚事，亦往往賴此以存，未可以刪削薄之也。

張元濟跋

洪文敏著《夷堅志》，據陳振孫《書録解題》，甲至癸二百卷，支甲至支癸一百卷，三甲至三癸一百卷，四甲、四乙二十卷，大凡四百二十卷。《宋史·藝文志》僅録甲、乙、丙六十卷，丁、戊、己、庚八十卷者，蓋未見全書也。卷帙繁多，積久散逸。元陳櫟《勤有堂隨録》謂坊中所刊廑四五卷。明楊士奇《文淵閣書目》雖有四部，然均注殘闕。胡應麟《少室山房類藁》則稱今止存武林雕本五十卷，暨王參戎之鈔本百卷，其他均不可得。惟陳第《世善堂書目》有全書四百二十卷，爲自宋迄今官私藏目所僅見，然是書前後流傳之端緒無可考見，殊未敢信。朱國楨《湧幢小品》又稱今行者僅五十一卷，且謂病其煩蕪而芟之，分門别類非全帙云云，是即建安葉祖榮之《新編分類夷堅志》與胡氏所見之武林雕本蓋同爲一書。有明嘉靖清平山堂刊本亦極罕見，其書雜取諸志，融治爲一。《四庫全書提要》指爲志中之一集，蓋亦未覩其書也。《四庫》著録亦僅原書之支甲至支戊。惟徐乾學《傳是樓宋元版書目》有《夷堅志》八十卷，後爲嚴元照所得爲甲、乙、丙、丁四志，版刻於宋，中有元人刊補之葉。竄入支志、三志之文。按沈天佑序，謂洪公刊於古杭之本分甲、乙至壬、癸爲十志。又謂杭本與閩本詳略不同，所載之事亦大同小異。又謂摭浙本所有，補閩本所無，是或杭本彙輯諸志，并無支志、三志之别，沈氏遂任取若干以補其缺，亦未可知。要之，沈氏所見祇甲、乙、丙、丁四志，又與此四志大同小異之十志，其餘固均已無存矣。嚴氏之書後以歸阮文達，而自留所録副本。阮氏影寫進呈，其刊本展轉歸於陸心源。心源刊之，此四志始復行於世。乾嘉之際，吴縣黄丕烈藏書最夥，先後得宋本支甲、支壬、支癸若干卷，又舊鈔支甲至支戊五十卷，支庚、支癸二十卷，三志己、辛、壬各十卷。宋本不知散落何處，而舊鈔百卷暨嚴氏所録副本八十卷，均歸吾友湘潭袁伯夔。洪氏所著四百二十卷，今存於天壤者僅此矣。涵芬樓所藏凡四本。一明姚江吕胤昌本，無刊版年月，一清周信傳本，刊於乾隆四十三年，一明建安葉祖榮分類本，刊於嘉靖二十五年；一明鈔本，無年月。吕、周二本，均以甲、乙編次，分爲十集。惟吕本稱新刻《夷堅志》集各一卷，周本稱《夷堅志》分一集爲上下而不分卷。吕本多於周本者凡二十四事，而周本所獨有者亦十八事。然所分十集，甲乙次第，與黄氏所藏之支志、三志并同，亦與胡應麟所得四甲中之一，周支志亡其三，三志亡其七者相合。黄氏謂取兩集以配全，而其口俱不全本，不知明人先已爲之。黄氏舊鈔與吕、周二本互有增損，是必當時傳鈔之訛。明人刻書，大都以意改竄，此蓋欲泯其殘闕之跡，故并支志、三志之名而削之。今《四庫全書》僅存支甲至支戊，使非覩黄氏舊鈔，又誰知支庚、支癸及三志己、辛、壬之尚在人間乎！建安葉氏本與明鈔本同出一源，詞句略殊，門類悉合，雖於原書篇第盡已更變，而所輯各事見於今存各卷中者，頗有異同，足資攷訂。江陰繆小山前輩嘗取黄氏舊鈔校正吕、周二本，慫恿印行。余思文敏遺著，冠冕説部，飄零墜失，讀者憾焉，因有輯印全書之意。伯夔既以所藏嚴、黄二本假余，乃盡發涵芬樓所藏，參互校讎。陸氏所刊初志固多是正，而黄氏支志、三志之訛文奪葉，藉各本以補正者，亦自不少。建安葉氏分類本所輯，不見於今存百八十卷中者，尚有二百七十七，則因輯爲二十五卷，名曰《志補》。此爲洪氏原書，後人分類編次，雖仍甲乙之稱，已非舊貫，固不能辨其出於何志矣。見聞所及，如趙與旹之《賓退録》、阮閲之《詩話總龜》、周密之《志雅堂雜鈔》、岳珂之《桯史》、唐順之之《荆川稗編》、焦竑之《焦氏筆乘》、江瓘之《名醫類案》、徐𤊹之《榕陰新檢》、王沂之《稗史彙編》、陳廷桂之《歷陽典録》均有采輯。又續得三十四事，輯爲一卷名曰《再補》。此則諸古人書徵引，標所從出，故亦知爲文敏原書也。惟原書所引，并無標題，此係依事仿擬，非文敏原文。綜計全書存者爲初志甲、乙、丙、丁，支志甲、乙、丙、丁、戊、庚、癸，三志己、辛、壬，益以蒐補之二十六卷，僅逮原書之半。今者世不經見之書日出不窮，安知此已佚之本，異日不復見於世！即不然，掇拾叢殘，賡續有得，亦可輯爲三補、四補，以饜讀者之望。此則區區之願，有待於海内賢哲之助者已。庚申臘月，海鹽張元濟跋。

圖書在版編目（CIP）數據

全宋筆記. 第 9 編. 7 / 上海師範大學古籍整理研究所編.— 鄭州 ：大象出版社，2018. 3

ISBN 978-7-5347-9441-4

Ⅰ.①全…　Ⅱ.①上…　Ⅲ.①中國歷史—史料—宋代　Ⅳ. ①K244. 066

中國版本圖書館 CIP 數據核字（2017）第 162680 號

全宋筆記　第九編　七

出版人　王劉純
特約編輯　陳　新
責任編輯　郭一凡
整體設計　張　勝
出版發行　大象出版社
鄭州市開元路16號（450044）
製　　版　上海杰申電腦排版有限公司
印　　刷　北京匯林印務有限公司
版　　次　2018年3月第1版　2018年3月第1次印刷
開　　本　640mm×960mm　1/16　24印張
字　　數　262千字
印　　數　1—1000册
定　　價　84.00元